国家社科基金
后期资助项目

马克思的分配正义观念

Marx's Conception of Distributive Justice

段忠桥 著

中国人民大学出版社
·北京·

国家社科基金后期资助项目
出版说明

　　后期资助项目是国家社科基金项目主要类别之一，旨在鼓励广大人文社会科学工作者潜心治学，扎实研究，多出优秀成果，进一步发挥国家社科基金在繁荣发展哲学社会科学中的示范引导作用。后期资助项目主要资助已基本完成且尚未出版的人文社会科学基础研究的优秀学术成果，以资助学术专著为主，也资助少量学术价值较高的资料汇编和学术含量较高的工具书。为扩大后期资助项目的学术影响，促进成果转化，全国哲学社会科学规划办公室按照"统一设计、统一标识、统一版式、形成系列"的总体要求，组织出版国家社科基金后期资助项目成果。

全国哲学社会科学规划办公室

2014 年 7 月

序　言

本书是我2014年申请并获立项的国家社科基金后期资助项目"马克思的分配正义观念"的最终成果，由我2000年以来先后发表在《哲学研究》《马克思主义与现实》《中国人民大学学报》《中国社会科学》等学术刊物上的十四篇论文汇集而成。

我1977年开始在高校任教，至今已有40余年。在这期间，我涉足的研究领域前后有三个：第一，始自1980年的历史唯物主义，其标志性成果是1995年出版的《马克思的社会形态理论》（英文）[1]和2009年出版的《重释历史唯物主义》[2]；第二，始自1991年的国外马克思主义，其标志性成果是2007年出版的《理性的反思与正义的追求》[3]；第三，始自2000年的政治哲学，其标志性成果，一是2014年出版的《为社会主义平等主义辩护——G.A.科恩的政治哲学追求》[4]，二是现在呈现在读者面前的这本《马克思的分配正义观念》。

我对马克思分配正义[5]思想的研究是从2000年开始的。自1978年实行改革开放以来，我国经济总量有了大幅度的增长，人民生活水平也普遍得到提高，但贫富差距也在逐渐拉大。到了20世纪90年代后期，随着贫富差距拉大问题越来越引起我国学者的关注和当代西方左翼学者倡导的各种平等主义在我国学界影响的逐渐扩大，探讨分配正义的论著开始增多。

---

[1] *Marx's Theory of the Social Formation*，英国Avebury Ashgate出版公司1995年1月出版。这本书是在我的博士学位论文基础上加工而成。我1991年到英国埃塞克斯大学（University of Essex）哲学系留学，先做访问学者，后转为读博士，1994年获博士学位。

[2] 南京：江苏人民出版社，2009.

[3] 哈尔滨：黑龙江大学出版社，2007.

[4] 北京：中国社会科学出版社，2014.

[5] "正义"概念在马克思、恩格斯的德文原著中是用Gerechtigkeit表示的，这一概念在中文版的《马克思恩格斯全集》中有时也被译为"公正"或"公平"，因此，国内很多学者都把"公平"、"公正"和"正义"作为同一概念来使用。本书也遵循这种用法。

然而，此时对这一问题做深入探讨的多是从事当代西方经济学或政治哲学研究的学者①，而少有从事马克思主义研究的学者。马克思主义的一个重要使命是指导人民群众的社会实践，分配正义无疑是中国面临的重大现实问题之一，为什么我国从事马克思主义研究的学者在这一问题上却出现了集体失语的情况？正是对这个问题的思考，促使我投身马克思分配正义思想的研究。

由于我那时还在做历史唯物主义的研究，因此，我对马克思分配正义思想的研究是从历史唯物主义直接入手的。我在阅读马克思和恩格斯有关历史唯物主义的论著时发现，他们在不同的时期曾花费不少时间和精力批判当时流行的各种资产阶级、小资产阶级的正义主张，如吉尔巴特的"自然正义"、蒲鲁东的"永恒公平的理想"、拉萨尔的"公平的分配"，并对这些正义主张做了历史唯物主义的说明。在我看来，马克思和恩格斯的说明对于我们如何认识分配正义问题具有重要的指导意义，于是，我以他们的相关论述为基础，写了一篇题为《马克思和恩格斯的公平观》的论文，发表在《哲学研究》2000年第8期。在这篇文章中，我从十个方面，对他们基于历史唯物主义的公平观做了较为全面的阐释：公平是人们对现实分配关系与他们自身利益关系的一种评价，公平总以某一尺度为依据，不同社会集团对公平持有不同的看法，公平是法权观念或道德观念的最抽象的表现，公平是对现存分配关系的保守方面或革命方面的神圣化，所谓永恒的公平是不存在的，资产阶级的公平观把等价交换视为公平的尺度，无产阶级的公平观是消灭阶级，马克思和恩格斯坚决反对从公平出发而主张从历史发展的必然性出发去说明和批判现存的资本主义制度，马克思和恩格斯坚决反对把争取分配上的公平作为无产阶级斗争的口号。

此后，我在2005年又写了一篇题为《道德公平与社会公平》的论文，发表在《河北学刊》2006年第1期。这篇文章进而表明，在马克思、恩格斯有关各种分配公平主张的论述中，他们谈论最多的，同时也是最值得我们重视的，是他们对道德公平和社会公平这两种分配公平主张的看法。他们所说的道德公平是当时工人运动提出来的，指的是依据一种道德原则提出的分配公平主张；他们所说的社会公平是当时资产者所断言的，指的是与经济发展规律相一致的分配公平主张。在他们来，无论是道德公平还

---

① 这一点从姚洋主编的论文集《转轨中国：审视社会公正和平等》（北京：中国人民大学出版社，2004）就看得很清楚。

是社会公平，都不能用于政治经济学的研究；道德公平虽是工人运动提出来的，但却不能用来指导无产阶级革命；社会公平虽是资产者所断言的，但却具有历史的正当性。他们的这些看法对于我们研究分配公平问题至少有两点启发：先要分清当前人们在分配问题上的各种公平主张是道德意义上的公平主张还是社会意义上的公平主张，进而再对不同的公平主张提出相应的对策；我们对公平问题的研究不应只停留在道德或法律层面上，而应深入到构成其基础的经济关系上。

不过，我那时的主要精力还放在对历史唯物主义和国外马克思主义的研究上，对马克思分配正义思想的研究还只是附带的。到了2009年，在我那本《重释历史唯物主义》出版之后，我决定将全部精力转向政治哲学的研究，一方面研究G. A. 科恩为社会主义平等主义所做的辩护，另一方面继续研究马克思的分配正义思想。我在此时注意到，随着贫富差距拉大问题在我国现实生活中日益凸现，探讨分配正义的论著开始明显增多。然而，从马克思主义出发研究分配正义问题的论著不但很少，而且学术影响和社会影响都不大。我认为，导致这种情况的一个重要原因，是人们对马克思和恩格斯关于正义的论述缺少准确的把握和全面的了解，因而存在不少理解上的误区。为此，我从当时在这个问题上较有影响的两位学者的著作——中央党校吴忠民教授的《社会公正论》[1]、《走向公正的中国社会》[2]和中山大学林进平博士的《马克思的"正义"解读》[3]——入手，写了一篇着力指出并澄清他们的一些误解的文章。这篇文章发表在《哲学动态》2010年第11期，题目是《马克思、恩格斯视野中的正义问题》。我在这篇文章中表明，吴忠民对马克思、恩格斯的公正思想有三个误解：马克思和恩格斯认为公正是人类社会的崇高境界，是社会主义和共产主义的首要价值之所在；马克思和恩格斯将公正作为现实的奋斗目标，并认为公正应当成为工人阶级最为重要的价值观念；恩格斯认为只要一个人来到世上，他就具有了不证自明的包括生存权、社会保障权、受教育的权利在内的基本权利。林进平对马克思的正义观念有两个误解：马克思只把分配正义视为统治阶级意志或利益的体现，马克思拒斥、批判任何正义主张。吴忠民和林进平的这些误解都与马克思和恩格斯的相关论

---

[1] 济南：山东人民出版社，2004.
[2] 济南：山东人民出版社，2008.
[3] 北京：社会科学文献出版社，2009.

述明显相悖。

　　就在写作这篇论文的时候我隐隐约约地感到，我此前发表的那两篇阐释马克思和恩格斯基于历史唯物主义的公平观的论文，对我国学界关于分配正义的讨论并没产生实质性的影响。这是为什么？通过反思我意识到，学界关于分配正义的讨论主要涉及的是当前我国存在的贫富差距是否正义的问题，而正义在人们的讨论中意指的是一种具有规范意义的，即与"应当""不应当"相关的价值判断。我在那两篇论文中所阐述的马克思和恩格斯的"公平观"指的却是他们从历史唯物主义出发对作为一种社会意识的正义的看法，这种看法可以表明各种正义主张的产生都有其社会经济根源、它们对社会发展可起不同的作用、它们不是永恒的而是发展变化的，但却不能从规范意义上表明一种分配方式是正义的还是不正义的。由此说来，要想介入学界关于分配正义的讨论，仅仅表明马克思和恩格斯基于历史唯物主义的公平观是不够的，还要进一步探讨马克思以及恩格斯是否也持有一种规范意义上的分配正义观念，或者说，他们是否认为某种生产方式是正义的或不正义的。对这个问题的反思还使我想起 20 世纪七八十年代英美马克思主义者关于"马克思与正义"的那场大讨论。我对那场大讨论的了解是在 1991 年，那年我到英国埃塞克斯大学哲学系留学，先做访问学者，后转为读博士。那年夏天，我到牛津大学万灵学院访问分析的马克思主义的主要创立者 G. A. 科恩教授。在与科恩的交谈中，他告诉我，近十来年英美的马克思主义者非常关注马克思是否认为资本主义剥削是"正义"的问题，并由此引发了一场关于"马克思与正义"的大讨论，对于这场大讨论，诺曼·杰拉斯写了一篇题为《关于马克思与正义的争论》的综述性文章，这篇文章收录在由亚历克斯·卡利尼克斯主编的《马克思的理论》[1]一书中，如果我对这个问题感兴趣，可先看看这本书。从牛津回到埃塞克斯以后，我认真读了那篇综述，其中有关马克思本人认为资本主义剥削是不正义的论证令我耳目一新。不过，尽管我对这一论证非常感兴趣，但我决定还是先将其放在一旁，因为我那时的主要任务是准备我的博士学位论文《马克思的社会形态理论》。没想到这一放就放了十几年。现在想起那场"马克思与正义"的大讨论，这使我越发坚信必须进一步探讨马克思本人持有的规范意义上的分配正义观念。

---

[1] Alex Callinicos. Marxist Theory. Oxford University Press, 1989.

在目标明确之后，我马上想到一个首先就会遇到的障碍。我知道，在当时我国马克思主义哲学界流行这样一种观点：马克思认为只要与生产方式相适应，相一致，就是正义的；只要与生产方式相矛盾，就是非正义的。这种观点实际上是将马克思持有的正义观念视为一种事实判断。如果这种流行的观点是正确的，那我要做的探讨——马克思持有一种价值判断意义上的分配正义观念，就不但是没有意义的，而且是不可行的。而且，这种流行观点的正确性似乎不容置疑，因为它直接源自中央编译局翻译的马克思本人在《资本论》第三卷中的一段话：

> 在这里，同吉尔巴特一起（见注）说什么自然正义，这是荒谬的。生产当事人之间进行的交易的正义性在于：这种交易是从生产关系中作为自然结果产生出来的。这种经济交易作为当事人的意志行为，作为他们的共同意志的表示，作为可以由国家强加给立约双方的契约，表现在法律形式上，这些法律形式作为单纯的形式，是不能决定这个内容本身的。这些形式只是表示这个内容。这个内容，只要与生产方式相适应，相一致，就是正义的；只要与生产方式相矛盾，就是非正义的。在资本主义生产方式的基础上，奴隶制是非正义的；在商品质量上弄虚作假也是非正义的。①

从这段话看来，马克思讲的正义显然是一种事实判断，而不是价值判断。但我对马克思在这段话中的说法持怀疑态度，因为从我读过的马克思的相关论述来看，除了这段话以外，正义在马克思的论著中都意指一种规范意义上的价值判断。这明显地体现在，他多次表明不同阶级或社会集团对同一种分配方式是否正义往往持有不同的看法。例如，他在批评拉萨尔的"公平的分配"的主张时说道："什么是'公平的'分配呢？难道资产者不是断言今天的分配是'公平的'吗？……难道各种社会主义宗派分子关于'公平的'分配不是也有各种极不相同的观念吗？"② 那为什么马克思在这段话中又把正义用作事实判断呢？我知道，在英美学者关于"马克思与正义"那场大讨论中，有人提出马克思对正义的论述存在自相矛盾的情况。③ 但我不认同这种说法。那对这段话应做何解释？在百思不得其解

---

① 马克思恩格斯全集. 第25卷. 北京：人民出版社，1974：379.
② 马克思恩格斯选集. 第3卷. 北京：人民出版社，1995：302.
③ 李惠斌，李义天. 马克思与正义理论. 北京：中国人民大学出版社，2010：143-198.

的时候，我突然产生了这样一种想法：会不会是中央编译局的译文有问题？有了这种想法以后，我先查阅了《马克思恩格斯全集》英文版《资本论》第三卷那段话①，结果发现，中央编译局的译文与英译文确实存在不一致的地方。不过我知道，中央编译局的译文依据的是《马克思恩格斯全集》德文版，它与英译文的不一致不能证明它一定有问题。为此，我又找到《马克思恩格斯全集》德文版《资本论》第三卷那段话②，并进而发现马克思那段话的德文原文实际上并不含有正义是一种事实判断的意思，这种意思是由中央编译局的译文存在严重误译所导致的。于是，我决定从德文翻译的角度写一篇质疑中央编译局这段译文的文章，这篇文章后来发表在中央编译局的刊物《马克思主义与现实》2010年第6期，题为《马克思认为"与生产方式相适应，相一致就是正义的"吗？——对中央编译局〈资本论〉第三卷一段译文的质疑与重译》。在这篇文章中，我依据这段译文的德文原文并参照其英译文，通过语义和语境分析，逐句表明中央编译局的这段译文存在误译问题，并对这段译文做了重译：

> 在这里，像吉尔巴特那样（见注）说什么天然正义是荒谬的。这种生产当事人之间进行的交易的正义性基于这一事实：这些交易是从生产关系中作为自然结果产生出来的。这些经济交易作为当事人的意志行为，作为他们的共同意志的表示，作为可以由国家强加给立约双方的契约，表现在法律形式上，这些法律形式作为单纯的形式，是不能决定这个内容本身的。这些形式只是表示这个内容。这个内容是正义的，只是在它与生产方式相符合，相适宜时；这个内容是非正义的，只是在它与生产方式相矛盾时。基于资本主义生产方式的奴隶般的劳动是非正义的，在商品质量上弄虚作假也是非正义的。

除了对一些概念的不同译法以外，我的译文在含义上与中央编译局的译文存在巨大差别，这集中体现在马克思是如何批判吉尔巴特说的"天然正义"这一问题上。我的译文表明，马克思指出并论证了，吉尔巴特说的"正义"是用借款来牟取利润的人和贷放人之间进行的前者把一部分利润付给后者的交易的正义性，而这些交易只是从资本主义生产关系中作为自然结果产生出来的，因此，吉尔巴特说的"正义"根本不是什么"天然正

---

① Karl Marx Frederick Engels Collected Works: Volume 37. London: Lawrence & Wishart, 1998: 337-338.
② Karl Marx Friedrich Engels: Band 25. Berlin: Dietz Verlag, 1959: 351-352.

义"。中央编译局的译文则让人只能做这样的理解：马克思对吉尔巴特说的"天然正义"的批判，只体现在马克思另提出了自己的正义观点，即只要与生产方式相适应，相一致，就是正义的；只要与生产方式相矛盾，就是非正义的。如果我的重译是正确的，那马克思的这段话就不能作为正义在马克思的论著中是一种事实判断的文本依据，进而言之，也构不成我进一步探究马克思的分配正义观念的障碍。可以认为，我对马克思分配正义观念的探究，实际上是从这篇文章开始的。

我质疑中央编译局那段译文的文章发表后，中央编译局的同志立即做出回应。中央编译局原副局长李其庆译审在《马克思主义与现实》2011年第1期发表了一篇题为《关于马克思〈资本论〉第三卷一段论述的理解与翻译——对段忠桥教授质疑的回应》的论文，不但认为中央编译局那段译文不存在严重误译的问题，而且认为那段译文中讲的"这个内容，只要与生产方式相适应，相一致，就是正义的"表达的就是"马克思关于正义的观点"。我认真拜读了李其庆的文章，发现他实际上并没有从德文翻译的角度正面回应我指出的"严重误译"问题，而是反客为主，提出我对那段译文的重译存在三个问题：一是把吉尔巴特的对象和马克思的对象混为一谈；二是与马克思和恩格斯的一些论述相悖；三是与我此前发表的一篇文章（《马恩是如何看待剥削的"历史正当性"的》，发表在《中国党政干部论坛》2001年第11期）的说法自相矛盾。于是，我写了一篇题为《正义在马克思的论著中是价值判断而不是事实判断——答李其庆译审》的回应文章，发表在《江海学刊》2011年第5期。我在这篇文章中表明，李其庆所说的第一个问题，是基于他对马克思在《资本论》第二卷第五章"流通时间"中的一段论述，以及《资本论》第三卷那段话中一句德文原文的错误理解；他说的第二个问题根本就不存在，因为他给出的马克思和恩格斯的相关论述都不能作为他所谓的问题的依据；他说的第三个问题虽然指出我在《马恩是如何看待剥削的"历史正当性"的》一文中曾把中央编译局的那段译文作为论据来使用，但这不能证明我对中央编译局的那段译文的质疑和重译是错误的。说到这里，我还有必要指出，除了李其庆的这篇文章以外，中央编译局的其他同志至今未对我的质疑和重译做出任何回应。

在排除了那个障碍以后，我开始把目光转向国内学界因贫富差距拉大而引发的关于分配正义的讨论，并于2012年下半年写了一篇题为《当前中国的贫富差距为什么是不正义的？——基于马克思〈哥达纲领批判〉的相关论述》的文章，发表在《中国人民大学学报》2013年第1期。在这篇论文中我首先分析了导致我国从事马克思主义研究的学者在分配正义问题上出现集体失语情况的两个主要原因。第一个是，一些人对马克思有关正义的主张存在错误理解。这尤其体现在两个方面：一是认为马克思本人拒斥、批判正义，如果这种理解是正确的，那我国从事马克思主义研究的学者自然无须回应贫富差距是否正义的问题；二是认为正义在马克思那里不是一种价值判断，而是一种事实判断，即正义与否只在于与生产方式相一致还是相矛盾，如果马克思真这样认为，那我国从事马克思主义研究的学者也无须回应贫富差距拉大是否正义的问题，因为这一问题涉及的是价值判断，而非事实判断。第二个是，一些人还未摆脱马克思的剥削是不正义的观念的束缚。就当前我国存在的贫富差距而言，其中的贫者和富者都不是以被剥削者和剥削者来界定的，而是以收入的多少来界定的，与此相应，导致贫富差距的原因主要不是剥削，而是不同的身份等级、不同的生活环境和不同的天赋。因此，依据马克思剥削不正义的观念无法回应贫富差距拉大为什么是不正义的问题。我在这篇论文中还进而提出，马克思在《哥达纲领批判》中关于按劳分配的两个弊病的论述，蕴含着一种不同于剥削不正义的正义观念，即由非选择的偶然因素导致的实际所得的不平等是不正义的观念。这一观念可以为当前我国的贫富差距之不正义提供一种新的论证。在这篇文章的最后我还强调指出，尽管当前我国存在的贫富差距是不正义的，但由此却不能得出应将其立即消灭的结论，因为是否正义是一个问题，正义能否实现是另一个问题。可以说，正是在这篇论文中，我第一次提出"马克思的分配正义观念"，并把它应用到对我国的贫富差距是否正义问题的研究上。

　　为了进一步阐明我讲的"马克思的分配正义观念"的含义，我在2013年上半年又写了一篇题为《马克思正义观的三个根本性问题》的论文，发表在《马克思主义与现实》2013年第5期。这篇论文的大部分内容实际上在此前已发表过的两篇论文，即《马克思认为"与生产方式相适应，相一致就是正义的"吗？——对中央编译局〈资本论〉第三卷一段译文的质疑与重译》和《当前中国的贫富差距为什么是不正义的？——基于马克思〈哥达纲领批判〉的相关论述》中都已讲过，因此可以说是对它们的重构与改写。我在这篇论文中强调，无论是20世纪七八十年代英美学者关于"马克思与正义"的讨论，还是我国学界当前围绕贫富差距而展开的关于分配正义的讨论，说到底都是围绕三个根本性问题展开的：正义在马克思的论著中是价值判断还是事实判断？马克思认为资本主义剥削是正义的还是不正义的？马克思认为社会主义的按劳分配是正义的吗？由于我在那两篇论文中已分别对这三个问题给出了答案，因此，我的这篇论文只是围绕何为"马克思的分配正义观念"而将这些答案重新组合在一起，并对它们做了进一步的深入说明和论证。此外，在这篇论文中我还特别澄清了几个问题。第一，马克思对正义问题没做过全面系统的阐释，而只有一些散见于不同时期论著、针对不同问题的相关论述，因此，我用"马克思的正义观"来泛指这些论述。第二，马克思、恩格斯有关正义的论述大多与分配方式相关，因而，我们对马克思正义观的探讨，应集中在他的分配正义观上。第三，分配正义概念本身在马克思和恩格斯那里的含义也是"给每个人以其应得"，尽管他们对"每个人应得什么"持有自己的看法。第四，马克思的分配正义观念，体现在他对资本主义剥削的谴责和对社会主义按劳分配的弊病的批评上。

在提出马克思的"分配正义观念"以后，我意识到要使它能为人们所接受，还必须对它与历史唯物主义的关系做出说明。于是，2015年上半年我又写了一篇题为《历史唯物主义与马克思的正义观念》的文章，发表在《哲学研究》2015年第7期。这篇论文首先表明，依据马克思以及恩格斯在《德意志意识形态》、《〈政治经济学批判〉序言》和《资本论》中对历史唯物主义的最为系统而集中的论述，历史唯物主义是一种实证性的科学理论，说得具体一点就是，一种从人的物质生产这一经验事实出发，通过对社会结构和历史发展的考察以揭示人类社会发展一般规律的理论。这篇论文接着表明，马克思涉及分配正义问题的论述大体上可分为两类。一类是从历史唯物主义出发，对各种资产阶级、小资产阶级的正义主张的批判和对当时工人运动中出现的各种错误口号的批评。在这一类论述中，马克思指出并论证了正义属于社会意识，是对一定经济关系的反映；正义是人们对现实分配关系与他们自身利益关系的一种价值判断，不同阶级和社会集团对同一分配关系是否正义往往持有不同的看法；虽然说到底正义是对现实经济关系与评价主体利益之间关系的反映，但它的直接来源却是法权观念和道德观念，是法权观念或道德观念的最抽象的表现；正义随着经济关系的变化而变化，永恒的正义是不存在的。另一类则隐含在对资本主义剥削的谴责和对社会主义按劳分配的批评中，我这里讲的马克思的正义观念，指的只是隐含在第二类论述中的马克思对什么是正义的、什么是不正义的看法。具体说来就是，马克思实际上持有两种不同的分配正义观念：一是涉及资本主义剥削的正义观念，即资本主义剥削是不正义的，因为资本家无偿占有了本应属于工人的剩余产品；另一是涉及社会主义按劳分配两个弊病的正义观念，即它们之所以是不正义的，是因为它们默认了由偶然的天赋和负担的不同所导致的，即由非选择的偶然因素所导致的人们实际所得的不平等。这篇论文最后提出，如果把历史唯物主义理解为一种实证性理论，把马克思的正义观念理解为一种规范性见解，那它们之间的关系就表现在这样三个方面：第一，历史唯物主义不涉及马克思的正义观念，马克思的正义观念也不涉及历史唯物主义；第二，历史唯物主义不是源自马克思的正义观念，马克思的正义观念也不是源自历史唯物主义；第三，历史唯物主义并不否定马克思的正义观念，马克思的正义观念也不否定历史唯物主义。可以说，正是在这篇论文中，我对何为"马克思的分配正义观念"做了最明确的说明。

我在上述几篇论文中提出的观点很快在学界引起关注，一些学者还写文章从不同方面提出了反对意见。正是在回应他们的四篇文章中，我对"马克思的分配正义观念"又做了进一步的论证和辩护。

第一篇回应文章是《关于当今中国贫富两极分化的两个问题——与陈学明教授商榷》，发表在《江海学刊》2016年第4期。对于我在《当前中国的贫富差距为什么是不正义的？——基于马克思〈哥达纲领批判〉的相关论述》那篇论文中提出的观点，复旦大学陈学明教授提出了反对意见。他与姜国敏合作在《江海学刊》2016年第2期发表了一篇题为《论政治经济学在马克思主义中的地位》的文章，提出坚持"真正的马克思的立场"，就不能对当今中国存在的贫富两极分化现象做道德（或政治哲学）批判，而只能做政治经济学批判；当今中国的贫富两极分化主要是由于"强资本"对"弱劳动"的剥削造成的，因而要限制体现资本和劳动关系的私营经济。我在这篇文章中首先回应了陈学明教授所谓的"真正的马克思的立场"。我指出，马克思在《资本论》等论著中从道德角度强烈谴责了资本主义剥削的不正义，并高度评价了无产阶级对资本主义生产方式的道德批判，因此可以认为，对当今中国的两极分化现象做政治哲学的批判是与他们的思想相符的。此外，自罗尔斯的《正义论》出版之后，分配正义已成为包括中国学者在内的全球学者普遍关注的问题，陈学明教授的"真正的马克思的立场"却禁止我国的马克思主义研究关注分配正义问题，这样做无疑有碍马克思主义研究在我国的发展。我在这篇文章中接着回应了他的限制私营经济的主张。我指出，导致当今中国贫富两极分化的主要原因并不是"强资本"对"弱劳动"的剥削,而是人们不同的生活环境、不同的身份等级和不同的天赋;私营经济虽然与剥削相连,但其在消除贫富差距上的积极作用要远远大于其在剥削方面的消极作用,因此,积极发展私营经济是我国在当今尚无更好途径的情况下所应选择的正确途径。

第二篇回应文章是发表在《人文杂志》2017年第1期的《分配正义、剥削与按劳分配——答孔陆泉先生》。我在《当前中国的贫富差距为什么是不正义的?——基于马克思〈哥达纲领批判〉的相关论述》一文中提出的观点,还受到江苏省委党校孔陆泉教授的批评。他在《人文杂志》2016年第8期发表了一篇题为《必须坚持历史唯物主义的分配正义观——向段忠桥先生请教》的文章,认为我的观点不但在学术上而且在政治上都存在诸多问题。在认真读过孔先生的文章之后,我发现他的批评虽然都是基于对马克思、恩格斯相关论述的错误理解和对我的观点的曲解,因而根本不能成立,但他的文章确实涉及一些我在已发表的文章中虽然提到但却没机会详细展开论述的问题,故此,我写了这篇长达2万多字的回应文章。我在这篇文章中除了表明孔陆泉的那些批评都是不能成立以外,还对两个问题做了进一步的说明。第一,关于事实判断与价值判断的区别。事实判断指的是一种描述性判断,即关于事物实际上是怎样的判断;价值判断指的是一种规范性判断,即关于事物应当是怎样的判断。以马克思对资本主义剥削的论述为例:当马克思说资本家对工人的剥削是对工人剩余劳动的无偿占有时,他此时的说法是对资本主义剥削的事实判断,因为他此时只是描述了资本家无偿占有工人的剩余劳动这一事实;当马克思把资本家对工人的剥削说成是对工人的"盗窃"时,他此时的说法是对资本主义剥削的价值判断,因为他此时是在谴责资本主义剥削的不正义的,即资本家无偿占有了本应属于工人的剩余产品。第二,对我以前引用马克思《哥达纲领批判》中的一段话,即"什么是'公平的'分配呢?难道资产者不是断言今天的分配是'公平的'吗?难道它事实上不是在现今的生产方式基础上唯一'公平的'分配吗?……难道各种社会主义宗派分子关于'公平的'分配不是也有各种极不相同的观念吗?",做了进一步的说明。我在引用这段话时常常省略其中的"难道资产者不是断言今天的分配是'公平的'吗?"这句话。我这样做只是出于对所要论证的问题的考虑,即我的引文只是要表明马克思将正义视为一种价值判断,而且在我看来,从论文写作的角度讲,做这种省略是没问题的。鉴于孔陆泉认为我是为了曲解马克思的原意而故意把这句话丢掉,我在回应文章中又用了很大的篇幅对这句话的含义、它与前后两句话的关系以及马克思为什么做这样的表述做了进一步的说明。

第三篇回应文章是《马克思认为"正义是人民的鸦片"吗？——答林进平》，发表在《社会科学战线》2007年第11期。我在《历史唯物主义与马克思的正义观念》一文中提出，"历史唯物主义与马克思的正义观念在内容上互不涉及、在来源上互不相干、在观点上互不否定"。对于我的这一观点，中央编译局研究员林进平提出了反对意见。他在《中国人民大学学报》2017年第3期发表了一篇题为《从宗教批判的视角看马克思对正义的批判——兼与段忠桥先生商榷》的论文。文中一方面批评我的观点"不论是在立论的文本依据，还是在论证上都难以成立"，另一方面提出了他自己的一种新观点，即马克思之所以批判、拒斥正义，是因为他"把正义视如宗教"，认为"正义是人民的鸦片"。我在文章中首先表明，林进平的批评是基于偷换概念，因为他在其批评中讲的"马克思的正义观"，根本不是我在《历史唯物主义与马克思的正义观念》中讲的"马克思的正义观念"。为了表明这一点，我在文中还对我使用过的"马克思的正义观"和"马克思的正义观念"这两个概念之间的区别做了说明。我在发表在《马克思主义与现实》2013年第5期的一篇题为《马克思正义观的三个根本性问题》的论文中使用过"马克思的正义观"这一概念，我用它泛指马克思在其相关论述中涉及正义问题的各种看法。我还进而指出，仔细研读一下马克思以及恩格斯的著作我们不难发现，他们有关正义的论述大多与分配方式相关，因而，我们对马克思正义观的探讨，应集中在他的分配正义观上。我提出"马克思的正义观念"则是在《历史唯物主义与马克思的正义观念》一文，我用它特指"隐含在对资本主义剥削的谴责和对社会主义按劳分配的批评中"的马克思对什么是正义的、什么是不正义的看法，说得再具体一点就是，马克思认为资本主义剥削是不正义的，社会主义按劳分配的两个弊病也是不正义的。我在文章中还对林进平的新观点做了深入的分析，表明由于他的每一个论据都是基于主观臆断，因而他的观点根本无法成立。此外，我还对林进平的一个说法，即"马克思虽然批判了'正义'，却不妨碍我们今天追求'正义'，构想马克思主义的正义观"提出了质疑：如果"正义"被马克思视为"宗教"，被视为"人民的鸦片"，那我们今天为什么还要追求"正义"，还要去构想马克思主义的正义观呢？

第四篇回应文章是《再谈"历史唯物主义与马克思的正义观念"——答马拥军》，发表在《马克思主义与现实》2017年第6期。我提出的"历史唯物主义与马克思的正义观念在内容上互不涉及、在来源上互不相干、在观点上互不否定"的观点还受到上海财经大学马拥军教授的批评。他在《哲学研究》2017年第6期发表了一篇题为《历史唯物主义的"实证"性质与马克思的正义观念》的文章,说"近来有学者把历史唯物主义当成一种'实证性的科学理论',把马克思的正义观念当作一种'规范的见解',断定'历史唯物主义与马克思的正义观念在内容上互不涉及、在来源上互不相干、在观点上互不否定'(段忠桥),就是这种前黑格尔式见解的例证"①。他还进而批评我的观点是"立足于实证和规范的对立,把'现实'即历史'事实'混同于近代自然科学的'事实',把马克思的正义观念视为超历史的价值判断,必然陷入'自然主义的历史观',从而排斥真正的'历史'即人类的实践活动"②。我在读了马拥军的这篇文章之后发现,他的这些批评不仅概念不清、逻辑混乱,而且大多是基于对马克思和恩格斯相关论述的错误理解。不过,马拥军的批评确实也涉及一些值得我做进一步澄清和说明的问题,于是我就写了这篇回应的文章。我在文章中特别指出,自休谟、康德以来,人们通常认为事实判断是一种描述性判断,价值判断是一种规范性判断,前者以"是"为系词,后者以"应当"为系词。我就是在这种意义上使用"事实判断"与"价值判断"的。在我看来,历史唯物主义是一种具有"事实判断"特征的描述性理论,因为它涉及的只是人类社会发展的一般规律"是什么"的问题,这集中体现在它是由一系列事实判断构成的,例如,人类社会的发展是一个自然历史过程,生产力决定生产关系,经济基础决定上层建筑,社会意识是社会存在的反映并反作用于社会存在,等等。相对历史唯物主义而言,"马克思的正义观念"则是具有"价值判断"特征的规范性见解,因为它涉及的只是资本主义剥削和社会主义按劳分配的弊病是否"应当"的问题。如果将历史唯物主义视为一种具有"事实判断"特征的描述性理论,将"马克思的正义观念"视为一种具有"价值判断"特征的规范性见解,那它们之间的关系在我看来就仍是"在内容上互不涉及、在来源上互不相干、在观点上互不否定"。

除了上述四篇回应文章以外,我还写了两篇质疑的文章。

一篇是《历史唯物主义是在"政治哲学思想运演中推导出来"的吗?——质疑李佃来教授的一个新见解》,发表在《中国人民大学学报》

---

① 哲学研究,2017(6):13.
② 同①.

2017年第1期。我写这篇论文的主旨是为我在《历史唯物主义与马克思的正义观念》一文中提出的历史唯物主义是一种实证性科学的观点做进一步的辩护。近些年来，随着政治哲学研究在我国升温，不少从事马克思主义研究的学者开始思考如何建构马克思主义政治哲学的问题。他们当中的一些人认为，造成政治哲学在我国马克思主义哲学中缺失的一个重要原因，是长期占主导地位的传统观点错误地将历史唯物主义说成一种实证性科学。由此出发，他们纷纷提出与传统观点不同的各种新理解，其中一种颇具代表性的新见解是武汉大学李佃来教授提出来的，即历史唯物主义是在政治哲学的思想运演中推导出来的。① 我在这篇文章中对李佃来的这一见解及其论据提出四点不同看法：(1) 对历史唯物主义的理解不能仅仅依据《提纲》第十条；(2) 从恩格斯对《提纲》的评价推导不出"新世界观"就是立足于"改变世界"的新唯物主义（即历史唯物主义）；(3) 从《提纲》第十条推导不出历史唯物主义与马克思对市民社会、人类社会的批判和预设不无相关；(4) 历史唯物主义绝不是在政治哲学的思想运演中推导出来并加以厘定的。

另一篇是《对"伍德命题"文本依据的辨析与回应》，发表在《中国社会科学》2017年第9期。马克思是如何看待正义的，是近几年来国内学界关注的一个热点问题。在这个问题上，美国印第安纳大学教授艾伦·伍德的主张，尤其是他在20世纪七八十年代英美马克思主义者关于"马克思与正义"那场大讨论中提出的著名论断——"马克思并不认为资本主义是不正义的"②，不仅曾在英美学界引起激烈争论，而且对我国学者的研究也产生了很大影响。从近些年来我国学者发表和出版的关于马克思与正义问题的论著不难看出，不少人的观点是直接或间接地基于伍德的这一论断。我不同意伍德的论断，并认为对他的论断做出有说服力的回应对于促进我国学者的研究具有重要意义，于是就写了这篇论文。我在论文中指出，伍德的论断实际上是基于三个理由：(1) 在马克思的论述中，正义概念是从司法角度对社会事实的合理性的最高表示。(2) 对马克思来说，一

---

① 李佃来. 马克思主义政治哲学研究的两个前提性问题//马克思主义哲学研究（2010）. 武汉：湖北人民出版社，2010.

② Allen W. Wood. The Marxian Critique of Justice. Philosophy and Public Affairs, Vol. 1, No. 3 (Spring, 1972)：245. 本文引用的伍德的这篇论文和他的另一篇论文 "Marx on Right and Justice: A Reply to Husami" 都已有中译文，收录在李惠斌、李义天编的《马克思与正义理论》（北京：中国人民大学出版社，2010）一书中。由于本人对这两篇中译文的一些译法持有不同意见，故对它们做了重译。

种经济交易或社会制度如果与生产方式相适应就是正义的，否则就是不正义的。(3) 根据马克思的说法，资本占有剩余价值不包含不平等或不正义的交换。而伍德的这三个理由又是以马克思和恩格斯的三段论述，即恩格斯在《论住宅问题》中的一段论述、马克思在《资本论》第三卷的一段论述和在《资本论》第一卷的一段论述为文本依据的。通过对这三段论述的文本分析，我表明，伍德对这三段论述的理解都是错误的，因而他的三个理由都不能成立。如果他的三个理由都不能成立，那他那个论断自然也不能成立。

本书的附录一是我发表在《光明日报》2014年3月19日的一篇文章——《马克思主义哲学研究应关注分配正义问题》（《新华文摘》2014年第10期全文转载）。这篇文章首先指出人们对马克思、恩格斯有关正义的论述存在两种错误理解，接着表明分配正义虽然不是马克思、恩格斯关注的主要问题，但他们在不少地方都直接或间接地谈到这一问题，其中有些论述，特别是马克思在《哥达纲领批判》中关于按劳分配两个弊病的论述，对于我们认识当前我国社会存在的诸如贫富差距等分配不正义现象仍具有重要的指导意义。

本书的附录二《平等是正义的表现——读恩格斯的〈反杜林论〉》是我发表在《哲学研究》2018年第4期的一篇论文。这篇论文基于对《反杜林论》第一编第十章"道德和法。平等"相关论述的分析，表明了恩格斯在平等与正义关系问题上的几个论断：一切人，或至少是一个国家的一切公民，或一个社会的一切成员，都应当有平等的政治地位和社会地位，这种平等要求是从人就他们是人而言的这种平等中引申出来的；平等观念是一种规范性价值判断，是正义的表现；现代平等要求是资产阶级首先提出来的，但资产阶级的平等要求只停留在政治权利的平等上；无产阶级的平等要求则要进而实现社会和经济领域的平等，无产阶级平等要求的实际内容都是消灭阶级的要求。恩格斯的这些论断，是对马克思的分配正义观念的丰富和补充。

以上说明既是对我研究马克思的分配正义观念历程的简要回顾，也是对本书基本内容的简要介绍。由于马克思的正义观念是一个前沿性问题，而我对它的研究还只能说是初步的，因此，本书必定存在这样或那样的问题，衷心希望读者能不吝赐教。

目　录

一、马克思和恩格斯的公平观 …………………………………… 1

二、道德公平与社会公平 ………………………………………… 8

三、马克思、恩格斯视野中的正义问题 ………………………… 17

四、马克思认为"与生产方式相适应，相一致就是正义的"吗？
　　——对中央编译局《资本论》第三卷一段译文的质疑与重译 …… 31

五、正义在马克思的论著中是价值判断而不是事实判断
　　——答李其庆译审 ………………………………………… 50

六、当前中国的贫富差距为什么是不正义的？
　　——基于马克思《哥达纲领批判》的相关论述 …………… 71

七、马克思正义观的三个根本性问题 …………………………… 93

八、历史唯物主义与马克思的正义观念 ………………………… 105

九、关于当今中国贫富两极分化的两个问题
　　——与陈学明教授商榷 …………………………………… 121

十、分配正义、剥削与按劳分配
　　——答孔陆泉先生 ………………………………………… 136

十一、马克思认为"正义是人民的鸦片"吗？
　　　——答林进平 …………………………………………… 163

十二、再谈"历史唯物主义与马克思的正义观念"
　　　——答马拥军 …………………………………………… 180

十三、历史唯物主义是在"政治哲学思想运演中推导出来"的吗？
——质疑李佃来教授的一个新见解 ………………………… 193

十四、对"伍德命题"文本依据的辨析与回应 ……………………… 211

附录一：马克思主义哲学研究应关注分配正义问题 ……………… 233

附录二：平等是正义的表现
——读恩格斯的《反杜林论》………………………………… 237

参考文献 ……………………………………………………………… 247
索引 …………………………………………………………………… 251

一、马克思和恩格斯的公平观

随着我国由传统的计划经济向社会主义市场经济的转变,分配领域中的公平问题越来越引起人们的关注。从当前学术界有关公平问题的讨论可以看出,人们对这一问题的研究还只是初步的,还有很多深层的理论问题需要澄清。本文试图根据马克思和恩格斯的相关论述,对他们在这一问题上的看法做一较为全面的阐述,以期为我国学术界正在进行的讨论提供一个可以依据的理论基础。

"公平"是一个为人们在众多领域中大量使用的概念,我在这里所要阐述的是马克思和恩格斯有关分配领域中的公平的看法。对于分配领域中的公平问题,马克思和恩格斯虽未做过专门、系统的论述,但在他们的论著中,涉及这一问题的论述却很多。从他们的论述中我们可以发现,他们是从以下一些方面表明他们对公平的看法的:

(一)公平是人们对现实分配关系与他们自身利益关系的一种评价。恩格斯在谈到资本主义的分配关系时说过这样一段话:"按照资产阶级经济学的规律,产品的绝大部分**不是**属于生产这些产品的工人。如果我们说:这是不公平的,不应该这样,那末这句话同经济学没有什么直接的关系。"[1] 由此可以推断,公平只是一种价值判断。分配关系是生产关系的一个重要组成部分,是一种由现存生产力水平决定的、客观存在的经济关系。分配关系本身并不存在公平还是不公平的问题。当人们说某种分配关系是公平的时候,其所说的公平说到底是指这种关系满足了他们的利益;当人们说某种分配关系是不公平的时候,其所说的不公平说到底是指这种关系损害了他们的利益。

(二)任何评价都要以某一尺度为依据,公平也是如此。在马克思和恩格斯看来,尽管公平在不同的历史时期或在同一时期的不同社会集团那

---

[1] 马克思恩格斯全集:第21卷. 北京:人民出版社,1965:209.

里往往具有不同的内容,但无论哪种公平都是以某种尺度为依据的。在谈到资本主义社会中劳动力的买卖时,马克思说:"这种情况对买者是一种特别的幸运,对卖者也绝不是不公平。"① 因为资本家是"按照商品交换的各个永恒规律行事的"②。这就是说,在资本主义社会的商品交换中,公平的尺度是等价交换原则,符合这一原则的交换就是公平的,否则就是不公平的。正因为如此,马克思才说资本家在交换过程中付给工人的工资绝不是不公平的,因为资本家付给工人的的确是他的劳动力的价值。在谈到未来社会主义社会的分配时,马克思说过这样一段话:"生产者的权利是同他们提供的劳动**成比例的**;平等就在于以**同一尺度**——劳动——来计量。"③ 这段话虽然讲的是"平等"问题而不是"公平"问题,但这里所讲的"平等"无疑也包括"公平"的含义。这表明,在马克思看来,在未来的社会主义社会,分配中的公平也是以某一尺度即以"劳动"为依据的。符合"按劳"这一尺度的分配就是公平的,否则就是不公平的。

(三)不同社会集团对公平持有不同的看法。马克思和恩格斯认为,自原始社会解体后出现了在分配关系中处于不同地位的社会集团,而同一分配关系又往往为不同的社会集团带来不同的利益,因此,不同的社会集团总是从自身利益出发提出各自的公平主张。由于每一社会集团都是以自己的公平尺度去衡量现存的分配关系,因而,对于同一分配关系,一些人认为是公平的,另一些人则认为是不公平的。在谈到资本主义分配关系时马克思说:"什么是'公平的'分配呢?难道资产者不是断言今天的分配是'公平的'吗?难道它事实上不是在现今的生产方式基础上唯一'公平的'分配吗?……难道各种社会主义宗派分子关于'公平的'分配不是也有各种极不相同的观念吗?"④ 他还指出,即使实现了社会主义的按劳分配以后,也不能说就实现了能为人人认可的公平。因为按劳分配是以"劳动"来计量的,"但是,一个人在体力或智力上胜过另一个人,因此在同一时间内提供较多的劳动,或者能够劳动较长的时间;而劳动,要当作尺度来用,就必须按照它的时间或强度来确定,不然它就不成其为尺度了。这种**平等**的权利,对不同等的劳动来说是不平等的权利。它不承认任何阶级差别,因为每个人都像其他人一样只是劳动者;但是它默认,劳动者的

---

① 资本论:第一卷. 北京:人民出版社,1975:219.
② 同①.
③ 马克思恩格斯选集:第3卷. 北京:人民出版社,1995:304.
④ 同③302.

不同等的个人天赋,从而不同等的工作能力,是天然特权。**所以就它的内容来讲,它像一切权利一样是一种不平等的权利"**①。由于人们在公平问题上无法形成共识,公平与不公平总是相互依存,有公平就有不公平,能为一切人认可的公平是不存在的。

(四)公平是法权观念或道德观念的最抽象的表现。马克思和恩格斯认为,公平作为一种评价属于观念形态,归根结底它是对现实经济关系与评价主体利益之间关系的反映,但公平的直接来源却是法权观念和道德观念。在谈到公平观念的产生时,恩格斯指出:"人们往往忘记他们的法权起源于他们的经济生活条件,正如他们忘记了他们自己起源于动物界一样。随着立法发展为复杂和广泛的整体,出现了新的社会分工的必要性:一个职业法学者阶层形成起来了,同时也就产生了法学。法学在其进一步发展中把各民族和各时代的法权体系互相加以比较,不是把它们视为相应经济关系的反映,而是把它们视为本身包含有自己根据的体系。比较都是以具有某种共同点为前提的:这种共同点表现在法学家把这些法学体系中一切多少相同的东西统称为**自然法权**。而衡量什么算自然法权和什么又不算自然法权的标准,则是法权本身最抽象的表现,即**公平**。"② 这表明,法权是现实经济关系的反映,而公平不过是法学家衡量各种法律体系中相同的东西的一种尺度,是法权本身一种更为抽象的表现。马克思在批判蒲鲁东的小资产阶级公平观时也揭示了公平直接起源于法权观念,他说:"蒲鲁东先从与商品生产相适应的法的关系中提取他的公平的理想,永恒公平的理想。"③ 公平不仅直接来源于法权观念,而且也直接来源于道德观念。恩格斯说,当工人对资本主义分配方式不满而说这是不公平时,这不过是说,"这些经济事实同我们的道德感有矛盾"④。道德也是现实经济关系的反映,从道德意义上讲的公平是道德本身一种更为抽象的表现。既然公平直接来源于法权观念和道德观念,因而可以认为,公平是评价主体从法权或道德的角度对现实分配关系做出的一种评价。凡被认为是公平的分配关系,也即要求从法律上予以维护或从道德上予以赞扬的分配关系;凡被认为是不公平的分配关系,也即要求从法律上予以取缔或从道德上予以谴责的分配关系。

---

① 马克思恩格斯选集:第3卷.北京:人民出版社,1995:304-305.
② 马克思恩格斯全集:第18卷.北京:人民出版社,1964:309-310.
③ 资本论:第一卷.北京:人民出版社,1975:102.
④ 马克思恩格斯全集:第21卷.北京:人民出版社,1965:209.

（五）公平是对现存分配关系的保守方面或革命方面的神圣化。马克思和恩格斯认为，公平对现实的经济关系具有维护或破坏的作用。前边表明，不同社会集团所说的公平尺度总是各不相同的。然而，由于公平概念本身具有将同一尺度应用于每一个人的含义，因此，尽管一种分配关系实际上只是对某一社会集团有利，但它却往往被这一集团说成对其他社会集团也是公平的。于是就形成了这样一种情况：尽管各社会集团对公平的理解各不相同，但无论哪个集团都把公平作为争取或维护自身利益的口号。所以，当某一社会集团宣称现存的分配关系是公平时，它实际上是想通过其所认可的公平把这种分配关系加以神圣化，即把实际上只是有利于自身的分配关系说成是有利于所有人的分配关系而对其加以维护。如此说来，当一种分配关系已不再适合生产力的发展要求时，仍说它是公平的，实际上是在将其保守方面加以神圣化；反之，当一种分配关系还适合生产力发展时，说它是公平的，实际上是在将其革命方面加以神圣化。对此恩格斯有一段精辟的论述："在法学家和盲目相信他们的人们眼中，法权的发展只在于力求使获得法律表现的人类生活条件愈益接近于公平理想，即接近于**永恒**公平。而这个公平却始终只是现存经济关系在其保守方面或在其革命方面的观念化，神圣化的表现。"①

（六）所谓永恒的公平是不存在的。马克思和恩格斯认为，公平不是一成不变的，而是发展变化的。既然公平是不同社会集团对现实分配关系与自身利益关系的一种评价，那么随着经济关系的变化以及由此而导致的社会集团的变化，公平的内容也必然要发生相应的变化。自原始社会解体以后，在奴隶社会，有奴隶主和奴隶的公平观；在封建社会，有封建主和农奴的公平观；在资本主义社会，有资产阶级和无产阶级的公平观。对此，恩格斯指出："希腊人和罗马人的公平观认为奴隶制度是公平的；1789年资产者阶级的公平观则要求废除被宣布为不公平的封建制度。在普鲁士的容克看来，甚至可怜的专区法也是破坏永恒公平的。所以，关于永恒公平的观念不仅是因时因地而变，甚至也因人而异，它是如米尔伯格正确说过的那样'一个人有一个理解'。"② 各种公平观都是历史的产物，它们的形成需要一定的历史条件，而这种历史条件又是以以往的历史为前提的。所谓永恒的公平完全是骗人的鬼话，是绝对不能相信的。

---

① 马克思恩格斯全集：第18卷. 北京：人民出版社，1964：310.
② 同①.

（七）资产阶级的公平观是建立在发达的商品经济基础上的，它把等价交换视为公平的尺度。恩格斯在谈到资产阶级的平等观（即资产阶级的公平观，因为公平观不过是平等观的一种具体体现）产生的时候指出："当社会日益成为资产阶级社会的时候，国家制度仍然是封建的。大规模的贸易，特别是国际贸易，尤其是世界贸易，要求有自由的、在行动上不受限制的商品所有者，他们作为商品所有者是有平等权利的，他们根据对他们所有人来说都平等的（至少在当地是平等的）权利进行交换。"① 这表明，资产阶级的平等观实际上也就是商品所有者的平等观，这种平等观是与封建社会的平等观相对立的，是在反对各种封建特权的斗争中产生的。为什么资产阶级的平等观也就是商品所有者的平等观呢？这是因为，"劳动产品的价值形式是资产阶级生产方式的最抽象的、但也是最一般的形式，这就使资产阶级生产方式成为一种特殊的社会生产类型，因而同时具有历史的特征"②。在资本主义社会中，一切人类劳动由于而且只是由于都是一般人类劳动而具有的等同性和同等意义，使商品形式成为劳动产品的一般形式，从而人们彼此作为商品所有者的关系成为占统治地位的社会关系。对此，马克思一针见血地指出："平等！因为他们彼此只是作为商品所有者发生关系，用等价物交换等价物。"③ 既然人们彼此作为商品所有者的关系成为资本主义的占统治地位的社会关系，那等价交换这一商品交换的基本原则自然也就成了资产阶级公平观的尺度。把等价交换原则视为资产阶级的公平原则是马克思的一贯思想。他甚至认为，在未来社会主义社会实行的按劳分配中，"**平等的权利**按照原则仍然是**资产阶级权利**，虽然原则和实践在这里已不再互相矛盾"④。因为"这里通行的是商品等价物的交换中通行的同一原则，即一种形式的一定量劳动同另一种形式的同量劳动相交换"⑤。

（八）在资本主义社会中，无产阶级的公平观又是什么呢？对此，马克思和恩格斯的回答十分明确，这就是消灭阶级。恩格斯指出，资产阶级自出现时起，就由它的影子即无产阶级不可避免地一直伴随着。同样地，资产阶级的平等要求也由无产阶级的平等要求伴随着。在资产阶级提出消

---

① 马克思恩格斯选集：第3卷. 北京：人民出版社，1995：446.
② 资本论：第一卷. 北京：人民出版社，1975：98.
③ 同②199.
④ 同①304.
⑤ 同①304.

灭阶级特权的平等要求的同时，无产阶级就提出了消灭阶级本身的平等要求。他分析道："无产阶级所提出的平等要求有双重意义。或者它是对明显的社会不平等，对富人和穷人之间、主人和奴隶之间、骄奢淫逸者和饥饿者之间的对立的自发反应——特别是在初期，例如在农民战争中，情况就是这样；它作为这种自发反应，只是革命本能的表现，它在这里，而且仅仅在这里找到自己被提出的理由。或者它是从对资产阶级平等要求的反应中产生的，它从这种平等要求中吸取了或多或少正当的、可以进一步发展的要求，成了用资本家本身的主张发动工人起来反对资本家的鼓动手段；在这种情况下，它是和资产阶级平等共存亡的。在上述两种情况下，无产阶级平等要求的实际内容都是**消灭阶级**的要求。任何超出这个范围的平等要求，都必然要流于荒谬。"① 无产阶级的平等要求或公平要求为什么只能限于消灭阶级的范围呢？这是因为，无产阶级的平等观是与资产阶级的平等观相对立而存在的。无产阶级抓住了资产阶级的话柄：平等不应当是表面的，不仅应当在国家领域中实行，它还应当是实际的，还应当在社会的、经济的领域中实行。这种要求实际上也就是要消灭阶级。只要资产阶级存在，就没有无产阶级的公平可言，一旦消灭了资产阶级，那也就同时消灭了无产阶级自身，那时也就没有什么无产阶级的公平可言了。因此，无产阶级的公平要求决不应超出消灭阶级。

（九）马克思和恩格斯坚决反对从公平出发，而主张从历史发展的必然性出发去说明和批判现存的资本主义制度。在他们看来，公平只是法权观念和道德观念的抽象表现，而且不同的社会集团往往赋予它不同的内容，因此，从抽象的公平出发是无法说明和批判现存的资本主义制度的。恩格斯说："在日常生活中，如果我们接触到的关系很简单，那末公平的、不公平的、公平感、法权感这一类名词甚至应用于社会现象也不致引起什么大误会，可是在关于经济关系的科学研究中，如我们所看到的，这些名词便引起一种不可救药的混乱，就好像在现代化学中企图保留燃素论的术语会引起的混乱一样。如果人们像蒲鲁东那样相信这种社会燃素即所谓'公平'原则，或者像米尔伯格那样断定说燃素论是与氧气论一样正确，则这种混乱就会更加厉害了。"② 马克思和恩格斯反复强调，无产阶级的解放事业不是基于某种公平观的实现，而是基于资本主义发展的必然趋

---

① 马克思恩格斯选集：第3卷. 北京：人民出版社，1995：448.
② 马克思恩格斯全集：第18卷. 北京：人民出版社，1964：310.

势。马克思说:"你们认为公道和公平的东西,与问题毫无关系。问题就在于:一定的生产制度所必需的和不可避免的东西是什么?"① 他还说:"对现存经济制度完全无知的人,当然更不能理解工人为什么要否定这种制度。他们当然不能理解,工人阶级企图实现的社会变革正是目前制度本身的必然的、历史的、不可避免的产物。"②

（十）马克思和恩格斯坚决反对把争取分配上的公平作为无产阶级斗争的口号。他们认为,消费资料的任何一种分配,都不过是生产条件本身分配的结果,而生产条件的分配,则是生产方式本身性质的表现。这也就是说,分配关系是由所有制关系决定的,而不是相反。因此,所有制关系不改变,分配关系也就改变不了。对于资本主义社会中的工人阶级而言,只有消灭生产资料的资本家所有制,实现生产资料的公有制,才能使自己在分配领域中摆脱资本家的剥削。为此,马克思和恩格斯都坚决反对当时工人运动中各种要求公平报酬的改良主义,认为:"在雇佣劳动制度的基础上要求**平等的或仅仅是公平的报酬**,就犹如在奴隶制的基础上要求**自由**一样。"③ 在谈到工人争取提高工资的斗争时,马克思说:"他们应当屏弃'**做一天公平的工作,得一天公平的工资!**'这种保守的格言,要在自己的旗帜上写上**革命的**口号:'**消灭雇佣劳动制度!**'"④

以上是对马克思和恩格斯有关公平问题看法的一个较为全面的阐述。我认为,他们的看法对我们当前研究分配领域中的公平问题至少应有这样几点启示:第一,既然公平问题对现存分配关系具有维护或破坏的作用,那我们对当前人们议论的公平问题就不能漠然处之,而应认真加以研究。第二,既然不同社会集团对公平问题往往持有不同的看法,而我国目前仍然存在不同的社会集团,那我们在研究分配领域中的公平问题时,就应首先认真考虑一下我们所讲的公平代表的是哪个社会集团的利益。第三,既然公平不能作为研究现存经济关系的出发点,对公平问题的研究不能代替对现存经济关系的研究,那我们在研究公平问题的同时,还应注重对我国现存经济关系的研究,并把后者作为前者的基础。

---

① 马克思恩格斯选集:第2卷.北京:人民出版社,1995:76.
② 马克思恩格斯选集:第3卷.北京:人民出版社,1995:113.
③ 同①76.
④ 同①97.

二、道德公平与社会公平

自 20 世纪 80 年代中期"效率优先，兼顾公平"的口号被一些学者提出以来[1]，中国学术界对分配公平问题的讨论就一直没有中断。如果说早些时候的讨论更关注的是如何打破"平均主义"的问题，那近几年的讨论则把重心转向了如何解决贫富差距过大的问题。

仔细研究一下近些年来我国学者有关分配公平的种种见解，我们不难发现，它们更多的是基于当代西方一些学者，如罗尔斯、德沃金、诺奇克等人的公平理论，而对马克思、恩格斯的公平理论则关注不够。笔者认为，尽管当代西方学者的各种公平理论不乏真知灼见，但在科学性和说服力上却都无法同马克思、恩格斯的公平理论相提并论。因此，加强对马克思、恩格斯公平理论的研究，是摆在我们面前的一个重要课题。

对马克思主义发展史多少有些了解的人都知道，自 1845 年马克思和恩格斯创立了历史唯物主义之后，他们曾多次明确反对用公平理论去说明社会历史发展和指导无产阶级革命运动。然而，在他们生活的那个年代，各种分配公平主张十分流行，尤其是在无产阶级反对资产阶级的斗争中。[2] 面对这种情况，为了坚持无产阶级革命运动的正确方向，马克思和恩格斯不得不花费很多时间和精力去分析、批判当时流行的各种公平理论。正是在对各种公平理论的分析、批判中，马克思、恩格斯提出了大量深刻的见解，从而形成了他们自己的公平观。

笔者曾经发表过一篇题为《马克思和恩格斯的公平观》[3] 的论文，对马克思和恩格斯有关分配公平问题的基本观点做了简要而系统的介绍。本文

---

[1] 据我所知，"效率优先，兼顾公平"这一口号最早出现于周为民、卢中原的课题研究报告《效率优先，兼顾公平——通向繁荣的权衡》[经济研究，1986 (2)]。

[2] 例如，"做一天公平的工作，得一天公平的工资"就是在当时工人运动中十分流行的一个口号。

[3] 哲学研究，2000 (8).

将集中探讨他们对当时流行的两种分配公平主张——道德意义上的分配公平主张（以下简称"道德公平"）和社会意义上的分配公平主张（以下简称"社会公平"）的看法，以期能对当前中国学者的分配公平研究有所启示。

（一）

在对当时流行的各种分配公平主张的分析、批判中，马克思、恩格斯谈论最多的，同时也是最值得我们重视的，是他们对道德公平与社会公平主张的看法。不过，在说明他们对这两种公平主张的看法之前，有必要先来看看他们描述的包括这两种公平主张在内的各种分配公平主张的共同特征。从他们的相关论述来看，当时流行的各种分配公平主张都具有下述特征：

第一，各种分配公平主张都是人们对现存分配关系与他们自身利益关系的价值判断。在谈到资本主义社会的分配关系时，马克思指出："工资以雇佣劳动为前提，利润以资本为前提。因此，这些一定的分配形式是以生产条件的一定的社会性质和生产当事人之间的一定的社会关系为前提的。因此，一定的分配关系只是历史规定的生产关系的表现。"[①] 由于分配关系是生产关系的表现，生产关系又是由生产力的发展水平所决定的，因此，分配关系是一种客观存在的不以人们的意志为转移的经济关系，它本身并不存在与人们的主观价值取向直接相关的公平还是不公平的问题。对于这一点，恩格斯讲得很明确："按照资产阶级经济学的规律，产品的绝大部分**不是**属于生产这些产品的工人。如果我们说：这是不公平的，不应该这样，那末这句话同经济学没有什么直接的关系。"[②] 这里所说的同经济学没有什么直接的关系，指的是同经济学的研究对象即客观存在的分配关系没有什么直接的关系。由此说来，各种分配公平主张都不过是人们从他们自身利益出发对现存分配关系的一种评价。说得具体一点就是，当人们说某种分配关系是公平的时候，其所说的公平说到底是指这种分配关系与他们的利益要求相一致；当人们说某种分配关系是不公平的时候，其所说的不公平说到底是指这种分配关系与他们的利益要求不一致。

---

① 资本论：第三卷. 北京：人民出版社，1975：997.
② 马克思恩格斯全集：第21卷. 北京：人民出版社，1965：209.

第二，各种分配公平主张都是不同社会集团各自利益的体现。马克思、恩格斯认为，自原始社会解体后就出现了在分配关系中处于不同地位的社会集团，而同一分配关系会给不同的社会集团带来不同的利益，因此，不同的社会集团总是从自身利益出发评价现存的分配关系的，于是就必然会出现这样一种情况：对于同一分配关系，一些人认为是公平的，另一些人则认为是不公平的。这样说来，任何所谓的分配公平，实际上都只是为某一社会集团所认可的公平。对此，恩格斯指出："希腊人和罗马人的公平观认为奴隶制度是公平的；1789年资产者阶级的公平观则要求废除被宣布为不公平的封建制度。在普鲁士的容克看来，甚至可怜的专区法也是破坏永恒公平的。所以，关于永恒公平的观念不仅是因时因地而变，甚至也因人而异，它是如米尔伯格正确说过的那样'一个人有一个理解'。"① 马克思在《哥达纲领批判》中嘲讽拉萨尔主张的"公平的分配"时也指出："什么是'公平的'分配呢？难道资产者不是断言今天的分配是'公平的'吗？……难道各种社会主义宗派分子关于'公平的'分配不是也有各种极不相同的观念吗？"② 由于人们在分配公平问题上不可能形成共识，所以公平总是与不公平相依存而存在，有公平就有不公平，能为一切人认可的分配公平是不存在的。

第三，各种分配公平要求都是对现存分配关系的保守方面或革命方面的神圣化。马克思、恩格斯认为，人们的各种分配公平主张对现实的分配关系具有维护或破坏的作用。前已述及，不同社会集团会持有不同的分配公平主张。然而，由于公平概念本身具有将同一尺度应用于每一个人的含义，因此，尽管一种分配关系实际上只是对某一社会集团有利，但它却往往被这一集团说成对其他社会集团也是公平的。于是就形成了这样一种情况：尽管各社会集团对公平的理解各不相同，但无论哪个集团都把公平作为争取或维护自身利益的口号。所以，当某一社会集团宣称现存的分配关系是公平的时候，它是把实际上只是有利于自身的分配关系神圣化，即把它说成是有利于所有人的分配关系而对其加以维护。这样说来，当一种分配关系已不再适合生产力的发展要求时，仍说它是公平的，就是在将其保守方面神圣化；反之，当一种分配关系还适合生产力的发展要求时，仍说它是公平的，就是在将其革命方面加以神圣化。对此恩格斯有一段精辟的

---

① 马克思恩格斯全集：第18卷. 北京：人民出版社，1964：310.
② 马克思恩格斯选集：第3卷. 北京：人民出版社，1995：302.

论述:"在法学家和盲目相信他们的人们眼中,法权的发展只在于力求使获得法律表现的人类生活条件愈益接近于公平理想,即接近于**永恒**公平。而这个公平却始终只是现存经济关系在其保守方面或在其革命方面的观念化、神圣化的表现。"①

(二)

马克思、恩格斯所说的道德公平指的是什么?社会公平指的又是什么?为了说明这两个问题,让我们先来看看马克思有关分配公平主张的两段论述:

1. 针对当时工人运动中流行的"做一天公平的工作,得一天公平的工资"的口号,马克思说:"在雇佣劳动制度的基础上要求**平等的或仅仅是公平的报酬**,就犹如在奴隶制的基础上要求**自由**一样。你们认为公道和公平的东西,与问题毫无关系。问题就在于:一定的生产制度所必需的和不可避免的东西是什么?"②

2. 在批评拉萨尔的"公平的分配"的主张时,马克思说:"什么是'公平的'分配呢?难道资产者不是断言今天的分配是'公平的'吗?难道它事实上不是在现今的生产方式基础上唯一'公平的'分配吗?"③

马克思在这两段论述中都谈到了分配公平问题,但在第一段中谈的分配公平显然不同于在第二段中谈的分配公平。这种不同不仅表现在前者指的是工人要求的公平报酬,后者指的是资产者断言的公平分配,而且还表现在前者与"一定的生产制度所必需的和不可避免的东西"这一问题无关,即与当时的资本主义生产制度所必需的和不可避免的分配关系这一问题无关,后者则是"现今的生产方式基础上唯一'公平的'分配",即现今资本主义生产方式基础上唯一"公平的"分配。可见,它们是两种不同的分配公平主张。对于这两种不同的分配公平主张,恩格斯在谈到"做一天公平的工作,得一天公平的工资"这一口号时有一段更为明确的论述:"是做一天公平的工作,得一天公平的工资吗?可是什么是一天公平的工

---

① 马克思恩格斯全集:第18卷.北京:人民出版社,1964:310.
② 马克思恩格斯选集:第2卷.北京:人民出版社,1995:76.
③ 马克思恩格斯选集:第3卷.北京:人民出版社,1995:302.

资和一天公平的工作呢？它们是怎样由现代社会生存和发展的规律决定的呢？要回答这个问题，我们不应当应用道德学或法学，也不应当诉诸任何人道、正义甚至慈悲之类的温情。在道德上是公平的甚至在法律上是公平的，而从社会上来看很可能是很不公平的。社会的公平或不公平，只能用一种科学来断定，那就是研究生产和交换的物质事实的科学——政治经济学。"① 在这段话中，恩格斯明确提出存在两种不同的分配公平主张：一种是道德意义上的分配公平主张，另一种是社会意义上的分配公平主张。前一种也就是马克思在上面第一段话中谈的公平主张，后一种也就是马克思在第二段话中谈的公平主张。

为什么马克思和恩格斯认为"做一天公平的工作，得一天公平的工资"这一流行于工人运动的口号是道德意义上的公平主张？对此，恩格斯有过这样的说明："李嘉图理论的上述应用，——认为全部社会产品，即**工人的**产品属于唯一的、真正的生产者，即工人，——直接引导到共产主义。但是，马克思在上述的地方也指出，这种应用在经济学的形式上是错误的，因为这只不过是把道德运用于经济学而已。按照资产阶级经济学的规律，产品的绝大部分**不是**属于生产这些产品的工人。如果我们说：这是不公平的，不应该这样，那末这句话同经济学没有什么直接的关系。我们不过是说，这些经济事实同我们的道德感有矛盾。"② 这里所说的"认为全部社会产品，即**工人的**产品属于唯一的、真正的生产者，即工人"，是当时英国的社会主义者从一些资产阶级经济学家对大卫·李嘉图的劳动价值论的非难中推导出来的。李嘉图提出，商品的价值决定于劳动时间。对此一些资产阶级经济学家提出了这样的非难："如果一个产品的交换价值等于它所包含的劳动时间，一个劳动日的交换价值就等于一个劳动日的产品。换句话说，工资应当等于劳动的产品。但是实际情形恰好相反。"③ 这种非难后来被英国的社会主义者抓住了。这些社会主义者先假定李嘉图的劳动时间决定商品价值这一公式在理论上是正确的，接着指出资本主义社会的实际与李嘉图的理论相矛盾，再进而要求资本主义社会在实践中贯彻他们从李嘉图的理论原则出发臆想出来的结论——做一天公平的工作，得一天公平的工资。"英国的社会主义者至少就是这样把李嘉图的交换价

---

① 马克思恩格斯全集：第19卷．北京：人民出版社，1963：273．
② 马克思恩格斯全集：第21卷．北京：人民出版社，1965：209．
③ 马克思恩格斯全集：第13卷．北京：人民出版社，1962：52．

值公式倒转过来反对政治经济学。"① 为什么马克思和恩格斯把英国社会主义者的这种做法说成是把道德应用于经济学？这是因为，李嘉图的理论揭示的是资本主义商品生产和商品交换的规律，而英国社会主义者则把李嘉图的这一经济学理论转换为一种道德原则，即从李嘉图的"商品的价值决定于劳动时间"推导出"工资应当等于劳动的产品"，再进而推导出"产品应当属于真正的生产者"，然后再以"产品应当属于真正的生产者"这一道德原则来指责现实资本主义分配关系的不公平。根据这一道德原则，全部产品应当属于真正生产者工人，但资本主义社会的实际情况却是产品的绝大部分不属于工人而属于资本家，因此，资本主义的分配方式是不公平的。"做一天公平的工作，得一天公平的工资"的口号就是基于这种道德原则提出来的，它为什么被马克思、恩格斯看作道德意义上的公平主张，其原因就在这里。

为什么资产者断言的分配公平被认为是社会意义上的公平主张呢？从马克思、恩格斯的相关论述来看，这是因为它与经济发展规律相一致。由于对经济发展规律的揭示靠的是政治经济学，所以恩格斯强调："社会的公平或不公平，只能用一种科学来断定，那就是研究生产和交换的物质事实的科学——政治经济学。"② 这里需要指出的是，恩格斯这里所讲的政治经济学指的不是由马克思创立的无产阶级的政治经济学，而是资产阶级的政治经济学。根据资产阶级政治经济学，"一天公平的工资，在正常情况下，就是保证工人按照他的地位和所在国家的生活程度获得必要的生活资料，以保证他的工作能力和延续他的后代所需要的金额"③。换言之，它所断定的分配公平，指的是资本家付给了工人与其劳动力价值相符的工资，或者说，资本家是根据劳动力买卖的等价交换原则付给工人工资的。前边提到，任何分配公平主张都是某一社会集团利益的反映，资产阶级经济学所断言的分配公平也是如此，因而它"是完全偏一边的、偏在资本一边的公平"④。既然如此，恩格斯为什么还把资产阶级经济学断言的分配公平称为社会的公平呢？从恩格斯的论述来看，这是因为这种公平主张"忠实地表述了支配目前社会的规律"⑤。用马克思的话来讲就是，这种分

---

① 马克思恩格斯全集：第13卷. 北京：人民出版社，1962：52.
② 马克思恩格斯全集：第19卷. 北京：人民出版社，1963：273.
③ 同②274.
④ 同②275-276.
⑤ 同②275.

配公平主张事实上是在现今的生产方式基础上唯一"公平的"分配。

综上所述,马克思、恩格斯所说的道德公平指的是依据一种道德原则提出的分配公平主张,社会公平指的则是与经济发展规律相一致的分配公平主张。

(三)

道德公平是当时工人运动所提出来的,社会公平则是当时资产者所断言的。面对这两种不同的分配公平主张,马克思、恩格斯没有因前者是工人所提出的就予以赞同,也没有因后者是资产者所断言的就予以反对,而是在对它们进行深入分析的基础上提出了自己的见解。

首先,无论是道德公平还是社会公平,都不能用于政治经济学的研究。马克思和恩格斯反复强调,无产阶级革命的成功和共产主义社会的实现都不是基于某种公平主张,而是基于历史发展的客观必然性,而对这种客观必然性的揭示只能通过一门科学——政治经济学。道德公平和社会公平虽然都涉及现存的分配关系,但都只是对它的价值判断,而不是对它自身发展规律的科学认识。因而,径直从道德公平或社会公平出发说明现存的经济关系丝毫无助于政治经济学的研究。马克思在批判蒲鲁东的永恒公平理想时指出:"如果一个化学家不去研究物质变换的现实规律,并根据这些规律解决一定的问题,却要按照'自然性'和'亲合性'这些'永恒观念'来改造物质变换,那末对于这样的化学家人们该怎样想呢?如果有人说,'高利贷'违背'永恒公平'、'永恒公道'、'永恒互助'以及其他种种'永恒真理',那末这个人对高利贷的了解比那些说高利贷违背'永恒恩典'、'永恒信仰'和'永恒神意'的教父的了解又高明多少呢?"① 道德公平或社会公平不但无助于而且还有害于政治经济学的研究。对此,恩格斯有一段极为明确的论述:"在日常生活中,如果我们接触到的关系很简单,那末公平的、不公平的、公平感、法权感这一类名词甚至应用于社会现象也不致引起什么大误会,可是在关于经济关系的科学研究中,如我们所看到的,这些名词便引起一种不可救药的混乱,就好像在现代化学中企图保留燃素论的术语会引起的混乱一样。如果人们像蒲鲁东那样相信

---

① 资本论:第一卷.北京:人民出版社,1975:102-103.

这种社会燃素即所谓'公平'原则，或者像米尔伯格那样断定说燃素论是与氧气论一样正确，则这种混乱就会更加厉害了。"①

其次，道德公平虽是由工人运动提出来的，但却不能用来指导无产阶级革命。马克思强调："工人阶级企图实现的社会变革正是目前制度本身的必然的、历史的、不可避免的产物。"② 由于道德公平只是从"产品应当属于真正的生产者"这一道德原则出发对现存分配关系的一种价值判断，而不是对现存分配关系历史必然性的揭示，所以"马克思从来不把他的共产主义要求建立在这样的基础上，而是建立在资本主义生产方式的必然的、我们眼见一天甚于一天的崩溃上"③。此外，道德公平实际上是把工人获得解放的希望寄托在道德意义的"应当"上，说得明确一点就是寄托在有朝一日资产者良心的发现上，因而它为无产阶级运动描绘的前景就只能是耐心地等待。对此恩格斯说道："如果我们对现代劳动产品分配方式（它造成赤贫和豪富、饥饿和穷奢极欲的尖锐对立）的日益逼近的变革所抱的信心，只是基于一种意识，即认为这种分配方式是非正义的，而正义总有一天一定要胜利，那就糟了，我们就得长久等待下去。"④ 再有，道德公平主张说到底是一种分配决定论，即把分配公平视为无产阶级获得解放的根本问题，而在马克思、恩格斯看来，消费资料的任何一种分配，都不过是生产条件本身分配的结果，所有制关系不改变，分配关系也就改变不了。所以马克思明确提出，工人阶级"应当屏弃'**做一天公平的工作，得一天公平的工资！**'这种保守的格言，要在自己的旗帜上写上**革命的口号：'消灭雇佣劳动制度！**'"⑤ 当然，马克思、恩格斯并不否认道德公平主张在早期工人运动中曾起过积极的作用，但他们认为这种作用是与工人运动的发展，特别是与科学社会主义理论出现以后的工人运动的发展成反比的。

最后，社会公平虽是由资产者断言的，但却具有历史的正当性。这里需要强调，马克思、恩格斯把资产者断言的分配公平视为社会公平并非因为资本家的断言，而是因为资本家断言的分配公平是与当时社会经济发展规律相一致的。由于资产者断言的分配公平与当时社会经济发展规律相一

---

① 马克思恩格斯全集：第18卷. 北京：人民出版社，1964：310.
② 马克思恩格斯选集：第3卷. 北京：人民出版社，1995：113.
③ 马克思恩格斯全集：第21卷. 北京：人民出版社，1965：209.
④ 同②500.
⑤ 马克思恩格斯选集：第2卷. 北京：人民出版社，1995：97.

致，即还能起推动社会向前发展的作用，因而尽管它实际上是偏在资本家一边，但它的存在却具有历史的正当性。对此，马克思曾说："在这里，同吉尔巴特一起（见注）说什么自然正义，这是荒谬的。生产当事人之间进行的交易的正义性在于：这种交易是从生产关系中作为自然结果产生出来的。这种经济交易作为当事人的意志行为，作为他们的共同意志的表示，作为可以由国家强加给立约双方的契约，表现在法律形式上，这些法律形式作为单纯的形式，是不能决定这个内容本身的。这些形式只是表示这个内容。这个内容，只要与生产方式相适应，相一致，就是正义的；只要与生产方式相矛盾，就是非正义的。在资本主义生产方式的基础上，奴隶制是非正义的；在商品质量上弄虚作假也是非正义的。"① 由此可以推出，资产者断言的分配公平由于与生产方式相适应，因而也是正义的，即具有历史的正当性。不仅如此，在马克思、恩格斯的论述中，资产者断言的分配公平的历史的正当性还表现在工人在一定时期也对其表示欢迎。对此，恩格斯指出："当一种生产方式处在自身发展的上升阶段的时候，甚至在和这种生产方式相适应的分配方式下吃了亏的那些人也会欢迎这种生产方式。大工业兴起时期的英国工人就是如此。不仅如此，当这种生产方式对于社会还是正常的时候，满意于这种分配的情绪，总的来说，会占支配的地位；那时即使发出了抗议，也只是从统治阶级自身发出来（圣西门、傅立叶、欧文），而在被剥削的群众中恰恰得不到任何响应。"② 只有当资本主义的分配关系已成为生产力发展的桎梏时，资产者断言的分配公平才会失去其存在的历史正当性，才不再是社会公平并为新的社会公平所取代。

以上是对马克思、恩格斯关于当时流行的两种分配公平主张看法的简要介绍。我认为，他们的看法对我们当前研究分配公平问题至少有这样两点启发：一是先要分清当前人们在分配问题上的各种公平主张是道德意义上的公平主张还是社会意义上的公平主张，进而再对不同的公平主张提出相应的对策。二是我们对公平问题的研究不应只停留在道德层面上或法律层面上，而应深入到构成其基础的经济关系上。

---

① 资本论：第三卷. 北京：人民出版社，1975：379.
② 马克思恩格斯选集：第3卷. 北京：人民出版社，1995：491-492.

三、马克思、恩格斯视野中的正义问题

进入21世纪以来，随着贫富差距拉大问题在我国现实生活中的日益凸现和罗尔斯的《正义论》在我国学术界影响的逐渐扩大，探讨分配正义的论著开始明显增多。然而，人们只要在互联网上检索一下就不难发现，从马克思主义出发研究这一问题的论著不但很少，而且学术影响和社会影响都不大。这是为什么？我认为，原因之一是人们对马克思、恩格斯关于正义问题的论述缺少全面的了解和准确的把握，因而存在不少理解上的误区。为此，笔者试图从近年出版并较有影响的两个人的著作——中央党校吴忠民教授的《社会公正论》和《走向公正的中国社会》，以及中山大学林进平博士的《马克思的"正义"解读》入手，在着力指出并澄清它们之中存在的一些误解的同时，对马克思、恩格斯视野中的正义问题做一较为全面的说明。

（一）

就国内学界对马克思、恩格斯关于正义问题的研究而言，吴忠民教授是较早涉足这一领域的学者。早在2001年，他就在《马克思主义研究》第4期上发表了一篇题为《马克思、恩格斯公正思想初探》的论文。在《社会公正论》和《走向公正的中国社会》[1]中，他又对马克思、恩格斯公正思想做了进一步的论证。本文将集中分析这两本书中的三个误解。

吴教授的第一个误解出现在他的《社会公正论》第三章"马克思主义

---

[1] 在吴忠民教授的论著中，"公正"与"正义"是同一概念。对此他有这样的说明："公正与正义同义，英文写法均为 justice。"（吴忠民. 社会公正论. 济南：山东人民出版社，2004：1）

的公正思想"中。他在此章中首先指出,马克思、恩格斯曾对公正问题进行过认真的研究,并形成了比较系统的公正思想。但是长期以来,由于种种因素的影响,人们对于马克思、恩格斯的公正思想没有给予应有的重视。由此出发,他提出了这样一个见解:"马克思、恩格斯认为,公正是人类社会的崇高境界,是社会主义和共产主义的首要价值之所在。"①

吴教授这一见解的依据是什么? 从他的相关论述来看,依据只有一个,那就是恩格斯在1843年写的《大陆上社会改革运动的进展》一文中的一段话:"真正的自由和真正的平等只有在共产主义制度下才可能实现;而这样的制度是**正义**所要求的"②;但吴教授把恩格斯的这段话作为他的见解的依据显然是不能成立的。

我们知道,1843年的恩格斯还远没有形成科学社会主义的思想,因而,他此时所讲的"共产主义"还远不是他后来论述的科学社会主义理论中的共产主义。我们只要仔细读一下恩格斯的那篇文章就可以发现,他此时所说的"共产主义"指的是法国的以巴贝夫为代表的共产主义和德国的以魏特林为代表的共产主义。③ 吴教授那一见解中所讲的"社会主义和共产主义"无疑不是意指这样的共产主义而是意指科学社会主义理论中的共产主义。这样说来,恩格斯的这段话就不能用作吴教授的那一见解的依据。吴教授还能给出其他依据吗? 我认为不能,因为在马克思和恩格斯成熟时期的著作中就再没有出现"真正的自由和真正的平等只有在共产主义制度下才可能实现;而这样的制度是**正义**所要求的"这样的论述。

吴教授的见解不仅存在依据的问题,而且还与马克思、恩格斯在公正与社会主义和共产主义关系问题上的基本观点相悖。按照吴教授见解,社会主义和共产主义是公正所要求的,因为公正是人类社会的崇高境界,是社会主义和共产主义的首要价值。在这里我们无须深究吴教授所说的公正的确切含义是什么,因为无论它的含义是什么,马克思、恩格斯都不认为社会主义和共产主义是公正所要求的。从马克思、恩格斯的相关论述不难看出,他们多次强调共产主义的实现不是基于某种公正的要求,而是基于历史发展的客观必然性。在他们看来,各种公正的要求说到底都只是一种价值判断,而不是对历史必然性的揭示。对于这类要求,恩格斯在谈论民

---

① 吴忠民. 社会公正论. 济南:山东人民出版社,2004:61-62.
② 马克思恩格斯全集:第1卷. 北京:人民出版社,1956:582.
③ 同②576,586.

主的泛斯拉夫主义时讲过这样一段话："'正义'、'人道'、'自由'、'平等'、'博爱'、'独立'——直到现在除了这些或多或少属于道德范畴的字眼外，我们在泛斯拉夫主义的宣言中没有找到任何别的东西。这些字眼固然很好听，但在历史和政治问题上却**什么也证明不了**。'正义'、'人道'、'自由'等等可以一千次地提出这种或那种要求，但是，如果某种事情无法实现，那它实际上就不会发生，因此无论如何它只能是一种'虚无飘渺的幻想'。"① 因此，"马克思从来不把他的共产主义要求建立在这样的基础上，而是建立在资本主义生产方式的必然的、我们眼见一天甚于一天的崩溃上"②。对于社会主义和共产主义的实现，马克思讲得更明确："工人阶级企图实现的社会变革正是目前制度本身的必然的、历史的、不可避免的产物。"③ 他还严厉批评了将社会主义和共产主义基于某种公正要求的做法。他在致弗·阿·左尔格的一封信中指出："在德国，我们党内，与其说是在群众中，倒不如说是在领导（上层阶级出身的分子和'工人'）中，流行着一种腐败的风气。同拉萨尔分子的妥协已经导致同其他不彻底分子的妥协：在柏林（通过**莫斯特**）同杜林及其'崇拜者'妥协，此外，也同一帮不成熟的大学生和过分聪明的博士妥协，这些人想使社会主义有一个'更高的、理想的'转变，就是说，想用关于正义、自由、平等和博爱的女神的现代神话来代替它的唯物主义的基础（这种基础要求一个人在运用它以前认真地、客观地研究它）。"④ 不难看出，吴教授的见解严重误解了马克思和恩格斯的思想。

吴教授的第二个误解也出现在他的《社会公正论》第三章"马克思主义的公正思想"中。在提出他的上述见解之后，吴教授进而又提出这样一种见解："马克思、恩格斯将公正作为现实的奋斗目标"，并认为"公正应当成为工人阶级最为重要的价值观念"⑤。

吴教授这一见解的依据又是什么？从他的相关论述来看，依据也只有一个，这就是马克思在1871年为国际工人协会起草的《共同章程》中的一段话："加入协会的一切团体和个人，承认真理、正义和道德是他们彼

---

① 马克思恩格斯全集：第6卷. 北京：人民出版社，1961：325.
② 马克思恩格斯全集：第21卷. 北京：人民出版社，1965：209.
③ 马克思恩格斯选集：第3卷. 北京：人民出版社，1995：113.
④ 马克思恩格斯全集：第34卷. 北京：人民出版社，1972：281.
⑤ 吴忠民. 社会公正论. 济南：山东人民出版社，2004：62.

此间和对一切人的关系的基础,而不分肤色、信仰或民族;……"① 这个依据也不能成立。熟悉马克思主义发展史的人都知道,1871年的《共同章程》的最初文本是马克思在1864年10月用英文写的《临时协会章程》,而吴教授用作依据的那段话最早就出现在《临时协会章程》中。② 弄清这一点对于我们理解马克思的思想十分重要。因为从马克思起草《临时协会章程》的背景材料可以看出,马克思使用"真理、正义和道德"这几个词只是出于策略的考虑。对此,马克思在他1864年11月4日给恩格斯的信中有这样的说明:"不过我必须在《章程》引言中采纳'义务'和'权利'这两个词,以及'真理、道德和正义'等词,但是,这些字眼已妥为安排,使它们不可能为害。"③ 他还说:"要把我们的观点用目前水平的工人运动所能接受的形式表达出来,那是很困难的事情。……重新觉醒的运动要做到使人们能象过去那样勇敢地讲话,还需要一段时间。这就必须实质上坚决,形式上温和。"④ 在1864年11月29日给莱·菲力浦斯的信中,马克思又谈起了这件事,他说:"出于对一向喜欢空谈的法国人和意大利人的礼节上的考虑,我不是在《宣言》中、而是在《章程》的引言部分不得不加了几个无用的字眼。"⑤ 马克思的这些论述表明,吴教授引用的《共同章程》的那段话根本不能作为"马克思、恩格斯将公正作为现实的奋斗目标""公正应当成为工人阶级最为重要的价值观念"的依据。吴教授还能提出其他依据吗?我认为也不能,因为无论是马克思还是恩格斯都一贯坚决反对"将公正作为现实的奋斗目标"和"公正应当成为工人阶级最为重要的价值观念"。

吴教授的第二个见解还与马克思、恩格斯在公正与无产阶级革命关系问题上的基本观点相悖。在马克思、恩格斯看来,各种公正的要求,说到底都是把工人获得解放的希望寄托在道德意义的"应当"上,说得更明确一点就是,寄托在有朝一日资产者良心的发现上,因而,它为无产阶级运动描绘的前景就只能是耐心地等待。对此恩格斯说道:"如果我们对现代劳动产品分配方式(它造成赤贫和豪富、饥饿和穷奢极欲的尖锐对立)的

---

① 马克思恩格斯选集:第2卷. 北京:人民出版社,1995:610.
② 同①672.
③ 马克思恩格斯全集:第31卷. 北京:人民出版社,1972:17.
④ 同③.
⑤ 同③438-439. 这里说的"几个无用的字眼",指的就是"义务"和"权利"这两个词,以及"真理、道德和正义"等词.

日益逼近的变革所抱的信心，只是基于一种意识，即认为这种分配方式是非正义的，而正义总有一天一定要胜利，那就糟了，我们就得长久等待下去。"① 相反，无产阶级革命的正确主张是："现代资本主义生产方式所造成的生产力和由它创立的财富分配制度，已经和这种生产方式本身发生激烈的矛盾，而且矛盾达到了这种程度，以致于如果要避免整个现代社会灭亡，就必须使生产方式和分配方式发生一个会消除一切阶级差别的变革。现代社会主义必获胜利的信心，正是基于这个以或多或少清晰的形象和不可抗拒的必然性印入被剥削的无产者的头脑中的、可以感触到的物质事实，而不是基于某一个蛰居书斋的学者关于正义和非正义的观念。"② 可见，吴教授的第二个见解也严重误解了马克思和恩格斯的思想。

　　吴教授的第三个误解出现在他的《走向公正的中国社会》第一章"社会公正的意蕴及意义"中。他在这一章中首先提出，虽然人们对于社会公正的界定一直存在着不少争论，但是有一个相对来说是比较公认的经典解释，这就是：所谓社会公正，就是给每个人他（她）所"应得"。他接着提出，在现代社会和市场经济条件下，社会公正包括四个方面的基本规则：基本权利的保证、机会平等、按照贡献进行分配和一次分配后的再调剂。在谈到第一个基本规则，即基本权利的保证规则时，他讲了这样一段话："这一规则强调的是，只要一个人来到世上，他就具有了不证自明的基本权利，这些权利包括生存权、社会保障权、受教育的权利等等。社会对社会成员的基本权利必须予以切实的保护。正如恩格斯所指出的那样：'一切人，作为人来说，都有某些共同点，在这些共同点所及的范围内，他们是平等的，这样的观念自然是非常古老的。但是现代的平等要求与此完全不同；这种平等要求更应当是从人的这种共同特性中，从人就他们是人而言的这种平等中引申出这样的要求：一切人，或至少是一个国家的一切公民，或一个社会的一切成员，都应当有平等的政治地位和社会地位。'"③ 从吴教授的这些论述不难看出，由于他既没对所讲的"不证自明的基本权利"中的"不证自明"的含义做任何说明，也没对为什么只要一个人来到世上就具有了不证自明的基本权利做任何解释，而只是说"正如恩格斯所指出的那样"，即径直引用恩格斯的那段话作为他所讲的"不证

---

① 马克思恩格斯选集：第3卷. 北京：人民出版社，1995：500.
② 同①500-501.
③ 吴忠民. 走向公正的中国社会. 济南：山东人民出版社，2008：19.

自明的基本权利"的依据,这无疑意味着,他认为恩格斯在这段话中所讲的"现代的平等要求"就是恩格斯本人赞同的平等要求,而且这种要求是"不证自明的",因为恩格斯说这种要求"更应当是从人的这种共同特性中,从人就他们是人而言的这种平等中引申出这样的要求:一切人,或至少是一个国家的一切公民,或一个社会的一切成员,都应当有平等的政治地位和社会地位"。应当说,吴教授的这一见解是不能成立的。

首先,恩格斯所讲的"现代的平等要求"并不是指他本人赞同的平等要求,而是指在由封建社会向资本主义社会转变中出现的资产阶级的政治平等要求和无产阶级的社会平等要求。吴教授引证的那段话出自恩格斯的名著《反杜林论》第一编哲学中的"道德和法。平等"那一部分,在讲完那段话后恩格斯紧接着说:"要从这种相对平等的原始观念中得出国家和社会中的平等权利的结论,要使这个结论甚至能够成为某种自然而然的、不言而喻的东西,必然要经过而且确实已经经过了几千年。"① 在对历史上的先后出现的平等要求做了简要的回顾以后,恩格斯指出,在封建的中世纪的内部孕育了这样一个阶级,这个阶级在他的进一步发展中,注定成为现代平等要求的代表者,这就是市民等级。市民等级后来发展为资产阶级,其平等要求是在政治上消灭阶级特权。恩格斯还指出:"从资产阶级由封建时代的市民等级破茧而出的时候起,从中世纪的等级转变为现代的阶级的时候起,资产阶级就由它的影子即无产阶级不可避免地一直伴随着。同样地,资产阶级的平等要求也由无产阶级的平等要求伴随着。……无产阶级抓住了资产阶级的话柄:平等应当不仅是表面的,不仅在国家的领域中实行,它还应当是实际的,还应当在社会的、经济的领域中实行。"② 可见,恩格斯所讲的"现代的平等要求"既包括资产阶级的平等要求,也包括无产阶级的平等要求,而吴教授却把恩格斯所讲的"现代的平等要求"理解为恩格斯本人赞同的平等要求,且不说恩格斯如何评价无产阶级的平等要求,仅就"现代的平等要求"还包括资产阶级的平等要求而言,吴教授的那种理解也是不能成立的。

其次,恩格斯并不认为"现代的平等要求"具有"公理式的真理性",而是强调它是一种历史的产物。在对资产阶级的平等要求和无产阶级的平等要求分别做了说明以后,恩格斯说道:"平等的观念,无论是以资产阶

---

① 马克思恩格斯选集:第3卷.北京:人民出版社,1995:444.
② 同①447-448.

级的形式出现，还是以无产阶级的形式出现，本身都是一种历史的产物，这一观念的形成，需要一定的历史条件，而这种历史条件本身又以长期的以往的历史为前提。所以，这样的平等观念说它是什么都行，就不能说是永恒的真理。如果它现在对广大公众来说——在这种或那种意义上——是不言而喻的，如果它像马克思所说的，'已经成为国民的牢固的成见'，那么这不是由于它具有公理式的真理性，而是由于18世纪的思想得到普遍传播和仍然合乎时宜。"① 恩格斯的这些话表明，尽管他在前边引用过的那段话中讲了现代的平等要求更应当是从人就他们是人而言的这种平等中引申出来的，但他并不认为它具有"公理式的真理性"。吴教授所说的"不证自明"，其实也就是恩格斯这里所说的"具有公理式的真理性"。如果是这样的话，那么，吴教授的那种理解，即认为恩格斯所讲的现代的平等要求是"不证自明"的，显然就是不能成立的。

　　吴教授的第三个误解实际上还包含着"平等＝正义"的意思，而这是与马克思、恩格斯在平等问题上的基本观点相对立的。前边指出，吴教授认为，所谓社会公正，就是给每个人他（她）所"应得"。而每个人的"应得"说到底，指的就是他（她）在其第一基本规则强调的"只要一个人来到世上，他就具有了不证自明的基本权利"。如果将这与他接着引证的恩格斯的那段话联系起来看，他实际上是认为一切人，或至少是一个国家的一切公民，或一个社会的一切成员，都"应当"有平等的政治地位和社会地位，或者说，平等＝正义。然而，这却恰恰是马克思、恩格斯一贯反对的思想。对此恩格斯在《〈反杜林论〉的准备材料》中指出："为了得出'平等＝正义'这个命题，几乎用了以往的全部历史，而这只有在有了资产阶级和无产阶级的时候才能做到。但是，平等的命题是说不应该存在任何特权，因而它在本质上是**消极的**，它宣布以往的全部历史都是糟糕的。由于它缺少积极的内容，也由于它一概地否定过去的一切，所以它既适合于由1789—1796年的大革命来提倡，也适合于以后的那些制造体系的凡夫俗子。如果想把平等＝正义当成是最高的原则和最终的真理，那是荒唐的。"② 马克思、恩格斯不但反对把"平等＝正义"当成最高原则和最终真理，而且认为决不应该把"消除一切社会的和政治的不平等"作为无产阶级的口号。马克思在《哥达纲领批判》中指出："本段末尾'消除

---

① 马克思恩格斯选集：第3卷. 北京：人民出版社，1995：448-449.
② 马克思恩格斯全集：第20卷. 北京：人民出版社，1971：669-670.

一切社会的和政治的不平等'这一不明确的语句，应当改成：随着阶级差别的消灭，一切由这些差别产生的社会的和政治的不平等也自行消灭。"① 恩格斯说得更明确："用'消除一切社会的和政治的不平等'来代替'消灭一切阶级差别'，这也很成问题。在国和国、省和省、甚至地方和地方之间总会有生活条件方面的**某种**不平等存在，这种不平等可以减少到最低限度，但是永远不可能完全消除。阿尔卑斯山的居民和平原上的居民的生活条件总是不同的。把社会主义社会看作**平等**的王国，这是以'自由、平等、博爱'这一旧口号为根据的片面的法国人的看法，这种看法作为当时当地一定的**发展阶段**的东西曾经是正确的，但是，像以前的各个社会主义学派的一切片面性一样，它现在也应当被克服，因为它只能引起思想混乱，而且因为已经有了阐述这一问题的更精确的方法。"②

（二）

在近几年国内马克思正义思想研究领域，林进平博士也有一定的影响。他早在 2005 年就与其导师徐俊忠教授合作在《学术研究》发表了一篇题为《历史唯物主义视野中的正义观——兼谈马克思何以拒斥、批判正义》的论文。2009 年，他又出版了一本集中论述马克思正义思想的专著——《马克思的"正义"解读》。

与吴忠民教授的见解截然相反，林进平博士认为："一般而言，正义都会被当作具有积极意义或者说是某种体现为善的价值理想。然而正义在马克思成熟时期的作品中，却有着与这种流行观点几乎不同的境遇：正义并不是马克思诉求的对象，而是马克思拒斥、批判的对象。"③ 在《马克思的"正义"解读》一书中，他仔细考察了马克思有关正义思想的发展历程，指出，尽管早期的马克思曾有自己的正义观，但自创立了历史唯物主义之后，作为一种永恒的正义或正义一般就无一幸免地落入了历史唯物主义的批判之中，因为从方法论角度考虑，正义论与历史唯物主义所体现的是两种不同的思维方法。他还进而指出，马克思对正义的批判体现在从历

---

① 马克思恩格斯选集：第 3 卷. 北京：人民出版社，1995：311.
② 同①325.
③ 林进平. 历史唯物主义视野中的正义观——兼谈马克思何以拒斥、批判正义. 学术研究，2005 (7)：56.

史唯物主义的角度对正义进行了解构：社会的真正基础和动力是社会生产而不是正义；物质生产和社会经济制度决定了正义的范式及其实质；物质生产的发展决定了正义内容的演变；正义是社会生产发展到一定阶段的产物，是一个历史范畴；是生产决定分配，不是正义决定分配。我认为，林进平博士的上述见解大体上是正确的，虽然其中有些表述不够准确。不过，在他的这本书中也存在一些误解，下面我将集中分析其中的两个误解。

林进平博士的第一个误解，是认为马克思（恩格斯）[①]只把分配正义视为统治阶级意志或利益的体现。他是这样论证的：正义作为一种价值观念无非是物质生产发展到一定阶段的反映，其表述的也无非是对物质生产的反映；虽然历史上有过不同形态的正义，但是，作为正义，它们都传承一个共同的范式：各得其所应得；要分配共同劳动所得就必须有分配标准，由于人们参与生产的范式存在着不可通约性，而这意味着分配劳动所得存在多种可能标准，存在着各种主张的冲突；这就产生了怎样才能协调各方的利益主张分配各方劳动所得的问题，而这意味着必须要有一个各方面都能够认可或者接受的权威来进行分配；由于分工决定了分配，因此，能够支配生产者或支配分工者就有资格分配所得，而这种资格，在现实上就落在统治阶级的身上，因此，所谓正义无非是必须合乎统治阶级的意志或利益，这一点也道出了正义的实质。[②] 他还进而提出，在奴隶制社会，体现了奴隶主利益的就被称为是合乎正义的；在封建社会，体现了封建贵族利益的就是合乎正义的；而在资本主义社会，只有合乎资产阶级的利益的才是合乎正义的。由此，我们在历史和现实中看到的是，"统治阶级的思想在每一时代都是占统治地位的思想"[③]，故此，"一个在物质生产上面占统治地位的阶级必然试图在制度层面和观念层面实行它的全面统治"[④]。由于林进平作为依据引用的那句话出自马克思、恩格斯合著的《德意志意识形态》，这就意味着，他认为在马克思和恩格斯的论述中，分配正义只是统治阶级意志或利益的体现。林进平的这一见解是不能成立的。

首先，马克思、恩格斯所讲的作为价值判断的分配正义主张，既包括体现统治阶级意志或利益的分配正义主张，也包括体现被统治阶级意志或

---

① 其实还有恩格斯，因为林进平博士作为论据引用的《德意志意识形态》是马克思和恩格斯合著的，但不知为何，林进平却只提了马克思。
② 林进平. 马克思的"正义"解读. 北京：社会科学文献出版社，2009：120，124，126.
③ 马克思恩格斯全集：第3卷. 北京：人民出版社，1960：52.
④ 同②127.

利益的分配正义主张。在马克思、恩格斯的论述中，虽然各种分配正义主张说到底都是基于特定的物质生产方式，但对它们直接起决定作用的却是这种物质生产方式的社会关系即生产关系。由于自原始社会解体后出现了在生产关系中处于不同地位的阶级或社会集团，而同一生产关系又往往为它们带来不同的利益，因此，不同的阶级或社会集团总是从自身利益出发提出各自的正义主张。马克思在《路易·波拿巴的雾月十八日》谈到小资产阶级的代表人物时指出："使他们成为小资产者代表人物的是下面这样一种情况：他们的思想不能越出小资产者的生活所越不出的界限，因此他们在理论上得出的任务和解决办法，也就是小资产者的物质利益和社会地位在实际生活上引导他们得出的任务和解决办法。一般说来，一个阶级的**政治代表**和**著作代表**同他们所代表的阶级之间的关系，都是这样。"① 恩格斯在谈到与正义问题直接相关的现代社会的道德时也指出："如果我们看到，现代社会的三个阶级即封建贵族、资产阶级和无产阶级都各有自己的特殊的道德，那么我们由此只能得出这样的结论：人们自觉地或不自觉地，归根到底总是从他们阶级地位所依据的实际关系中——从他们进行生产和交换的经济关系中，获得自己的伦理观念。"② 由此说来，当不同的阶级或社会集团提出各自的正义主张时，无论其所说的正义是指什么而言，其正义主张说到底都与它们自身的物质利益直接相关，都受它们在生产关系中所处的地位制约。在阶级社会中，由于人们在正义问题上无法形成共识，因此，在奴隶社会，既有奴隶主主张的正义也有奴隶主张的正义；在封建社会，既有封建主主张的正义也有农奴主张的正义；在资本主义社会，既有资产者主张的主义也有无产者主张的正义；在封建社会向资本主义社会转变时，还存在封建主主张的正义、资产者主张的正义和无产者主张的正义并存的情况。对此，恩格斯有一段论述讲得很清楚："希腊人和罗马人的公平认为奴隶制度是公平的；1789 年资产者的公平要求废除封建制度，因为据说它不公平。在普鲁士的容克看来，甚至可怜的行政区域条例也是对永恒公平的破坏。所以，关于永恒公平的观念不仅因时因地而变，甚至也因人而异，这种东西正如米尔伯格正确说过的那样，'一个人有一个人的理解'。"③ 马克思在批判拉萨尔时也指出："什么是'公

---

① 马克思恩格斯选集：第 1 卷. 北京：人民出版社，1995：614.
② 马克思恩格斯选集：第 3 卷. 北京：人民出版社，1995：434.
③ 同②212.

平的'分配呢？难道资产者不是断言今天的分配是'公平的'吗？……难道各种社会主义宗派分子关于'公平的'分配不是也有各种极不相同的观念吗？"① 可见，马克思、恩格斯并不认为分配正义只是统治阶级意志或利益的体现，只是为统治阶级所特有的，而认为被统治阶级同样也有自己的正义主张。

其次，从林进平所引用的马克思、恩格斯的那句话，即"统治阶级的思想在每一时代都是占统治地位的思想"，以及他的推论，即"一个在物质生产上面占统治地位的阶级必然试图在制度层面和观念层面实行它的全面统治"，也得不出"所谓正义无非是必须合乎统治阶级的意志或利益"的结论。因为从那两句话至多只能得出统治阶级的正义思想是占统治地位的正义思想的结论，而得不出被统治阶级没有自己的正义思想的结论。

最后，林进平的见解不仅从马克思、恩格斯那里找不到依据，而且还与他自己的一些论述相矛盾。例如，他在其著作中多次谈到鲍威尔的正义、蒲鲁东的正义、巴枯宁的正义，而这些人所讲的正义显然不是合乎统治阶级意志或利益的正义，但林进平也是把它们作为正义来论述的。此外，林进平在谈到马克思为什么拒斥、批判正义时还讲了这样一段话："不过，作为法权观念的正义虽然是强者的话语，但并没有意味着弱者在一些特殊时期不能借用这一话语来捍卫自己的利益……正义所包含的对自己利益的关切，在一定限度上也有利于激发弱势群体的自我意识，就这一点来看，我们看到马克思对弱势群体的正义情感是持理解的态度。注意到这一点也许有助于理解马克思何以会在共产国际时期向正义论者'妥协'。"② 他在这里显然也承认弱者在一些特殊时期可以用"正义"这一话语来捍卫自己的利益，承认弱势群体也有自己的正义要求，既然这样，那就意味着"正义"不是必须合乎统治阶级的意志或利益的。

林进平的第二个误解是认为马克思拒斥、批判任何正义主张。他论证说，自历史唯物主义形成以后，"在马克思的文本中，涉及'正义'的，都几乎是马克思对'正义'的拒斥与批判的对象。如果对马克思拒斥、批判的'正义'做一归结的话，马克思主要是拒斥、批判了两种相互关联的'正义'主张：自然正义和分配正义"③。他还指出："马克思为何拒斥、

---

① 马克思恩格斯选集：第3卷．北京：人民出版社，1995：302.
② 林进平．马克思的"正义"解读．北京：社会科学文献出版社，2009：136.
③ 同②112.

批判正义？这一问题如果单从理论角度考虑，当然可以认为是正义论存在着局限或缺陷，才使得马克思拒斥、批判正义。但是，一种有缺陷，甚至是错误的理论假如只是停留在理论之中，或封闭在个人的私人领域，对现实没有作用的话，也可以不必理会。但是，正义论者却是试图把他们的正义观念运用在具体的社会实践上。"① 我认为，如果马克思在其文本中涉及的"正义"，都只是林进平所说的各种资产阶级或小资产阶级的自然正义和分配正义理论，那他的见解就是成立的。但实际情况却是，马克思在其文本中还涉及无产阶级的正义主张。对于无产阶级的正义主张，马克思也持全然拒斥、批判的态度吗？

　　前边表明，无论是统治阶级还是被统治阶级都有各自的分配正义主张。然而，由于正义也即公平概念本身具有将同一尺度应用于每一个人的含义，因此，尽管一种分配公平主张实际上只是对某一阶级或社会集团有利，但它却往往被这一阶级或社会集团说成对其他阶级或社会集团也是公平的。于是就形成了这样一种情况：尽管各个阶级或社会集团对公平的理解各不相同，但无论哪个阶级或社会集团都把公平作为争取或维护自身利益的口号。无产阶级的情况也是如此。对于无产阶级的平等要求也即公平要求，恩格斯曾有这样的论述："资产阶级的平等要求也由无产阶级的平等要求伴随着。从消灭阶级**特权**的资产阶级要求提出的时候起，同时就出现了消灭**阶级本身**的无产阶级要求"②。当然，马克思、恩格斯也都批评过无产阶级运动中出现的错误的公平主张。例如，针对当时工人运动中流行的"做一天公平的工作，得一天公平的工资"的口号，马克思强调指出："他们应当屏弃'做一天公平的工作，得一天公平的工资！'这种保守的格言，要在自己的旗帜上写上**革命**的口号：'消灭雇佣劳动制度！'"③然而，仔细研究一下就可以发现，马克思这里批评的只是把争取分配上的公平作为无产阶级斗争的口号，由此不能得出马克思拒斥、批判无产阶级任何公平要求的结论。实际上，马克思曾高度评价无产阶级超出分配的局限而直指所有制关系的公平意识。例如，在分析劳动和资本的关系时，他明确指出："认识到产品是劳动能力自己的产品，并断定劳动同自己的实现条件的分离是不公平的、强制的，这是了不起的觉悟，这

---

① 林进平. 马克思的"正义"解读. 北京：社会科学文献出版社, 2009：135.
② 马克思恩格斯选集：第 3 卷. 北京：人民出版社, 1995：447.
③ 马克思恩格斯选集：第 2 卷. 北京：人民出版社, 1995：97.

种觉悟是以资本为基础的生产方式的产物,而且也正是为这种生产方式送葬的丧钟,就象当奴隶觉悟到他**不能作第三者的财产**,觉悟到他是一个人的时候,奴隶制度就只能人为地苟延残喘,而不能继续作为生产的基础一样。"①

  这里需要指出,无产阶级的公平要求也是公平要求,因而也是一种价值判断。那无产阶级的公平要求的依据是什么呢?关于这个问题,恩格斯是这样讲的:无产阶级的平等要求(即公平要求)"起初采取宗教的形式,借助于原始基督教,以后就以资产阶级的平等论本身为依据了"②。说得再具体一点就是,无产阶级的平等要求也是"从人就他们是人而言的这种平等中"③ 引申出来的。如果说无产阶级的平等要求是"以资产阶级的平等论本身为依据"的,那马克思、恩格斯为什么不一概加以拒斥、批判呢?这首先是因为,平等观念在当时"差不多所有的国家的社会主义运动中仍然起着巨大的鼓动作用"④。此外还因为,用马克思的话来讲就是:"要把我们的观点用目前水平的工人运动所能接受的形式表达出来,那是很困难的事。"⑤ 所以,马克思、恩格斯并不一概拒斥、批判无产阶级的平等要求,而是尽可能将其引导到与他们创立的历史唯物主义统一起来的消灭阶级的方向。正因为如此,马克思在1864年10月起草的《临时协会章程》中一方面采纳了"真理、正义和道德"这些字眼,另一方面又将那些字眼"妥为安排,使它们不可能为害"⑥。恩格斯在讲完无产阶级的平等要求是"以资产阶级的平等论本身为依据"之后,进而强调:"无产阶级所提出的平等要求有双重意义。或者它是对明显的社会不平等,对富人和穷人之间、主人和奴隶之间、骄奢淫逸者和饥饿者之间的对立的自发反应——特别是在初期,例如在农民战争中,情况就是这样;它作为这种自发反应,只是革命本能的表现,它在这里,而且仅仅在这里找到自己被提出的理由。或者它是从对资产阶级平等要求的反应中产生的,它从这种平等要求中吸取了或多或少正当的、可以进一步发展的要求,成了用资本家本身的主张发动工人起来反对资本家的鼓动手段;在这种情况下,它是和

---

① 马克思恩格斯全集:第46卷上. 北京:人民出版社,1979:460.
② 马克思恩格斯选集:第3卷. 北京:人民出版社,1995:447-448.
③ 同②444.
④ 同②444.
⑤ 马克思恩格斯全集:第31卷. 北京:人民出版社,1972:17.
⑥ 同⑤.

资产阶级平等共存亡的。在上述两种情况下,无产阶级平等要求的实际内容都是**消灭阶级**的要求。任何超出这个范围的平等要求,都必然要流于荒谬。"① 简言之,只要将无产阶级平等要求的实际内容限定在消灭阶级的范围,马克思、恩格斯对其就不但不加以拒斥、批判,反而予以高度的评价。

  以上是对吴忠民教授和林进平博士几个误解的澄清,以及对马克思、恩格斯视野中的正义问题的说明。希望本文能引起学术界的关注,以促进对马克思主义正义思想的深入研究。

---

① 马克思恩格斯选集:第3卷.北京:人民出版社,1995:448.

四、马克思认为"与生产方式相适应，相一致就是正义的"吗？
——对中央编译局《资本论》第三卷一段译文的质疑与重译

在当前国内学者有关马克思正义思想的研究中，一个无法回避而且众说纷纭的问题是马克思本人如何看待正义。在这个问题上，一些人提出，马克思认为只要与生产方式相适应，相一致，就是正义的；只要与生产方式相矛盾，就是非正义的。而他们的文本依据则直接来自中央编译局翻译的马克思《资本论》第三卷第二十一章"生息资本"中的一段话：

> 在这里，同吉尔巴特一起（见注）说什么自然正义，这是荒谬的。生产当事人之间进行的交易的正义性在于：这种交易是从生产关系中作为自然结果产生出来的。这种经济交易作为当事人的意志行为，作为他们的共同意志的表示，作为可以由国家强加给立约双方的契约，表现在法律形式上，这些法律形式作为单纯的形式，是不能决定这个内容本身的。这些形式只是表示这个内容。这个内容，只要与生产方式相适应，相一致，就是正义的；只要与生产方式相矛盾，就是非正义的。在资本主义生产方式的基础上，奴隶制是非正义的；在商品质量上弄虚作假也是非正义的。①

马克思对正义的看法真是这样吗？对此我持怀疑态度，因为从我读过的马克思有关正义问题的论著来看，除了上面引用的那段译文以外，就再也见不到什么能够表明马克思持有这种看法的文本依据。这是为什么呢？为了弄清这一问题，我查阅了马克思那段论述的德文原文及其英译文，结果发现，马克思那段论述的德文原文实际上并不含有这种看法，这种看法

---

① 马克思恩格斯全集：第25卷. 北京：人民出版社，1974：379.

是中央编译局译文存在的严重误译所导致的。这里需要指出,上面引用的那段论述出自1974年出版的《马克思恩格斯全集》中文1版第25卷(以下简称"旧译本"),而中央编译局在2003年出版的《马克思恩格斯全集》中文2版第46卷(以下简称"新译本")对其做了几处小的修改。不过,那些修改都没有涉及我所说的严重误译问题,所以严重误译问题在新译本中依然存在。为了使人们能准确理解马克思那段论述的原意,本文将依据那段论述的德文原文[1]并参照英译文[2],就新译本对旧译本所做的修改和它们都存在的严重误译问题做出分析,并在此基础上重译马克思的那段论述。

马克思那段论述的德文原文由七句话构成,其中第一句话包含一个注释。以下是从注释开始对中央编译局译文的逐句分析和重译。

(一) 注释

德文原文是:"Daβ ein Mann, der Geld borgt, mit der Absicht, Profit davon zu machen, einen Teil des Profits dem Verleiher geben soll, ist ein selbstverstandliches Prinzip der natürlichen Gerechtigkeit."

英译文是:"That a man who borrows money with a view of making a profit by it, should give some portion of his profit to the lender, is a self-evident principle of natural justice."

旧译本的译文是:"一个借钱为了获取利润的人,应该把利润的一部分给予贷出者,这是一个不言而喻的合乎自然正义的原则。"

新译本的译文是:"一个用借款来牟取利润的人,应该把一部分利润付给贷放人,这是不言而喻的天然正义的原则。"

我的译文是:"一个用借款来牟取利润的人,应该把一部分利润付给贷放人,这是不证自明的天然正义的原则。"

从德文原文来看,新译本对旧译本的几处改动都是正确的,其中有两处改动尤为必要并值得在这里特别加以说明。一是新译本将旧译本中的

---

[1] 本文引用的德文原文均出自 Karl Marx Friedrich Engels: Band 25. Berlin: Dietz Verlag, 1959: 351-352.

[2] 本文引用的英译文均出自 Karl Marx Frederick Engels Collected Works: Volume 37. London: Lawrence & Wishart, 1998: 337-338.

"合乎"二字去掉是绝对必要的,这不仅因为德文原文"ist ein selbstverstandliches Prinzip der natürlichen Gerechtigkeit"(新译本的译文是"这是不言而喻的天然正义的原则")中原本没有这个词,也没有这种意思,而且还因为加上"合乎"会使人们对德文原文中的 der natürlichen Gerechtigkeit(旧译本译为"自然正义")的含义产生歧义。"是一个自然正义原则"与"是一个合乎自然正义的原则"在意思上存在明显的差异。就注释而言,前者讲的是,"一个借钱为了获取利润的人,应该把利润的一部分给予贷出者"本身是一个自然正义原则;后者讲的是,"一个借钱为了获取利润的人,应该把利润的一部分给予贷出者"本身不是一个自然正义原则,而是一个合乎自然正义的原则。这样说来,旧译文中的"合乎"就不仅留下了它所说的"自然正义"本身的含义是什么这个无论在这一注释还是在马克思的那段论述中都找不到答案的疑问,而且还留下了一个与如何正确理解马克思那段论述直接相关的疑问:马克思在这一注释出现于其中的第一句话,即"同吉尔巴特一起(见注)说什么自然正义"(旧译本的译文)中所讲的"自然正义"是指什么而言?是指"一个借钱为了获取利润的人,应该把利润的一部分给予贷出者"而言,还是指一个借钱为了获取利润的人,应该把利润的一部分给予贷出者所合乎的那种"自然正义"而言?二是新译本将旧译本的"自然正义"改译为"天然正义"也很有必要,因为虽然德文原文"der natürlichen Gerechtigkeit"既可译"自然正义",也可译为"天然正义",但从其出现的语境来看,其含义是在任何时候、任何情况下都理所当然的正义,因而将其译为"天然正义"更贴切。

注释中的德文原文"selbstverstandliches"在旧译本和新译本中都被译为"不言而喻的",而在我看来,应将其译为"不证自明的"。因为虽然"selbstverstandliches"本身既有"不言而喻的"的意思,也有"不证自明的"的意思,但就它在这里是形容"天然正义的原则"而言,将其译为"不证自明的"更贴切。

(二)第一句

德文原文是:"Mit Gilbart (siehe Note) von natürlicher Gerechtigkeit hier zu reden, ist Unsinn."

英译文是："To speak here of natural justice, as Gilbart does (see note), is nonsense."

旧译本的译文是："在这里，同吉尔巴特一起（见注）说什么自然正义，这是荒谬的。"

新译本的译文是："在这里，同吉尔巴特一起（见注）说什么天然正义，这是毫无意义的。"

我的译文是："在这里，像吉尔巴特那样（见注）说什么天然正义是荒谬的。"

新译本将旧译本中的"自然正义"改译为"天然正义"是对的，理由前边已经讲过。但新译本将旧译本中的"荒谬的"改译为"毫无意义的"则不应该，因为从马克思那段论述的语境和内容来看，他是在"批判"吉尔巴特所说的天然正义，因此，尽管德文原文"Unsinn"既可译为"无意义的"，也可译为"荒谬的"，但译为"荒谬的"能更准确地体现马克思对吉尔巴特观点的看法。

德文原文中的"hier"在新、旧译本中都被译为"在这里"，这从字面上讲没有问题。不过，我认为在这里有必要对"hier"的含义做些说明，因为其含义直接涉及马克思那段论述的语境，对正确理解那段论述具有非常重要的意义。"hier"的含义是什么？要弄清这一问题就得看看马克思那段论述的上下文。马克思在那段论述之前讲了这样一段话："很清楚，100镑的所有权，使其所有者有权把利息，把他的资本生产的利润的一定部分据为己有。如果他不把这100镑交给另一个人，后者就不能产生利润，也就根本不能用这100镑来执行资本家的职能。"[①] 在那段论述之后讲了这样一段话："这100镑作为资本——不管是作为产业资本还是商业资本——执行职能，因而生产20镑的利润。但是，作为资本执行这种职能的必要条件是，把这100镑作为资本支出，也就是说，把货币支付出去购买生产资料（如果是产业资本）或购买商品（如果是商业资本）。但是，这100镑要被支出，就必须已经存在。如果这100镑的所有者A把这100镑用在自己的私人消费上，或者把它们作为贮藏货币保存起来，它们就不能由执行职能的资本家B作为资本支出了。资本家B不是支出自己的资本，而是支出A的资本；但没有A的同意，他就不能支出A的资本。因此，把这100镑最初作为资本支出的实际上是A，虽然他作为资本家执行

---

① 马克思恩格斯全集：第46卷. 北京：人民出版社，2003：379.

的全部职能只限于把这 100 镑作为资本支出。在我们考察这 100 镑时，B 所以会作为资本家执行职能，只是因为 A 把这 100 镑交给了他，从而把这 100 镑作为资本支出了。"① 从这两段话我们可以推断，"hier"的含义是"在谈论产业资本家或商业资本家为什么要把一部分利润付给货币资本家这一问题时"。如果我们再看看马克思那段论述出现于其中的《资本论》第三卷第二十一章"生息资本"的其他内容，这一含义就更清楚了。

德文原文 "Mit Gilbart（siehe Note）von natürlicher Gerechtigkeit hier zu redden" 在旧译本和新译本中被译为 "在这里，同吉尔巴特一起（见注）说什么自然/天然正义"。这一译文中的"同吉尔巴特一起"在译法上有问题。因为德文原文"Mit Gilbart"中的"Mit"既可译为"同……一起"，也可译为"以……方式"，但就它在这里出现的语境来看，应将"Mit Gilbart"译为"像吉尔巴特那样说什么"，因为"同吉尔巴特一起说什么"的译法会引出一个在德文原文中本不存在的问题："谁"同吉尔巴特一起说？是马克思还是其他什么人？这一问题在马克思那段论述中，甚至在那段论述出现的那一章中，都是找不到答案的。此外，将"Mit Gilbart"译为"像吉尔巴特那样说什么"还可从英译文"as Gilbart does"得到佐证。

（三）第二句

德文原文是："Die Gerechtigkeit der Transaktionen, die zwischen den Produktionsagenten vorgehn, beruht darauf, daβ diese Transaktionen aus den Produktionsverhaltnissen als natürliche Konsequenz entspringen."

英译文是："The justice of the transactions between agents of production rests on the fact that these arise as natural consequences out of the production relationships."

旧译本的译文是："生产当事人之间进行的交易的正义性在于：这种交易是从生产关系中作为自然结果产生出来的。"

新译本的译文与旧译本的译文完全一样。

我的译文是："这种生产当事人之间进行的交易的正义性基于这一事

---

① 马克思恩格斯全集：第 46 卷. 北京：人民出版社，2003：379-380.

实：这些交易是从生产关系中作为自然结果产生出来的。"

中央编译局译文存在的严重误译问题，就是从这句话开始的。

第一，这句话中的德文原文"Die Gerechtigkeit der Transaktionen, die zwischen den Produktionsagenten vorgehn"在新、旧译本中都被译为"生产当事人之间进行的交易的正义性"。由于这种译法没有将德文原文中的"Die Gerechtigkeit"（这种正义性）和"der Transaktionen"（这些交易）的特定含义译出，因而，它的译文"生产当事人之间进行的交易"，就只能理解为"泛指的生产当事人之间进行的任何买卖"，与此相应，"生产当事人之间进行的交易的正义性"，就只能理解为"泛指的生产当事人之间进行的任何买卖的正义性"。这是对德文原文的严重误译。从德文原文"Die Gerechtigkeit der Transaktionen, die zwischen den Produktionsagenten vorgehn"出现的语境来看，它是紧接着前边第一句话讲的，那么，按照德语中定冠词的用法和形式逻辑的同一律规则，这里的"Die Gerechtigkeit"，指的就是前边第一句德文原文"Mit Gilbart (siehe Note) von natürlicher Gerechtigkeit hier zu reden, ist Unsinn"［我的译文是："在这里，像吉尔巴特那样（见注）说什么天然正义是荒谬的"］中的"Gerechtigkeit"（正义），而第一句德文原文中的"Gerechtigkeit"（正义）与注释的德文原文"Daβ ein Mann, der Geld borgt, mit der Absicht, Profit davon zu machen, einen Teil des Profits dem Verleiher geben soll, ist ein selbstverstandliches Prinzip der natürlichen Gerechtigkeit"（我的译文是："一个用借款来牟取利润的人，应该把一部分利润付给贷放人，这是不证自明的天然正义的原则"）中的"Gerechtigkeit"（正义）是同一概念，因此，这里的德文原文"Die Gerechtigkei"实际上指的是吉尔巴特所说的"正义性"，即注释中所讲的用借款来牟取利润的人"应该"把一部分利润付给贷放人。与此相应，这里的德文原文"der Transaktionen, die zwischenden Produktionsagenten vorgehn"（生产当事人之间进行的交易）指的就是吉尔巴特所说的用借款来牟取利润的人和贷放人之间进行的前者把一部分利润付给后者的交易。因此，这里的德文原文"Die Gerechtigkeit der Transaktionen, die zwischen den Produktionsagenten vorgehn"应译为"这种生产当事人之间进行的交易的正义性"，其含义是吉尔巴特所说的用借款来牟取利润的人和贷放人之间进行的前者把一部分利润付给后者的交易的正义性。

第二，中央编译局的译文"生产当事人之间进行的交易的正义性"与第一句德文原文中"hier"（在这里）的含义相冲突。前边表明，"hier"的含义是"在谈论产业资本家或商业资本家为什么要把一部分利润付给货币资本家时"，这样说来，只有将德文原文"Die Gerechtigkeit der Transaktionen, die zwischen den Produktionsagenten vorgehn"译为"这种生产当事人之间进行的交易的正义性"，即意指吉尔巴特所说的用借款来牟取利润的人和贷放人之间进行的交易的正义性，才能同"hier"的含义相一致。由于中央编译局的译文将那句德文原文译为"生产当事人之间进行的交易的正义性"，从而使其中的"der Transaktionen, die zwischen den Produktionsagenten vorgehn"意指"泛指的生产当事人之间进行的任何买卖"，这种译法显然与"hier"的含义相矛盾。

第三，中央编译局的译文将德文原文"Die Gerechtigkeit der Transaktionen, die zwischen den Produktionsagenten vorgehn"译为"生产当事人之间进行的交易的正义性"，还使其中的"正义性"成了一个无法理解的概念。前边表明，德文原文"Die Gerechtigkeit"指的是吉尔巴特所说的"正义性"，其含义是用借款来牟取利润的人"应该"把一部分利润付给贷放人。中央编译局译文中的"正义性"的含义又是什么呢？从字面上讲，它指的是生产当事人之间进行的交易的正义性，但如果生产当事人之间进行的交易只能理解为"泛指的生产当事人之间进行的任何买卖"，那这种交易本身就不含有特定的"应该"的内容，而如果不含有特定的"应该"的内容，那这种交易的"正义性"是指什么而言呢？

第四，与上述误译相关，中央编译局的译文接下来将德文原文"daβ diese Transaktionen aus den Produktionsverhältnissen als natürliche Konsequenz entspringen"译为"这种交易是从生产关系中作为自然结果产生出来的"，这种译法也存在严重的误译。首先，它将德文原文中的"diese Transaktionen"译为"这种交易"，其含义仍是"泛指的生产当事人之间进行的任何买卖"。前边表明，"der Transaktionen, die zwischen den Produktionsagenten vorgehn"的含义是吉尔巴特所说的用借款来牟取利润的人和贷放人之间进行的交易，由于德文原文"diese Transaktionen"是接着"der Transaktionen, die zwischen den Produktionsagenten vorgehn"出现的，而且是以复数形式出现的，因此，应将其译为"这些交易"，其含义仍是吉尔巴特所说的那些用借款来牟取利润的人和贷放人之间进行的交易。其次，它将德文原文中的"den Produktionsverhältnissen"译为"生产关系"虽然从字面上讲没有问题，但它赋予"生产关系"的含义却有问题。前边指出，它将德文原文"diese Transaktionen"译为"这种交易"，其含义是"泛指的生产当事人之间进行的任何买卖"，由此说来，当它将"den Produktionsverhaltnissen"出现于其中的德文原文"daβ diese Transaktionen aus den Produktionsverhaltnissen als natürliche Konsequenz entspringen"译为"这种交易是从生产关系中作为自然结果产生出来的"时，其译的"生产关系"就只能理解为"泛指的生产关系"，因为从逻辑上讲，"泛指的生产当事人之间进行的任何买卖"只能从"泛指的生产关系"中作为自然结果产生出来。前边表明，"diese Transaktionen"应译为"这些交易"，其含义是吉尔巴特所说的用借款来牟取利润的人和贷放人之间进行的交易，因此，德文原文"daβ diese Transaktionen aus den Produktionsverhaltnissen als natürliche Konsequenz entspringen"虽应译为"这些交易是从生产关系中作为自然结果产生出来的"，但其中的"生产关系"的含义却不是"泛指的生产关系"，而是"特指的生产关系"，这不仅因为德文原文"Produktionsverhaltnissen"前有定冠词"den"，而且还因为"这些交易"，即吉尔巴特所说的那些交易，只能从特指的生产关系中作为自然结果产生出来。而特指的生产关系，即"这些交易"从中作为自然结果产生出来的生产关系，实际上就是资本主义生产关系，这一点从马克思那段论述的上下文看得十分清楚。

第五，中央编译局的译文将作为连词的德文原文"beruht darauf"译为"在于"，这从字面上讲也没有错。那"在于"的含义是什么呢？从其出现的语境分析，是"取决于"。这样说来，由它连接起来的整个第二句译文其含义就是：泛指的生产当事人之间进行的任何买卖的正义性取决于这种买卖是从生产关系中作为自然结果产生出来的。我认为，将"beruht darauf"译为"在于"是不准确的，不过，因为由它连接的前后两部分译文都存在严重误译，我这里就不再对这一译法本身的问题做进一步分析了。

在我看来，"beruht darauf"既可译为"在于"，也可译为"基于"，但就它在这里出现的语境来看，应将它译为"基于"。从前边讲过的第一句话，即"在这里，像吉尔巴特那样（见注）说什么天然正义是荒谬的"及注释可以推断，马克思在第二句话是要批判吉尔巴特的"天然正义"的谬论。那马克思是如何批判吉尔巴特的这一谬论的呢？将前边分析过的第二句话的那些德文原文联系起就不难看出，马克思在第二句话是要表明，吉尔巴特所说的"正义"只是他所讲的用借款来牟取利润的人和贷放人之间进行的前者把一部分利润付给后者的交易的"正义性",而这些交易本身是从特指的生产关系(资本主义生产关系)中作为自然结果产生出来的,这就意味着,离开了特指的生产关系,就不会有吉尔巴特所说的那些交易,而没有那些交易,也就不会有他所说的"正义",因此,吉尔巴特所说的"正义"并不是"天然的",而是以特指的生产关系为基础的。这样说来,由于马克思的第二句话是要表明,吉尔巴特所说的"正义",实际上是以他所讲的那些交易是从特指的生产关系中作为自然结果产生出来的这一事实为基础的,因而,应将"beruht darauf"译为"基于",这样,由它连接起来的整个第二句译文就是:"这种生产当事人之间进行的交易的正义性基于这一事实:这些交易是从生产关系中作为自然结果产生出来的。"这种译法还可从英译文的译法——The justice of the transactions between agents of production rests on the fact that these arise as natural consequences out of the production relationships——得到佐证。

第六,中央编译局译文的严重误译还体现在,它的译文"生产当事人之间进行的交易的正义性在于:这种交易是从生产关系中作为自然结果产生出来的"含有这是马克思本人对正义的看法的意思。因为如果"生产当事人之间进行的交易"只能理解为泛指的生产当事人之间进行的任何买卖,那它就不是吉尔巴特所说的那些交易,而如果不是吉尔巴特所说的那些交易,那就只能理解为是马克思所说的交易,而如果是马克思所说的交易,那"生产当事人之间进行交易的正义性"就只能理解为马克思所说的"生产当事人之间进行交易的正义性"。因此,中央编译局的这句译文使人只能做这样的理解:马克思认为,"生产当事人之间进行的交易的正义性在于:这种交易是从生产关系中作为自然结果产生出来的"。这种含义无疑是由前边讲过的那些严重误译所导致的,如果那些误译被纠正,这种含义也就不存在了。

(四)第三、四句

德文原文是:"Die juristischen Formen, worin diese ökonomischen Transaktionen als Willenshandlungen der Beteiligten, als Äußerungen ihres gemeinsamen Willens und als der Einzelpartei gegenüber von Staats wegen erzwingbare Kontrakte erscheinen, können als bloße Formen diesen

Inhalt selbst nicht bestimmen. Sie drücken ihn nur aus."

英译文是："The juristic forms in which these economic transactions appear as willful acts of the parties concerned, as expressions of their common will and as contracts that may be enforced by law against some individual party, cannot, being mere forms, determine this content. They merely express it."

中央编译局新、旧译本的译文都是："这种经济交易作为当事人的意志行为，作为他们的共同意志的表示，作为可以由国家强加给立约双方的契约，表现在法律形式上，这些法律形式作为单纯的形式，是不能决定这个内容本身的。这些形式只是表示这个内容。"

我的译文是："这些经济交易作为当事人的意志行为，作为他们的共同意志的表示，作为可以由国家强加给立约双方的契约，表现在法律形式上，这些法律形式作为单纯的形式，是不能决定这个内容本身的。这些形式只是表示这个内容。"

中央编译局的译文将德文原文"diese okonomischen Transaktionen"译为"这种经济交易"，其含义仍是"泛指的生产当事人之间进行的任何买卖"，这是前边讲过的误译的继续。前边表明，第二句话中的德文原文"diese Transaktionen"指的是吉尔巴特所说的那些用借款来牟取利润的人和贷放人之间进行的前者把一部分利润付给后者的交易，按照德语中定冠词的用法和形式逻辑的同一律规则，第三句话中的德文原文"diese okonomischen Transaktionen"虽多了一个形容词"okonomischen"（经济的），但与前面第二句话中的"diese Transaktionen"仍是同一概念（马克思为什么在这里要加上"经济的"这一形容词及其意义，我下面再做进一步的说明），此外，"diese okonomischen Transaktionen"在这里也是以复数形式出现的，因此，应将它译为"这些经济交易"，其含义仍是吉尔巴特所说的那些交易。此外，中央编译局的译文将德文原文"diesen Inhalt"译为"这个内容"，虽然从字面上讲没有问题，但由于其含义来自"这种经济交易"，因而它意指的也是"泛指的生产当事人之间进行的任何买卖"，这仍是上述误译的继续。前边表明，"diese okonomischen Transaktionen"应译为"这些经济交易"，其含义是吉尔巴特所说的那些交易，与此相应，"diesen Inhalt"，虽应译为"这个内容"，但其含义也是吉尔巴特所说的那些交易，即用借款来牟取利润的人和贷放人之间进行的前者把一部分利润付给后者的交易。

从前边讲过的第二句话的我的译文，即"这种生产当事人之间进行的交易的正义性基于这一事实：这些交易是从生产关系中作为自然结果产生出来的"可以看出，其中两次出现的"交易"前面都没有"经济的"形容词。那马克思为什么要在第三句话中的"交易"前面加上形容词"经济的"呢？前边指出，按照德语中定冠词的用法和形式逻辑的同一律规则，第三句话中出现的"经济交易"与第二句话中出现的"交易"是同一概念，而这意味着，第二句话所讲的"交易"实际上也就是第三句话所讲的"经济交易"，只不过是"经济交易"的简略表述罢了。如果这一推论能够成立，那马克思在第三句话加上"经济的"形容词，就只能理解为他在这里要进而突出一下"交易"的"经济"特征。马克思为什么要这样做？我认为，他是要对第二句话讲的"这些交易是从生产关系中作为自然结果产生出来的"做进一步说明。

前边指出，马克思的第二句话是要表明，吉尔巴特所说的"正义"只是他所讲的那些交易的"正义性"，而那些交易是从资本主义生产关系中作为自然结果产生出来的。马克思的第三、四句话讲的是：这些经济交易作为当事人的意志行为，作为他们的共同意志的表示，作为可以由国家强加给立约双方的契约，表现在法律形式上，这些法律形式作为单纯的形式，是不能决定这个内容本身的；这些形式只是表示这个内容。马克思为什么要在第二句话之后进而论述这些"经济交易"即"这个内容"和它的"法律形式"的关系？我认为，这是因为吉尔巴特所说的"天然正义原则"只讲"一个用借款来牟取利润的人，应该把一部分利润付给贷放人"，即只涉及从法律手续上讲的"资本由贷出者手中转到借人者手中"和"资本的偿还"，而不涉及这中间的资本的现实运动，即用借款来牟取利润的人把从贷放人那里得到的作为货币资本的贷款投入现实的生产过程——把货币支付出去购买生产资料（如果是产业资本）或购买商品（如果是商业资本）并获得利润，从而使人觉得他们之间的交易不是"从生产关系中作为自然结果产生出来的"，而是由他们之间交易的法律形式所决定的。这是马克思之所以要在第三句话中的"交易"前面加上形容词"经济的"原因。马克思这样做是要强调，吉尔巴特所说的用借款来牟取利润的人和贷放人之间进行的交易，实际上是"经济"交易，因为前者要把从后者得到的作为货币资本的贷款投入现实的生产过程并获得利润，然后才能把获得的一部分利润付给后者。因此，这些"经济"交易，虽然"作为当事人的意志行为，作为他们的共同意志的表示，作为可以由国家强加给立约双方的契约，表现在法律形式上"，但这些"法律形式"只是表示而不能决定"这个内容"，因为这个内容，即"这些经济交易"，是从生产关系中作为自然结果产生出来的。为了证实我的上述推断，我这里愿再引用马克思在他那段论述之后的所讲的两段话。第一段话："第一次支出，使资本由贷出者手中转到借入者手中，这是一个法律上的交易手续，它与资本的现实的再生产过程无关，只是为这个再生产过程作了准备。资本的偿还，使流回的资本再由借入者手中转到贷出者手中，这是第二个法律上的交易手续，是第一个交易手续的补充。一个是为现实过程作了准备，另一个则是发生在现实过程之后的补充行为。因此，借贷资本的出发点和复归点，它的放出和收回，都表现为任意的、以法律上的交易为中介的运动，它们的发生在资本现实运动的前面和后面，同这个现实运动本身无关。"[1] 这就表明，吉尔巴特所说的用借款来牟取利润的人和贷放人之间进行的交易，虽然要以法律上的交易手续为中介，或者用马克思的话来说，"借贷资本的出发点和复归点，它的放出和收回，都表现为任意的、以法律上的交易为中介的运动"，但这"发生在资本现实运动的前面和后面，同这个现实运动本身无关"。第二段论述："货币作为资本贷放——以在一定时期以后流回为条件而放出货币——要有一个前提：货币实际上会当作资本使用，实际上会流回到它的起点。因此，货币作为资本进行的现实的循环运动，就是借入者必须把货币偿还给贷出者的那种法律上的交易的前提。"[2] 这就表明，吉尔巴特所说的用借款来牟取利润的人和贷放人之间进行的交易，是以货币实际上会当作资本使用为前提的。结合马克思的这两段论述再回过头来看他的第三句话，我们就可以知道，他之所以要在第三句话的"交易"之前加上"经济的"形容词，并进而论述这些经济交易的"法律形式"是不能决定"这个内容"的，目的就是为了进一步说明"这些交易是从生产关系中作为自然结果产生出来的"。

中央编译局的"这种经济交易"的误译，还导致了它与第三句话中所讲的"作为当事人的意志行为，作为他们的共同意志的表示，作为可以由国家强加给立约双方的契约，表现在法律形式上"相冲突。前边表明，"这种经济交易"的含义是"泛指的生产当事人之间进行的任何买卖"，而"泛指的生产当事人之间进行的任何买卖"并不都会"作为当事人的意志

---

[1] 马克思恩格斯全集：第46卷．北京：人民出版社，2003：389．
[2] 同[1]391．

行为，作为他们的共同意志的表示，作为可以由国家强加给立约双方的契约，表现在法律形式上"，例如，封建社会中很多生产当事人之间进行的买卖就不存在这种情况。这反过来表明，只有将"diese okonomischen Transaktionen"译为"这些经济交易"，即意指吉尔巴特所说的那些用借款来牟取利润的人和贷放人之间进行的前者把一部分利润付给后者的交易，才能与第三句话中所讲的"作为当事人的意志行为，作为他们的共同意志的表示，作为可以由国家强加给立约双方的契约，表现在法律形式上"协调一致。

（五）第五、六句

德文原文是："Dieser Inhalt ist gerecht, sobald er der Produktionsweise entspricht, ihr adaquat ist. Er ist ungerecht, sobald er ihr widerspricht."

英译文是："This content is just whenever it corresponds, is appropriate, to the mode of production. It is unjust whenever it contradicts that mode."

中央编译局新、旧译本的译文都是："这个内容，只要与生产方式相适应，相一致，就是正义的；只要与生产方式相矛盾，就是非正义的。"

我的译文是："这个内容是正义的，只是在它与生产方式相符合，相适宜时；这个内容是非正义的，只是在它与生产方式相矛盾时。"

仅从字面上看，中央编译局的这两句译文似乎不存在什么误译问题。然而，只要我们对它们的含义稍做分析，其误译的问题就暴露出来。让我们先来分析第五句。

第一，中央编译局的译文将德文原文"Dieser Inhalt"译为"这个内容"，这从字面上讲没有错，但它在这里的含义仍是"泛指的生产当事人之间进行的任何买卖"，因而是上述误译的继续。前边表明，第三、四句话的德文原文"diesen Inhalt"（这个内容）指的是吉尔巴特所说的那些交易，按照德语中定冠词的用法和形式逻辑的同一律规则，第五句话的德文原文"Dieser Inhalt"（这个内容）与第三、四句话的德文原文"diesen Inhalt"是同一概念，因此，其含义也是吉尔巴特所说的那些用借款来牟取利润的人和贷放人之间进行的前者把一部分利润付给后者的交易。

第二，中央编译局的译文将德文原文"der Produktionsweise"译为"生产方式"，这从字面上讲也没有错。那"生产方式"在这里的含义是什么呢？从这段译文来看，由于它是相对"这个内容"，即相对"泛指的生产当事人之间进行的任何买卖"而言的，因此，它的含义只能是泛指的生产方式。前边表明，第五句话的德文原文"Dieser Inhalt"（这个内容）指的是吉尔巴特所说的那些交易，因此，这里的德文原文"der Produktionsweise"虽应译为"生产方式"，但其含义却不是泛指的生产方式，而是特指的生产方式，即资本主义生产方式，这不仅因为"Produktionsweise"之前有定冠词"der"，还因为它是相对吉尔巴特所说的那些用借款来牟取利润的人和贷放人之间进行的前者把一部分利润付给后者的交易而言的。

第三，中央编译局的译文将德文原文"entspricht, ihr adaquat ist"译为"相适应，相一致"从字面上讲也没错，但其含义却让人无法理解。前边表明，它译的"这个内容"其含义是"泛指的生产当事人之间进行的任何买卖"，它译的"生产方式"其含义是"泛指的生产方式"，这样说来，它的译文"这个内容"与生产方式"相适应，相一致"，指的就是泛指的生产当事人之间进行的任何买卖与生产方式的"相适应，相一致"。这里所讲的"相适应，相一致"是指什么而言呢？从这句译文本身显然找不到理解其含义的任何依据。那从马克思的其他论著能否找到理解其含义的相关依据呢？也不能。因为马克思在其论著中就从未有过关于"泛指的生产当事人之间进行的任何买卖"与"生产方式"的关系的论述，更不用说有关它们之间的"相适应，相一致"的论述了。

那"这个内容"与生产方式"相适应，相一致"的含义是什么呢？我认为，其含义是"这个内容"（吉尔巴特所说的那些用借款来牟取利润的人和贷放人之间进行的前者把一部分利润付给后者的交易）是从生产方式（特指的生产方式，即资本主义生产方式）中"作为自然结果产生出来的"。前边指出，马克思的第二句话是要表明，吉尔巴特所说的那些交易的正义性不是"天然的"，因为那些交易是从特指的生产关系（资本主义生产关系）中作为自然结果产生出来。他的第三、四句话是对第二句话中的"这些交易是从生产关系中作为自然结果产生出来的"的进一步说明，即"这个内容"虽然是通过法律形式表现出来的，但这些法律形式不能决定"这个内容"。如果以此作为理解第五句话中所讲的"这个内容"与生产方式"相适应，相一致"的含义的线索，那我们就可做出这样的推论：由于第五句话中所讲的"这个内容"也就是第二句话中所讲的"这些交易",第五句话中所讲的"生产方式"与第二句话中所讲的生产关系是同义语（为什么是"同义语"我在下面再做解释），因此，第五句话中所讲的"这个内容"与生产方式"相适应，相一致"，不过是对第二句话中所讲的这些交易是从生产关系中"作为自然结果产生出来的"的另一种表述。说到这里需要指出，在我看来，虽然德文原文"entspricht, ihr adaquat ist"可译为"相适应，相一致"，但就这里的语境而言，将其译为"相符合，相适宜"则更贴切。那为什么说第二句话的"生产关系"与第五句话的"生产方式"是"同义语"呢？在我看来，"生产关系"和"生产方式"这两个概念在马克思的著作中虽然在含义上存在差别，但就它们在这里出现的语境而言，即它们在这里都是作为使吉尔巴特所说的那些交易得以产生的"基础"而言，它们可被视为同义语。换句话说，第五句话中所讲的"生产方式"与第二句话中所讲的"生产关系"一样，意指的都是使吉尔巴特所说的那些交易得以产生的"基础"。至于马克思为什么在第二句话使用"生产关系"概念，而在第五句话使用"生产方式"概念，这一问题与我们当下讨论的主题无直接关系，因而可以放在一边。①

第四，中央编译局的译文将德文原文"gerecht"译为"正义的"，从字面上讲也没有错。那"正义的"含义又是什么？从这段译文来看，它指的是泛指的生产当事人之间进行的任何买卖与生产方式"相适应，相一致"的情况。前边表明，在注释中出现的德文原文"Gerechtigkeit"、在第一句中出现的德文原文"Gerechtigkeit"和在第二句中出现的德文原文"Gerechtigkeit"，指的都是吉尔巴特所说的"正义"，即那些用借款来牟取利润的人"应该"把一部分利润付给贷放人。这样说来，由于在第五句中出现的"gerecht"不过是在前边几句话出现的"Gerechtigkeit"的形容词形式，因此，其含义应是吉巴特所说的"正义的"，即那些用借款来牟取利润的人把一部分利润付给贷放人是"应该的"。

第五，中央编译局的译文将作为连词的德文原文"sobald"译为"只要……就"，将由它连接起来的德文原文"Dieser Inhalt ist gerecht, sobald er der Produktionsweise entspricht, ihr adaquat ist. Er ist ungerecht, sobald er ihr widerspricht"译为"这个内容，只要与生产方式相适应，相一致，就是正义的"，这从字面上讲也没有错，但其含义却有问

---

① 关于这一问题，我在一篇题为《对生产力、生产方式和生产关系概念的再考察》的论文中曾有涉及，此文发表在《马克思主义研究》1995年第3期。

题，因为它含有这是马克思本人对正义的看法的意思。前边表明，中央编译局译的"这个内容"其含义是泛指的生产当事人之间进行的任何买卖，即不是吉尔巴特所说的那些经济交易，而如果不是吉尔巴特所说的那些交易，那就只能理解为是马克思所说的交易，而如果是马克思所说的交易，那其译文"这个内容，只要与生产方式相适应，相一致，就是正义的"，就含有这种意思：马克思认为，泛指的生产当事人之间进行的任何买卖，只要与生产方式相适应，相一致，就是正义的。这种意思无疑也是由前边讲过的那些误译所导致的。

　　此外，在我看来，虽然德文原文"sobald"的含义是"一……就……"，意指两事在时间上前后紧接，但从它出现的语境并参照英译文"whenever"的译法，应将其译为"只是在……时"。前边表明，马克思的第二句话讲的是，"这种生产当事人之间进行的交易的正义性基于这一事实：这些交易是从生产关系中作为自然结果产生出来的"。将第二句话与第五句话相对照，我们可以发现，马克思第五句话所讲的"这个内容"，也就是第二句话所讲的吉尔巴特所说的那些用借款来牟取利润的人和贷放人之间进行的前者把一部分利润付给后者的交易；马克思第五句话所讲的"正义的"则是第二句话所讲的"正义性"的形容词形式，其含义是吉尔巴特所说的"正义的"，即那些用借款来牟取利润的人把一部分利润付给贷放人是"应该的"；马克思第五句话所讲的"这个内容"与生产方式"相符合，相适宜"，是第二句话中所讲的这些交易是从生产关系中"作为自然结果产生出来的"的另一种表述。由此我们可以推论，由于第五句的"sobald"对应的是第二句话的"基于"，因而应将其译为"只是在……时"。所以，第五句话就应译为："这个内容是正义的，只是在它与生产方式相符合，相适宜时"。这里需要强调指出，由于第五句话所讲的"这个内容"和"正义的"指的都是吉尔巴特所说的"这个内容"和"正义的"，因此，"这个内容是正义的"就不能理解为是马克思说的，而只能理解为是吉尔巴特说的。这样说来，第五句话的含义是，吉尔巴特说这个内容是正义的，只是在它与生产方式（资本主义生产方式）相符合、相适宜时。

　　再看第六句译文。中央编译局的译文将德文原文"Er ist ungerecht, sobald er ihr widerspricht"译为"只要与生产方式相矛盾，就是非正义的"，这从字面上讲也不存在什么误译的问题，但在含义上却有问题，即它也含有这是马克思本人对正义的看法的意思。由于其问题与第五句译文的问题相同，我这里就不再重述了。

（六）第七句

德文原文是："Sklaverei, auf Basis der kapitalistischen Produktionsweise, ist ungerecht; ebenso der Betrug auf die Qualitat der Ware."

英译文是："Slavery on the basis of capitalist production is unjust; likewise fraud in the quality of commodities."

中央编译局的新、旧译本的译文都是："在资本主义生产方式的基础上，奴隶制是非正义的；在商品质量上弄虚作假也是非正义的。"

我的译文是："基于资本主义生产方式的奴隶般的劳动是非正义的，在商品质量上弄虚作假也是非正义的。"

中央编译局译文的误译首先表现在，这里的德文原文"Sklaverei"应译为"奴隶般的劳动"，而不应译为"奴隶制"。因为"Sklaverei"虽然可译为奴隶制，但奴隶制指的是一种社会经济制度，而在资本主义生产方式基础上根本就不可能存在奴隶制，因此，说"在资本主义生产方式的基础上，奴隶制是非正义的"，这话本身就讲不通。而"奴隶般的劳动"，即把劳动者当作奴隶使用，却是资本主义时代，特别是在马克思生活的那个时期依然存在的现象。此外，"Sklaverei"在这里是与"der Betrug auf die Qualitat der Ware"（在商品质量上弄虚作假）相对应的，它指的也应是资本主义社会存在的一种具体情况，因此，应将其译为"奴隶般的劳动"而不应译为"奴隶制"。中央编译局译文的误译还表现在，这里的德文原文"Sklaverei, auf Basis der kapitalistischen Produktionsweise, ist ungerecht"应译为"基于资本主义生产方式的奴隶般的劳动是非正义的"，因为"auf Basis der kapitalistischen Produktionsweise"（基于资本主义生产方式）是修饰"Sklaverei"（奴隶般的劳动）的定语，而不是修饰"奴隶般的劳动是非正义的"的状语。

除上述误译以外，与第五、六句的情况一样，中央编译局的第七句译文也含有这样的意思：马克思认为，在资本主义生产方式的基础上，奴隶制是非正义的；在商品质量上弄虚作假也是非正义的。按照形式逻辑的同一律规则，第七句话中的德文原文"ungerecht"（非正义的）与第六句话中的德文原文"ungerecht"是同一概念。从语境上看，第七句话是对第六句话的进一步说明，说得更确切一点，是为第六句话提供两个例证。前边表明，第六句话含义是，"这个内容"是非正义的，只是在它与资本主义生产方式相矛盾时。这样说来，第七句话的含义就是，例如，基于资本主义生产方式的奴隶般的劳动是非正义的，在商品质量上弄虚作假也是非正义的，因为它们都与作为其基础的资本主义生产方式相矛盾。这样说来，第七句话就没有中央编译局译文含有的那种意思。

把我上面逐句重译的译文合在一起就是：

在这里，像吉尔巴特那样（见注）说什么天然正义是荒谬的。这种生产当事人之间进行的交易的正义性基于这一事实：这些交易是从生产关系中作为自然结果产生出来的。这些经济交易作为当事人的意志行为，作为他们的共同意志的表示，作为可以由国家强加给立约双方的契约，表现在法律形式上，这些法律形式作为单纯的形式，是不能决定这个内容本身的。这些形式只是表示这个内容。这个内容是正义的，只是在它与生产方式相符合，相适宜时；这个内容是非正义的，只是在它与生产方式相矛盾时。基于资本主义生产方式的奴隶般的劳动是非正义的，在商品质量上弄虚作假也是非正义的。（注释：一个用借款来牟取利润的人，应该把一部分利润付给贷放人，这是不证自明的天然正义的原则。）

不难看出，除了对一些德文原文的不同译法以外，我的译文在含义上与中央编译局的译文存在巨大差别，这集中体现在马克思是如何批判吉尔巴特所说的"天然正义"这一问题上。我的译文表明，马克思指出并论证了吉尔巴特所说的"正义"是用借款来牟取利润的人和贷放人之间进行的前者把一部分利润付给后者的交易的正义性，而这些交易只是从资本主义生产关系中作为自然结果产生出来的，因此，吉尔巴特所说的"正义"根本不是什么"天然正义"。中央编译局的译文则让人只能做这样的理解：马克思对吉尔巴特所说的"天然正义"的批判，只体现在马克思另提出了自己的正义观点，即只要与生产方式相适应，相一致，就是正义的；只要与生产方式相矛盾，就是非正义的。

上述差别实际上涉及一个更具根本性的问题：正义在马克思的论著中是一种价值判断还是一种事实判断。从我读过的马克思有关正义问题的论著来看，正义在马克思的论著中只是一种价值判断，进而言之，不同的社会集团对什么是正义往往持有不同的看法。例如，在批评拉萨尔的"公平的分配"主张时,马克思说:"什么是'公平的'分配呢?难道资产者不是断言今天的分配是'公平的'吗?……难道各种社会主义宗派分子关于'公平的'分配不是也有各种极不相同的观念吗?"① 再如,针对当时工人运动中流行的"做一天公平的工作,得一天公平的工资"的口号,马克思说:"在雇佣劳动制度的基础上要求**平等的或仅仅是公平的报酬**,就犹如在奴隶制的基础上要求**自由**一样。你们认为公道和公平的东西,与问题毫无关系。问题就在于:一定的生产制度所必需的和不可避免的东西是什么?"② 而中央编译局的译文却含有正义在马克思那里是一种事实判断的意思:只要与生产方式相适应,相一致,就是正义的;只要与生产方式相矛盾,就是非正义的。这一更具根本性的问题是我们当前研究马克思正义思想必须予以解决的问题,这也是我为什么对中央编译局的那段译文提出质疑的原因,希望能得到中央编译局的同志的回应。

---

① 马克思恩格斯选集:第3卷. 北京:人民出版社,1995:302.
② 马克思恩格斯选集:第2卷. 北京:人民出版社,1995:76.

五、正义在马克思的论著中是价值判断而不是事实判断
——答李其庆译审

我在《马克思主义与现实》2010年第6期发表了一篇题为《马克思认为"与生产方式相适应，相一致就是正义的"吗？——对中央编译局〈资本论〉第三卷一段译文的质疑与重译》的论文（以下简称"《质疑与重译》"），认为中央编译局翻译的马克思《资本论》第三卷第二十一章"生息资本"中的一段译文存在严重的误译问题，并导致了对马克思有关正义看法的误解。中央编译局李其庆译审在《马克思主义与现实》2011年第1期发表了一篇题为《关于马克思〈资本论〉第三卷一段论述的理解与翻译——对段忠桥教授质疑的回应》的论文（以下简称"《回应》"），不但认为中央编译局那段译文"译文正确，没有'严重误译'"[①]，而且认为那段译文中的"这个内容，只要与生产方式相适应，相一致，就是正义的"表达的就是"马克思关于正义的观点"[②]，此外，他还指出我在10年前发表的一篇题为《马恩是如何看待剥削的"历史正当性"的》论文中就是这样认为的。我很感谢李译审对我的回应，因为这至少表明中央编译局的同志对我的质疑的重视和对学术争论的积极态度。不过，我认为李译审的上述说法都难以成立，下面是我对他这些说法的应答。

（一）

李译审在《回应》中涉及最多并被他视为至关重要的一个问题，是应

---

① 马克思主义与现实，2011（1）：34.
② 同①39.

五、正义在马克思的论著中是价值判断而不是事实判断

该如何翻译《资本论》第三卷那段德文原文中的一句话——"Die Gerechtigkeit der Transaktionen, die zwischenden Produktionsagenten vorgehn"（中央编译局将其译为"生产当事人之间进行的交易的正义性"，我将其重译为"这种生产当事人之间进行的交易的正义性"）。他认为中央编译局对这句话的翻译是正确的，而"'段文'对所谓'严重误译'的批评，恰恰反映了文章作者对马克思原著的误读"[①]。关于中央编译局对这句话的严重误译和我对这句话的重译，我在《质疑与重译》中已有详细说明，这里就不再重复了。我只就李译审在《回应》中给出的新论证做些分析。

李译审在《回应》中提出，在马克思的那段论述中，"自然正义"和"生产当事人之间进行的交易的正义性"是两个不同的概念，而这两个概念及其理论规定性的区别，从根本上说就是吉尔巴特的对象——"贷放人和借入者之间的交易"和马克思的对象——"生产当事人之间的交易"的区别。对于这两者的区别，李译审给出这样的新论证："前者是作为流通当事人的资本家之间的相互买卖，由于这里的货币资本不是执行生产资本的职能，因此它既不生产商品，也不生产剩余价值，尽管在还贷的利息中包含着剩余价值。货币资本的交易是遵循等价交换原则的，因为资本作为资本已经变为商品，出售已经变为贷放，而利息则是生息资本的价格。在这种交易中，既看不到资本和劳动的对立，也看不到剩余价值的来源。吉尔巴特的对象涉及的仅仅是流通领域，他抓住这个领域中的等价交换的假象，声称这种交易是符合《自然正义》原则的。而马克思对象中的生产当事人之间的交易则不相同。生产当事人是生产过程的不同职能的承担者。资本主义生产的当事人主要指工人、资本家和土地所有者。而生产资本的交易则用于购买生产资料和劳动力商品，并使之结合以生产商品和剩余价值。资本主义生产的特征是生产过程和价值增殖过程的统一，资本主义生产的目的则是剩余价值。马克思之所以在这里强调他所研究的是生产当事人之间的交易，是因为他不仅研究流通领域，而且还研究生产领域，因为只有这样才能揭示生息资本的运动不过是现实资本运动的最抽象的形式，生息资本不过是一种社会关系或阶级关系，而利息不过是利润的一部分，即从工人那里榨取的一定量的无酬劳动，剩余产品和剩余价值。在这种交易中，资产阶级的正义只是形式上的，而在实质上是不正义的。马克思在

[①] 马克思主义与现实，2011（1）：38.

《资本论》中一再强调不能把流通当事人和生产当事人、商品资本和货币资本的职能同生产资本的职能混淆起来，'段文'的作者恰恰忽略了这一点，他把吉尔巴特的对象和马克思的对象混为一谈是不符合马克思原意的。"①

从李译审的这段论证不难看出，他对那句德文原文的理解，显然不是依据那句话本身及其出现的语境，而是依据他所说的"马克思在《资本论》中一再强调不能把流通当事人和生产当事人、商品资本和货币资本的职能同生产资本的职能混淆起来"。那他的这一说法其依据又来自哪里？从他通过注释所给的出处来看，其依据来自马克思在《资本论》第二卷第五章"流通时间"中的一段论述："在商品生产中，流通和生产本身一样必要，从而流通当事人和生产当事人一样必要。再生产过程包含资本的两种职能，因而也包含这两种职能有人代表的必要性，不管是由资本家自己代表，还是由雇佣工人，即由资本家的代理人代表。然而，这并不是把流通当事人和生产当事人混淆起来的理由，正如不是把商品资本和货币资本的职能同生产资本的职能混淆起来的理由一样。"② 在我看来，李译审的上述论证是不能成立的，因为它们全都基于对这段论述以及对那句德文原文的错误理解。

李译审的第一个错误理解，是把《资本论》第三卷那句德文原文（以下简称"原文"）涉及的吉尔巴特所讲的"贷放人和借入者"等同于《资本论》第二卷那段论述（以下简称"论述"）所讲的"流通当事人"，并进而把吉尔巴特所讲的"贷放人和借入者之间的交易"，说成是"作为流通当事人的资本家之间的相互买卖"。"论述"所讲的"流通当事人"是指什么？对此，马克思虽没有给出明确的说明，但从其出现的语境即"流通时间"那一章的相关内容来看，它指的是马克思在说明包括资本生产过程和流通过程在内的资本循环时所讲的、相对产业资本家而言的从事商品买卖的商业资本家。我的这种理解还可从马克思《经济学手稿（1861—1863年）》中的一段话得到佐证："虽然**商业资本**在真正的生产过程中不执行职能，但它在商品的再生产过程中执行职能，在这个过程中，流通过程构成一个特殊部分。产业资本家是资本主义生产的当事人，或者说是生产资本的人格化，同样，商人是资本主义流通的当事人，实际上是流通资本的人格化。"③ "原文"涉及的吉尔巴特所讲的"贷放人和借入者"，指的则是

---

① 马克思主义与现实，2011 (1)：35.
② 马克思恩格斯文集：第6卷. 北京：人民出版社，2009：143-144.
③ 马克思恩格斯全集：第48卷. 北京：人民出版社，1985：416.

马克思在说明生息资本时所讲的两类资本家:"贷放人"指的是货币资本家,"借入者"指的是包括产业资本家和商业资本家在内的职能资本家,前者为了取得一定的利息而将货币暂时贷给后者,后者则把借入的货币用于生产或流通以获取利润。对此,马克思在"原文"出现于其中的"生息资本"那一章中有明确的说明:"贷出者和借入者双方都是把同一货币额作为资本支出的。但它只有在后者手中才执行资本的职能。同一货币额作为资本对两个人来说取得了双重的存在,这并不会使利润增加一倍。它所以能对双方都作为资本执行职能,只是由于利润的分割。其中归贷出者的部分叫做利息。按照前提,这全部交易发生在两类资本家之间,即货币资本家和产业资本家或商业资本家之间。"①

李译审的第二个错误理解,是把"论述"所讲的"货币资本"等同于"原文"涉及的"货币资本"。李译审说:"由于这里的货币资本不是执行生产资本的职能,因此它既不生产商品,也不生产剩余价值,尽管在还贷的利息中包含着剩余价值。"他所说的"这里的货币资本"指的是什么?从一方面看,它指的是出现于"作为流通当事人的资本家之间的相互买卖"中的"货币资本",即"论述"所讲的相对商品资本和生产资本而言的"货币资本",因为他说"由于这里的货币资本不是执行生产资本的职能";但从另一方面看,它指的又是我们前边讲过的出现于"贷放人和借入者之间的交易"中的货币资本,即"原文"涉及的"货币资本",因为他又说"尽管在还贷的利息中包含着剩余价值"。这表明,李译审是把这两种不同的"货币资本"当作一种东西了。然而,"论述"所讲的"货币资本",指的是在产业资本的循环中相对生产领域中的生产资本和流通领域中的商品资本而言的、以货币形态出现的用以购买生产资料和劳动力的资本,对此马克思"流通时间"那一章中讲得很清楚:资本是按照时间顺序通过生产领域和流通领域两个阶段完成运动的,而"在流通领域中,资本是作为商品资本和货币资本存在的。资本的两个流通过程是:由商品形式转化为货币形式,由货币形式转化为商品形式"②。"原文"涉及的"货币资本",指的则是借贷资本家为了取得一定的利息而暂时贷给职能资本家的作为资本的货币资本,对此,马克思在"生息资本"那一章中讲得也很清楚:"货币贷出者不把货币用来购买商品。在这个价值额以商品形式

---

① 马克思恩格斯文集:第7卷. 北京:人民出版社,2009:395-396.
② 马克思恩格斯文集:第6卷. 北京:人民出版社,2009:141.

存在时，也不把它卖出去换取货币，而是把它作为资本，作为 G — G'，作为经过一定时期又会流回到它的起点的价值预付出去。他不买也不卖，而是贷放。因此，这种贷放就是把价值**作为资本**而不是作为货币或商品来让渡的适当形式。"①

李译审的第三个错误理解，是认为："货币资本的交易是遵循等价交换原则的，因为资本作为资本已经变为商品，出售已经变为贷放，而利息则是生息资本的价格。"李译审这里所讲的"货币资本"，仍是上面表明的将两类不同的货币资本混为一谈的"货币资本"。就在产业资本循环中用以购买生产资料和劳动力的货币资本而言，就根本不存在他所说的那种"货币资本的交易"，因为这种交易，即以一定量的货币换取一定量的货币在产业资本循环中是没有意义的，因此，他所说的这种货币资本的交易"是遵循等价交换原则的"，是一种根本就不存在的情况。就货币资本家为了取得一定的利息而暂时贷给职能资本家的作为资本的货币资本而言，其交易遵循的却不是等价交换原则。这是因为，普通商品的交易是通过买卖的形式，并根据等价交换原则进行的，而作为资本的货币资本的交易则是通过"贷放"的形式，并且是在没有等价物的情况下进行的。对此马克思有这样的说明："在贷出者和借入者之间，不像在买者和卖者之间那样，会发生价值的形式变化，以致这个价值在一个时候以货币形式存在，在另一个时候以商品形式存在。放出的价值和收回的价值的同一性，在这里是以完全不同的方式表现出来的。价值额，货币，在没有等价物的情况下付出去，经过一定时间以后交回来。贷出者总是同一个价值的所有者，即使在这个价值已经从他手里转到借入者手中，也是这样。"② 此外，普通商品的价格是商品价值的货币表现，但利息却不是借贷资本价值的货币表现，而是对这种资本商品的使用价值的报酬。对此马克思强调指出："在这里，资本作为资本是商品，或者说，我们这里所说的商品是资本。因此，这里出现的一切关系，从简单商品的观点来看，或者从那种在再生产过程中作为商品资本执行职能的资本的观点来看，都是不合理的，贷和借（不是卖和买）的区别，在这里是由商品——资本——的特有性质产生的。同样不要忘记，这里支付的，是利息，而不是商品价格。如果我们把利息叫做货币资本的价格，那就是价格的不合理的形式，与商品价格的概念

---

① 马克思恩格斯文集：第7卷．北京：人民出版社，2009：391-392.
② 同①395.

完全相矛盾。在这里，价格已经归结为它的纯粹抽象的和没有内容的形式，它不过是对某个按某种方式执行使用价值职能的东西所支付的一定货币额；而按照价格的概念，价格等于这个使用价值的以货币表现的价值。"①

李译审的第四个错误理解，是认为："在这种交易中，既看不到资本和劳动的对立，也看不到剩余价值的来源。吉尔巴特的对象涉及的仅仅是流通领域，他抓住这个领域中的等价交换的假象，声称这种交易是符合'自然正义'原则的。"李译审这里所说的"这种交易"，指的还是上边讲过的将两类不同的货币资本混为一谈的"货币资本"的交易。就在产业资本循环的过程中用以购买生产资料和劳动力的货币资本而言，说"在这种交易中，既看不到资本和劳动的对立，也看不到剩余价值的来源"是没有任何意义的，因为在产业资本循环的过程中就不存在这种交易。就货币资本家为了取得一定的利息而暂时贷给职能资本家的货币资本而言，说"在这种交易中，既看不到资本和劳动的对立，也看不到剩余价值的来源"虽然不错，但如果只讲到这种程度，那恰恰会忽略马克思对这种交易的特殊本质的揭示："在生息资本上，资本关系取得了它的最表面和最富有拜物教限制的形式。"② 马克思指出："现在，**物**（货币、商品、价值）作为单纯的物已经是资本，资本表现为单纯的物；总再生产过程的结果表现为物自身具有的属性；究竟是把货币作为货币支出，还是把货币作为资本贷出，取决于货币占有者，即处在随时可以进行交换的形式上的商品的占有者。因此，在生息资本上，这个自动的物神，自行增殖的价值，会生出货币的货币，纯粹地表现出来了，并且在这个形式上再也看不到它的起源的任何痕迹了。社会关系最终成为一种物即货币同它自身的关系。"③ 李译审之所以要忽略马克思对生息资本的特殊本质的揭示，而只讲"在这种交易中，既看不到资本和劳动的对立，也看不到剩余价值的来源"，其目的无非是要论证"吉尔巴特的对象涉及的仅仅是流通领域"，并进而论证吉尔巴特抓住的只是"这个领域中的等价交换的假象"，因而他所讲的"自然正义"只是流通领域中的"等价交换"原则。我在前边表明，对于吉尔巴特所讲的"贷放人和借入者之间的交易"，即货币资本家和职能资本家

---

① 马克思恩格斯文集：第7卷．北京：人民出版社，2009：396．
② 同①440．
③ 同①441．

之间的交易，恰恰不能从一般的流通过程，即买和卖来理解，而应从生息资本的特殊运动过程，即贷和借来理解，这样说来，也不能把吉尔巴特所讲的"自然正义"理解为流通领域中的"等价交换"原则，而应理解为他所说的"一个用借款来牟取利润的人，应该把一部分利润付给贷放人"。

李译审的第五个错误理解，是把"论述"所讲的"生产当事人"等同于"原文"所讲的"生产当事人"，此外，他还毫无依据地认为后者"主要指工人、资本家和土地所有者"。李译审在论证中说："而马克思对象中的生产当事人之间的交易则不相同。生产当事人是生产过程的不同职能的承担者。资本主义生产的当事人主要指工人、资本家和土地所有者。"他这里所讲的"资本主义生产的当事人"是指什么？从一方面看，它指的是"论述"所讲的相对于"流通当事人"而言的"生产当事人"，因为李译审这一论证的依据来自"论述"；从另一方面看，它指的又是"原文"所讲的"生产当事人"，因为他这里所说的是"马克思对象中的生产当事人"，即"原文"所讲的"生产当事人"。我在前边已经表明，"论述"所讲的"生产当事人"，指的是相对商业资本家而言的产业资本家。我在《质疑与重译》一文中则详细论证了"原文"所讲的"生产当事人"，指的是吉尔巴特所讲的"贷放人和借入者"，也即货币资本家和职能资本家。所以，李译审将前者等同于后者是错误的。那么李译审所说的"资本主义生产的当事人主要指工人、资本家和土地所有者"其依据来自哪里？其依据显然既不是来自"论述"，也不是来自"原文"，因为无论对它们做何种意义上的理解，从中都得不出"生产当事人"还包括"土地所有者"的结论。就我看到的马克思的相关论述而言，李译审的这种说法是毫无根据的，因为马克思明确赞同将"土地所有者"排除在资本主义生产当事人之外。例如，马克思在《剩余价值学说史》中说过："他——土地私有者——决不是资本主义生产方式所必要的生产当事人，虽然对于资本主义生产方式来说，必须使土地所有权归属于什么人，只要不是属于工人，而是例如属于国家。根据**资本主义生产方式**——不同于封建、古代等生产方式——的本质，把直接参与生产，因而也是直接参与分配所生产的价值以及这个价值所借以实现的产品的阶级，归结为**资本家和雇佣工人**，而把**土地所有者排除在外**（由于那种**不是从资本主义生产方式生长出来**，而是被这种生产方式**继承下来的**对自然力的所有权关系，土地所有者只是事后才参加进来），这丝毫不是李嘉图等人的错误，它倒是资本主义生产方式的恰当的理论表现，表现了这种生产方式的特点。"①

李译审的第六个错误理解，是认为："生产资本的交易则用于购买生产资料和劳动力商品，并使之结合以生产商品和剩余价值。"李译审这里所讲的"生产资本"是指什么？从一方面看，它指的是"论述"所讲的生产资本，因为它直接来自"论述"。从另一方面看，它指的又是与"原文"涉及的"生产当事人"直接相关的资本，因为它是紧接着"资本主义生产的当事人主要指工人、资本家和土地所有者"这句话讲的，而李译审认为"工人、资本家和土地所有者"就是"原文"所讲的"生产当事人"。我在前边表明，"论述"所讲的生产资本是指在产业资本循环中处于生产领域的资本，因而是已变为生产资料和劳动力的资本，在它们之间就不存在什么购买生产资料和劳动力商品的交易。至于李译审用他所讲的"生产资本的交易"意指"原文"涉及的"生产当事人"之间的交易，则更无道理，因为那里的"生产当事人"指的是吉尔巴特所讲的"贷放人和借入者"，也即货币资本家和职能资本家，在他们之间就更不存在什么购买生产资料和劳动力商品的"生产资本的交易"。

李译审的第七个错误理解，是认为："马克思之所以在这里强调他所研究的是生产当事人之间的交易，是因为他不仅研究流通领域，而且还研究生产领域，因为只有这样才能揭示生息资本的运动不过是现实资本运动的最抽象的形式，生息资本不过是一种社会关系或阶级关系，而利息不过是利润的一部分，即从工人那里榨取的一定量的无酬劳动，剩余产品和剩余价值。"李译审此处所说的"马克思之所以在这里强调"中的"在这里"，指的应是在"原文"中，他此处所说的"生产当事人"，指的应是包括"工人、资本家和土地所有者"在内的"生产当事人之间的交易"，如果是这样的话，他的这些理解就都是错误的。首先，马克思在这里所说的"生产当事人"指的只是吉尔巴特所讲的"贷放人和借入者"，也即货币资本家和职能资本家，而不可能是李译审所说的包括"工人、资本家和土地所有者"在内的"生产当事人"，这一点从"原文"及其出现于其中的"生息资本"那一章看得十分清楚。其次，马克思"在这里"既没有研究流通领域，也没有研究生产领域，而只是表明了这样一个问题：吉尔巴特所说的"正义"是用借款来牟取利润的人和贷放人之间进行的前者把一部分利润付给后者的交易的正义性，而这些交易只是从资本主义生产关系中

---

① 马克思恩格斯全集：第26卷Ⅱ．北京：人民出版社，1973：167．

作为自然结果产生出来的，因此，吉尔巴特所说的"正义"根本不是什么"天然正义"。最后，认为不仅研究流通领域，而且还要研究生产领域，"因为只有这样才能揭示生息资本的运动不过是现实资本运动的最抽象的形式"，这种理解也是有问题的，因为仅有对这两个领域的研究还不能揭示生息资本的运动不过是现实资本运动的"最抽象的形式"，要揭示生息资本的这一特殊本质，还要靠对生息资本运动本身做深入分析，马克思之所以要在《资本论》第三卷专辟"生息资本"一章，其原因就在这里。

李译审的第八个错误理解，是认为："在这种交易中，资产阶级的正义只是形式上的，而在实质上是不正义的。"李译审所说的"这种交易"是指什么？无疑指的是他所说的包括"工人、资本家和土地所有者"在内的"生产当事人"在流通领域和生产领域的交易。"工人、资本家和土地所有者"在生产领域有什么交易可言吗？显然没有，因为他们之间的交易只能发生在流通领域。就流通领域而言，能说在他们之间的交易中，"资产阶级的正义只是形式上的，而在实质上是不正义的"吗？显然不能，因为至少在"资本家和土地所有者"的交易中肯定不存在这种情况。那么在"工人和资本家"的交易中，即在劳动力的买卖中存在这种情况吗？也不存在，因为如果按李译审所说，资产阶级的正义指的是遵循等价交换的原则，那么在这种交易中就不存在"正义只是形式上的，而在实质上是不正义的"问题。

李译审在《回应》中一再强调，我的错误从根本上讲就在于"把吉尔巴特的对象和马克思的对象混为一谈"，而且这是我的"一系列环环相扣的推理"[①] 前提。以上表明，就这一问题而言，李译审提出的新论证全都是基于对"论述"和"原文"的错误理解，因而全都不能成立。当然，李译审在《回应》中对马克思原著的误解还有多处，受本文篇幅的限制，我这里就不一一列举了。

（二）

李译审在《回应》中涉及最多并被他视为至关重要的另一个问题，是如何理解马克思的正义思想。他不但认为中央编译局那句译文——"这个

---

① 马克思主义与现实，2011（1）：37.

内容，只要与生产方式相适应，相一致，就是正义的"（这句话的德文原文是"Dieser Inhalt ist gerecht, sobald er der Produktionsweise entspricht, ihr adaquat ist"，我将其重译为"这个内容是正义的，只是在它与生产方式相符合，相适宜时"）不存在误译的问题，而且认为这句译文表达的就是"马克思关于正义的观点"。为了表明他的这些看法是正确的，他引用了马克思、恩格斯在其他地方的几段论述，并根据他对这些论述的理解对这句译文的含义和为什么这句译文表达的就是"马克思关于正义的观点"做了进一步的论证。在我看来，李译审的这些论证也都不能成立。关于中央编译局那句译文存在的误译问题，我在《质疑与重译》中已做了详细的论证，这里就不再赘述了。我这里先对李译审对这句译文含义的新论证做些分析。

李译审在《回应》中说，这句译文中的"这个内容"（Dieser Inhalt），指的是"与法律形式上的经济交易相对应的、现实的生产关系和交换关系，即经济关系"①。这种理解的依据是什么？从李译审的论证来看，他虽然说了"从马克思的理论和上下文来看"②这样的话，但他给出的依据却只有这样一句话："这符合马克思一贯强调的，对经济关系的总和，不是从它们的法律表现上即作为意志关系来把握，而是从它们的现实形态上即作为生产关系来把握的理论观点。"③仅从这句话能推导出李译审的那种理解吗？显然不能！不过，李译审在他这句话的后面还加了一个注释，让我们参见马克思《论蒲鲁东》中的一段话："蒲鲁东实际上所谈的是现存的**现代资产阶级财产**。这种财产是什么？——对于这一问题，只能通过对'**政治经济学**'的批判性分析来回答，这种批判性分析对**财产关系**的总和，不是从它们的**法律**表现上即作为**意志关系**来把握，而是从它们的现实形态上即作为**生产关系**来把握。"④从马克思的这段话能推导出李译审的那种理解吗？显然也不能，因为这段话根本不能表明那句德文原文所讲的"这个内容"意指什么。李译审在《回应》中还给出过其他依据吗？没有！

李译审在《回应》中说："这里的'生产方式'是指劳动者和生产资料结合的方式，是作为介于生产力和生产关系之间从而把它们联系起来的

---

① 马克思主义与现实，2011 (1)：38.
② 同①.
③ 同①38-39.
④ 马克思恩格斯文集：第3卷.北京：人民出版社，2009：18.

一个范畴。"① 他所说的"这里的'生产方式'"，也就是在那句德文原文出现的生产方式（der Produktionsweise）。他这种理解的依据是什么？对此，李译审只给出马克思在《资本论》第三卷第五十一章中所讲的一段话："对资本主义生产方式的科学分析却证明：资本主义生产方式是一种特殊的、具有独特历史规定性的生产方式；它和任何其他一定的生产方式一样，把社会生产力及其发展形式的一个既定的阶段作为自己的历史条件，而这个条件又是一个先行过程的历史结果和产物，并且是新的生产方式由以产生的既定基础；同这种独特的、历史地规定的生产方式相适应的生产关系——即人们在他们的社会生活过程中、在他们的社会生活的生产中所处的各种关系——，具有一种独特的、历史的和暂时的性质"②。从马克思的这段话能推导出李译审的那种理解吗？显然不能。因为正如李译审在《回应》中所说的，"马克思在《资本论》中，经常使用'生产方式'这一概念。不过，在不同场合，'生产方式'具有不同涵义"③，马克思的这段话是在《资本论》第三卷第七篇第五十一章"分配关系和生产关系"中讲的，那句德文原文是在《资本论》第三卷第五篇第二十一章"生息资本"中讲的，它们显然不是出现于同一场合，因此，不能认为前者所讲的生产方式也就是后者所讲的生产方式。李译审在《回应》中还给出过其他依据吗？也没有！

李译审在《回应》中说，这句译文的"正义"指的是"现实的经济关系与生产方式适应性的观念化表现"④。这种理解又是依据什么？在引用了前边提到过的《资本论》第三卷第五十一章中那段话后，李译审紧接着说，马克思在这里阐述了生产关系和社会关系必须与一定的生产方式相适应的历史唯物主义原理，"而马克思的正义理论就是建立在历史唯物主义基础之上的。马克思的正义范畴是现实的经济关系与生产方式适应性的观念化表现"⑤。这两句话能作为李译审那种理解的依据吗？显然不能，因为前一句话所讲的是马克思的正义理论的基础是什么，而没讲马克思的正义理论本身是什么；后一句话虽然讲了马克思的正义范畴是什么，但没有表明这种理解的依据是什么；而且从第一句话根本推导不出第二句话。在

---

① 马克思主义与现实，2011（1）：39.
② 马克思恩格斯文集：第7卷. 北京：人民出版社，2009：994.
③ 马克思主义与现实，2011（1）：39.
④ 同③.
⑤ 同③.

五、正义在马克思的论著中是价值判断而不是事实判断

讲完这两句话之后，李译审接着说，"当然，这种适应性要以生产力的发展作推动力，没有生产力的发展就谈不到正义"①，并引用了马克思和恩格斯在《德意志意识形态》中的一段话作为依据："当人们还不能使自己的吃喝住穿在质和量方面得到充分保证的时候，人们就根本不能获得解放。'解放'是一种历史活动，不是思想活动，'解放'是由历史的关系，是由工业状况、商业状况、农业状况、交往状况促成的 [……]"② 马克思、恩格斯的这段话能作为李译审那种理解的依据吗？显然也不能，因为这段话讲的就不是"正义"问题而是"解放"问题，"解放"怎么能等于"正义"呢？李译审在这段引文后又接着说："马克思关于'正义'的理论命题集中体现了马克思正义观的客观性、辩证性、历史性和真理性的特点，其实践意义在于它指导无产阶级及其政党，站在历史唯物主义的高度，以生产关系和社会关系与生产方式的适应性、一致性为判断标准来审视社会制度的正当性、合理性，进而否定和摧毁阻碍生产力发展的旧制度，寻求符合社会进步和人类自由发展需要的理想制度。"③ 李译审的这些话让人更难以捉摸，因为他的这些话显然不是依据马克思、恩格斯那段关于"解放"的论述，如果不是依据那段论述，那他讲这些话的依据是什么呢？李译审在《回应》中还给出过其他依据吗？也没有！

以上表明，李译审对那句译文"这个内容，只要与生产方式相适应，相一致，就是正义的"含义的新论证，都是不能成立的，因为它们有的是基于李译审自己对马克思、恩格斯一些论述的任意理解，有的则毫无依据。

李译审在《回应》中还坚持认为，中央编译局那句译文——按照李译审的新论证——其含义是，"经济关系"只要与"劳动者和生产资料结合的方式"相适应，相一致，就是正义的，表达的就是"马克思关于正义的观点"。为了表明他的这一理解是正确的，李译审引用了恩格斯在《反杜林论》中的一段话："一切社会变迁和政治变革的终极原因，不应当到人们的头脑中，到人们对永恒的真理和正义的日益增进的认识中去寻找，而应当到生产方式和交换方式的变更中去寻找；不应当到有关时代的**哲学**中去寻找，而应当到有关时代的**经济**中去寻找。对现存社会制度的不合理性

---

① 马克思主义与现实，2011 (1)：39.
② 马克思恩格斯文集：第1卷. 北京：人民出版社，2009：527.
③ 同①.

和不公平、对'理性化为无稽，幸福变成苦痛'的日益觉醒的认识，只是一种征兆，表示在生产方法和交换形式中已经不知不觉地发生了变化，适合于早先的经济条件的社会制度已经不再同这些变化相适应了。同时这还说明，用来消除已经发现的弊病的手段，也必然以或多或少发展了的形式存在于已经发生变化的生产关系本身中。这些手段不应当从头脑中**发明出来**，而应当通过头脑从生产的现成物质事实中**发现出来**。"① 在他看来，恩格斯这段话讲的是："必须从现实的生产力和生产关系之间的矛盾冲突中寻找实现社会正义的终极原因和现实手段。恩格斯的这段论述是对马克思关于'正义'的理论命题的最好注解。"② 李译审的这一理解显然不能成立，因为从恩格斯的这段论述根本推导不出李译审的这种理解。而且在我看来，马克思、恩格斯就不可能主张"必须从现实的生产力和生产关系之间的矛盾冲突中寻找实现社会正义的终极原因和现实手段"，因为他们从不认为存在什么"实现社会正义"的终极原因和现实手段。除了恩格斯的这段话，李译审在《回应》中还给出过其他什么能表明那句译文表达的就是"马克思关于正义的观点"来自马克思和恩格斯的依据吗？没有！

李译审虽然没有给出来自马克思和恩格斯的其他依据，但却给出了一个来自我10年前发表的一篇论文的依据。他在《回应》的最后一节中说道："值得一提的是，'段文'作者在《中国党政干部论坛》2001年第11期发表的《马恩是如何看待剥削的'历史正当性'的》一文中，也对马克思的这段论述作了解读。他写道：'马克思在这里讲的正义，也就是历史正当性。从这段论述可以推出，只有当一种剥削形式还与生产方式相适应时，即还推动生产方式发展时，它才具有历史正当性，反之，就不具有历史正当性。在资本主义生产方式基础上，资本主义剥削就具有正当性，而奴隶制剥削就不具有正当性。由于生产方式不是一成不变的，而是发展变化的，这就决定了任何一种剥削形式都会由同生产方式相适应变为不适应，因而它的历史正当性都只是在一定时期才具有的，因而是暂时的而不是永久的'。'段文'作者的解读指出，马克思的正义概念并不是一个永恒不变的绝对理念，而是一个历史的范畴；判断某一经济关系是否正义的尺度，在于这一经济关系对生产方式是否具有适应性。此外，他当时对'奴隶制'涵义的理解也是正确的，符合《资本论》中文版的相关译法。当

---

① 马克思恩格斯文集：第9卷. 北京：人民出版社，2009：284.
② 马克思主义与现实，2011（1）：39.

然,他在这里谈的是'剥削关系',但'剥削关系'也是一种经济关系,如果他由这种经济关系扩展到考察经济关系的总和,那么,他同我们对马克思这段论述的看法是完全一致的。"①

我不反对李译审以我10年前的那篇论文作为依据,并认为这体现了他在学术问题上的认真态度。不过,我不认为那篇论文能作为李译审论证那段译文表达的就是"马克思关于正义的观点"的依据,因为:第一,李译审对它存在很多错误理解;第二,即使假定李译审对它的理解是正确的,那它也不能作为李译审所说的依据。

李译审对那篇论文的错误理解表现在,我在那篇文章中虽然引用了《资本论》第三卷那段译文,但只是把它作为论证马克思、恩格斯所讲的剥削的"历史正当性"的一个例证来使用的,而绝非像李译审所讲的那样:"'段文'作者的解读指出,马克思的正义概念并不是一个永恒不变的绝对理念,而是一个历史的范畴;判断某一经济关系是否正义的尺度,在于这一经济关系对生产方式是否具有适应性。"我那篇论文从三个方面阐释了马克思、恩格斯的剥削的"历史正当性"思想:第一,在人类社会发展一定历史阶段剥削的存在是不可避免的;第二,剥削在一定历史时期起着推动人类社会发展的作用;第三,人类社会的发展在一定时期要以一部分人的牺牲为代价。在做第二个方面的阐释时,我讲了李译审提到的那段话:"这里需要强调指出,在马克思和恩格斯看来,任何一种剥削形式都只是在一定历史时期才起推动生产力和社会关系发展的作用,而不是在任何时期都起这种作用。这里所说的一定的历史时期,指的是在它同生产方式相适应的时期。马克思在《资本论》第三卷中说过这样一段话:'在这里,同吉尔巴特(见注)一起说什么自然正义,这是荒谬的。生产当事人之间进行的交易的正义性在于:这种交易是从生产关系中作为自然结果产生出来的。这种经济交易作为当事人的意志行为,作为他们的共同意志的表示,作为可以由国家强加给立约双方的契约,表现在法律形式上,这些法律形式作为单纯的形式,是不能决定这个内容本身的。这些形式只是表示这个内容。这个内容,只要与生产方式相适应,相一致,就是正义的;只要与生产方式相矛盾,就是非正义的。在资本主义生产方式的基础上,奴隶制是非正义的;在商品质量上弄虚作假也是非正义的。'马克思这里讲的正义,也就是历史正当性。从这段论述可以推出,只有当一种剥削形

---

① 马克思主义与现实,2011(1):40.

式还与生产方式相适应时,即还推动生产方式的发展时,它才具有历史正当性,反之,就不具有历史正当性。在资本主义生产方式基础上,资本主义剥削方式具有历史正当性,而奴隶制剥削方式就不具有历史正当性。由于生产方式不是一成不变的,而是发展变化的,这就决定了任何一种剥削形式都会由同生产方式相适应变为不适应,因而它的历史正当性都只是在一定时期才具有的,因而是暂时的而不是永恒的。"① 不难看出,我在这段话中虽然引用了《资本论》第三卷那段译文,但我是把它作为表明马克思、恩格斯关于"剥削的历史正当性"思想的例证来引用的,而且我还明确指出:"马克思这里讲的正义,也就是历史正当性。"这里需要指出,我在那篇文章中讲的"历史正当性"源自恩格斯在《法学家社会主义》一文中的一段话:"马克思了解古代奴隶主,中世纪封建主等等的历史必然性,因而了解他们的历史正当性,承认他们在一定限度的历史时期内是人类发展的杠杆;因而马克思也承认剥削,即占有他人劳动产品的暂时的历史正当性"②。其德文原文是"historische Berechtigung",其含义是"历史合理性"。如果说我把《资本论》第三卷那段译文作为表明马克思、恩格斯关于"剥削的历史正当性"思想的例证来引用是错误的,那也只错在我当时没有核对德文原文,因而认为这段译文表达的就是马克思的"剥削的历史正当性"思想。从我的那段话能推导出李译审所说的"'段文'作者的解读指出"的那些东西吗?

我这里愿意给李译审提供一个与他谈的问题密切相关的情况。在我对《资本论》第三卷那段译文提出质疑之前,我不但在《中国党政干部论坛》发表的那篇论文中引用了那段译文并把它作为表明马克思、恩格斯讲的"剥削的历史正当性"的一个例证来使用,而且在后来发表在《河北学刊》2006年第1期的一篇题为《道德公平与社会公平》的论文中也是这样做的。我在这篇论文中讲了这样一段话:"这里需要强调,马克思、恩格斯把资产者断言的分配公平视为社会公平并不是因为资本家的断言,而是因为资本家断言的分配公平与当时社会经济发展规律相一致。由于资产者断言的分配公平与当时社会经济发展规律相一致,即还能起推动社会向前发展的作用,因而尽管它实际上是偏在资本家一边,但它的存在却具有历史的正当性。马克思在《资本论》第三卷中曾讲过一段话:'在这里,同吉尔巴特

---

① 中国党政干部论坛,2001(11):21.
② 马克思恩格斯全集:第21卷. 北京:人民出版社,1965:557-558.

（见注）一起说什么自然正义，这是荒谬的。生产当事人之间进行的交易的正义性在于：这种交易是从生产关系中作为自然结果产生出来的。这种经济交易作为当事人的意志行为，作为他们的共同意志的表示，作为可以由国家强加给立约双方的契约，表现在法律形式上，这些法律形式作为单纯的形式，是不能决定这个内容本身的。这些形式只是表示这个内容。这个内容，只要与生产方式相适应，相一致，就是正义的；只要与生产方式相矛盾，就是非正义的。在资本主义生产方式的基础上，奴隶制是非正义的；在商品质量上弄虚作假也是非正义的。'由此可以推出，资产者断言的分配公平由于与生产方式相适应，因而也是正义的，即具有历史的正当性。"① 不难看出，与在《中国党政干部论坛》发表的那篇论文一样，我在这里引用《资本论》第三卷的那段话，也是把它作为资产者断言的分配，即资本主义剥削在那时还具有"历史正当性"的例证来引用的，而根本不是为了表明马克思的正义思想本身是什么。

这里还需要指出，我在《中国党政干部论坛》那篇文章发表之前，就已开始关注马克思和恩格斯有关公平问题的论述，而公平问题在一定意义上也可以被认为是正义问题，因为马克思、恩格斯德文原著中的"gerecht"即"正义的"概念，在中文版《马克思恩格斯全集》中有时也被译为"公正的"或"公平的"，因此，国内很多学者都把"公正"、"公平"和"正义"作为同一概念来使用。我在发表于《哲学研究》2000年第8期一篇题为《马克思和恩格斯的公平观》的论文中曾明确指出，在马克思和恩格斯的有关论述中，"公平只是一种价值判断"②。我在前边提到的发表在《河北学刊》的那篇论文中还指出：在马克思、恩格斯对当时流行的各种分配公平主张的分析、批判中，他们谈论最多的，同时也是最值得我们重视的，是他们对道德公平和社会公平这两种公平主张的看法；他们所说的道德公平指的是依据一种道德原则提出的分配公平主张，社会公平指的则是与经济发展规律相一致的分配公平主张；道德公平和社会公平虽然都涉及现存的分配关系，但都只是对它的价值判断，而不是对它自身发展规律的科学认识。③ 可见，我一直认为"公平"或"正义"在马克思、恩格斯的论述中指的是一种价值判断，而不是事实判断。说到这里，

---

① 段忠桥. 道德公平与社会公平. 河北学刊，2006 (1)：15-16.
② 哲学研究，2000 (8)：32.
③ 同①12-16.

我要向李译审提一个问题：如果你关注我以前对马克思正义思想的研究，那为什么只关注《中国党政干部论坛》上发表的那篇论文，而忽略我在《哲学研究》和《河北学刊》上发表的那两篇论文呢？后两篇论文更难找到吗？

　　李译审在谈到我那篇发表在《中国党政干部论坛》的文章时还说，我"当时对'奴隶制'涵义的理解也是正确的，符合《资本论》中文版的相关译法"。这种说法也是错误理解，因为只要读一下我那篇文章就不难发现，我讲的奴隶制，指的是在历史上存在过的奴隶制度，而不是在《资本论》第三卷那段德文原文中出现的"Sklaverei"（中央编译局将它译为"奴隶制"，而我将它重译为"奴隶般的劳动"）。此外，我在那篇文章中根本没涉及李译审所说的"奴隶制"的含义问题，因此，我搞不清李译审说的我"当时对'奴隶制'涵义的理解也是正确的"是指什么而言，和他为什么说我的理解符合了"《资本论》中文版的相关译法"。

　　我这里顺便谈一下中央编译局那段译文中的"奴隶制"的译法问题。关于那句德文原文"Sklaverei, auf Basis der kapitalistischen Produktionsweise, ist ungerecht; ebenso der Betrug auf die Qualitat der Ware"中的"Sklaverei"的译法，我在《质疑与重译》中提出应将其译为"奴隶般的劳动"，而不应译为"奴隶制"。因为"Sklaverei"虽然可译为奴隶制，但奴隶制指的是一种社会经济制度，而在资本主义生产方式基础上根本就不可能存在奴隶制，因此，说"在资本主义生产方式的基础上，奴隶制是非正义的"，这话本身就讲不通。而"奴隶般的劳动"，即把劳动者当作奴隶使用，却是资本主义时代，特别是在马克思生活的那个时期依然存在的现象。此外，"Sklaverei"在这里是与接下来的那句话"der Betrug auf die Qualitat der Ware"（在商品质量上弄虚作假）相对应的，它指的也应是资本主义社会存在的一种具体情况，因此，应将其译为"奴隶般的劳动"而不应译为"奴隶制"。李译审在《回应》则认为："德文'Sklaverei'译为'奴隶制'是完全正确的，译作'奴隶般的劳动'则离原文太远。马克思在《哥达纲领批判》中的确说过'雇佣劳动制度是奴隶制度'，但是这里的奴隶制并不是指雇佣劳动制，而是指本来意义的奴隶制，但也包括那种在资本主义生产方式占统治地位的情况下，与之并存的、作为先前生产方式残余而存在的奴隶制，例如美国南北战争时期，南部蓄奴州的奴隶制。马克思这句话的意思是说，奴隶制与资本主义生产方式是不相适应的，因而是非正义的。马克思在其他场合也表达过类似的思想。例如他说过：

'希腊人和罗马人的公平认为奴隶制度是公平的；1789年资产者的公平要求废除封建制度，因为据说它不公平。'"① 李译审的这些理解根本不能成立。第一，马克思在《哥达纲领批判》中的那段话根本没有李译审所讲的那种意思。马克思那段话是这样讲的："整个资本主义生产体系的中心问题，就是用延长劳动日，或者提高生产率，增强劳动力的紧张程度等等办法，来增加这个无偿劳动；因此，雇佣劳动制度是奴隶制度，而且劳动的社会生产力越发展，这种奴隶制度就越残酷，不管工人得到的报酬较好或较坏。"② 从这段话不难看出，"奴隶制度"在这里指的是资本主义雇佣劳动制所具有的类似奴隶制度的那种特征，而不是李译审所说的"本来意义的奴隶制"，更不是"也包括那种在资本主义生产方式占统治地位的情况下，与之并存的、作为先前生产方式残余而存在的奴隶制，例如美国南北战争时期，南部蓄奴州的奴隶制"。第二，李译审说："马克思在其他场合也表达过类似的思想。例如他说过：'希腊人和罗马人的公平认为奴隶制度是公平的；1789年资产者的公平要求废除封建制度，因为据说它不公平。'"这更是明显的错误，因为这段话并不是马克思说的，而是恩格斯在《论住宅问题》一书中说的。恩格斯在《论住宅问题》中讲的那段话的全文是："希腊人和罗马人的公平认为奴隶制度是公平的；1789年资产者的公平要求废除封建制度，因为据说它不公平。在普鲁士的容克看来，甚至可怜的专区法也是对永恒公平破坏。所以，关于永恒公平的观念不仅因时因地而变，甚至也因人而异，这种东西正如米尔伯格正确说过的那样，'一个人有一个人理解'。"③ 当然，将恩格斯的话误以为是马克思的话也许是李译审的一个小小的失误，但即使把恩格斯的这段话作为依据，那也得不出李译审的那些理解。第三，马克思在《哥达纲领批判》中讲的"奴隶制度"是就资本主义生产体系用"延长劳动日，或者提高生产率，增强劳动的紧张程度等等办法，来增加这个无偿劳动"而言，恩格斯在《论住宅问题》中讲的奴隶制度是指"希腊人和罗马人认为公平的奴隶制度"，而李译审却以这两段话中出现的"奴隶制度"作为理解《资本论》第三卷那段德文原文中的"Sklaverei"的依据，由此来说，他的那些理解还能成立吗？

---

① 马克思主义与现实，2011 (1)：37-38.
② 马克思恩格斯文集：第3卷. 北京：人民出版社，2009：441.
③ 同②323.

我接下来要谈的是，即使假定李译审对我在《中国党政干部论坛》上发表的那篇论文的理解是正确的，那它也不能作为李译审所说的依据。李译审之所以要特别谈到我的那篇论文，其目的无非是要表明我现在的观点同以前的观点存在矛盾，因而缺少可信性。但在我看来，不要说我在那篇论文中只是把《资本论》第三卷那段译文作为表明马克思、恩格斯关于"剥削的历史正当性"思想的例证来引用，即使像李译审所理解的那样——我把它解读为"马克思的正义概念并不是一个永恒不变的绝对理念，而是一个历史的范畴；判断某一经济关系是否正义的尺度，在于这一经济关系对生产方式是否具有适应性"，那由此也得不出我现在的观点就缺少可信性的结论。因为道理很简单，人们的认识不是一成不变的，而是发展变化的，人们以前认为是正确的东西，现在可能认为是不正确的，这符合人的认识的发展规律。以中央编译局自己的译文为例，新版的《马克思恩格斯文集》就对原来的译文有很多处修改，我们能因此就认为它缺少可信性吗？

我虽然从事马克思主义研究已有 30 多年，但很少对中央编译局的译文产生疑问并因而去核对原文。这是因为，一则我认为中央编译局的译文已经过那么多专家学者的反复推敲，因而一般说来不会存在什么问题；二则我的学术功底还没有达到能直接熟练阅读德文原文的程度，因而也做不到在每次引用译文时都去核对德文原文。所以，我在写作中通常是直接引用中央编译局译的《马克思恩格斯全集》或《马克思恩格斯选集》。不过，我曾有过两次对中央编译局译文产生疑问并核对德文原文的情况。一次是我在 1994 年写作博士论文时发现，中央编译局 1972 年版的《马克思恩格斯选集》第 1 卷第 38 页中的一句话——"预定要消灭整个旧的社会形态和一切统治"——中的"社会形态"概念，在上下文中存在逻辑问题，为此我核对了德文原文，认为应将其译为"社会形式"。我在发表于《教学与研究》1995 年第 2 期的一篇题为《对马克思社会形态概念的再考察》的论文中曾指出这一问题。① 不过，我后来发现，在中央编译局 1995 年 6 月出版的《马克思恩格斯选集》第 2 版第 1 卷第 84 页中，那句话中的"社会形态"已改译为"社会形式"。另一次是看到俞吾金教授在一篇批评我的文章中提出，我误解了马克思在《德意志意识形态》"费尔巴哈"章中一段重要的论述，而这种误解的发生是因为中央编译局的译文"没有把

---

① 教学与研究，1995（2）：63.

五、正义在马克思的论著中是价值判断而不是事实判断

一些起重要作用的定冠词和不定冠词的含义翻译出来,从而造成了译文中一些概念在指称上的含混性"。俞吾金教授的批评使我对这段译文产生了疑问,为此,我认真地核对了这段论述的德文原文,但我的结论是中央编译局那段译文是正确的,俞吾金教授的说法不能成立。我的这一意见后来发表在《学术月刊》2010年第2期一篇题为《历史唯物主义:"哲学"还是"真正的实证科学"——答俞吾金教授》的论文中。① 我这次对《资本论》第三卷那段译文产生疑问是在2010年春天。那年10月要在中国人民大学召开"第十届马克思哲学论坛",人大哲学院交给我的任务是提交一篇有关马克思主义正义思想的论文。尽管此前我对马克思、恩格斯有关公平的论述有过一些研究,也发表过几篇论文,但真正系统全面地研究马克思、恩格斯的正义思想却是从这时开始。我在此时的研究中发现,在我看到的马克思、恩格斯有关正义的所有论述中,正义除了在《资本论》第三卷那段译文中是一种事实判断以外,在他们的其他论著中都是价值判断。这是为什么?是马克思本人的思想自相矛盾,还是这段译文有问题?带着这个问题,我核对了那段译文的德文原文,并同时核对了那段德文原文的英译文,结果发现,问题出在中央编译局的译文上。为此,我写了《质疑与重译》一文。我在《中国党政干部论坛》以及《河北学刊》上发表的那两篇文章虽然错误地把《资本论》第三卷那段译文作为表明马克思、恩格斯有关"剥削的历史正当性"思想的例证来引用,但由此能认为我后来对这段译文提出的质疑就缺少可信性吗?进而言之,我在《中国党政干部论坛》上发表的那篇文章,能作为李译审的意见,即"经济关系"只要与"劳动者和生产资料结合的方式"相适应,相一致,就是正义的,表达的就是"马克思关于正义的观点"的论据吗?

以上是我对李译审在《回应》中涉及最多并被他视为至关重要的两个问题所做的应答。在本文的最后我还要重申一下我在《质疑与重译》一文提出的一个看法,即我对中央编译局那段译文的质疑实际上涉及一个更具根本性的问题:正义在马克思的论著中是一种价值判断还是一种事实判断。从我读过的马克思有关正义问题的论著来看,正义在马克思的论著中只是一种价值判断,换句话说,不同的社会集团对什么是正义往往持有不同的甚至相反的看法。而中央编译局的译文却含有正义在马克思那里是一种事实判断的意思:只要与生产方式相适应,相一致,就是正义的;只要

---

① 学术月刊,2010(2):18-19.

与生产方式相矛盾,就是非正义的。这一更具根本性的问题是我们当前研究马克思正义思想必须予以解决的问题,这是我为什么对中央编译局的那段译文提出质疑的原因,也是我为什么对李译审的《回应》做出应答的原因。

六、当前中国的贫富差距为什么是不正义的？
——基于马克思《哥达纲领批判》的相关论述

进入21世纪以来，随着贫富差距拉大[①]在我国社会生活中日益凸显，贫富差距是否正义不但已成为上至政府、下至百姓经常谈论的话题，而且也成为学术界关注的热点论题。然而，翻阅近期的相关论著就不难发现，对当前中国的贫富差距是否正义做深入探讨的多是从事西方经济学和西方哲学研究的学者，特别是从事当代西方政治哲学研究的学者[②]，而少有从事马克思主义研究的学者。马克思主义研究的一个重要使命是指导社会实践，贫富差距无疑是当今中国面临的重大现实问题，那么，为什么我国从事马克思主义研究的学者在这一问题上却出现了集体失语的情况？本文试图揭示导致这一情况的两个主要原因，并进而依据马克思在《哥达纲领批判》中有关按劳分配的论述，对当前中国存在的贫富差距为什么是不正义的提出一种新论证。

（一）

在我看来，导致上述失语情况的一个主要原因，是一些人对马克思有

[①] 数据显示，我国收入最高的10%群体和收入最低的10%群体的收入差距，已经从1988年的7.3倍上升到2007年的23倍。(中国贫富差距正在逼近社会容忍红线. 经济参考报，2010-05-10)

[②] 例如，早在2004年，姚洋就主编了一本题为《转轨中国：审视社会公正和平等》（北京：中国人民大学出版社，2004）的论文集，论文的撰写者主要是韩水法、邓正来、林毅夫、樊纲、张曙光等人；姚大志教授在《哲学研究》2011年第3期发表的《分配正义：从弱势群体的观点看》一文，针对当前我国存在的"严重的不平等，贫富差距过大"问题，提出并论证了一种意在解决这一问题的分配正义主张；2011年9月出版的《看懂中国贫富差距》（北京：机械工业出版社，2011）一书，其作者徐滇庆、李昕也都是西方经济学方面的专家。

关正义的主张存在错误理解,尤其是下述两种错误理解。

一种错误理解是,认为马克思本人拒斥、批判正义。这种错误理解在我国传统的马克思主义教科书中虽早有体现①,但对其给出较为充分论证的是华南师范大学的林进平教授。他早在 2005 年与徐俊忠合写的论文《历史唯物主义视野中的正义观——兼谈马克思何以拒斥、批判正义》中就明确提出:"一般而言,正义都会被当作具有积极意义或者说是某种体现为善的价值理想。然而正义在马克思成熟时期的作品中,却有着与这种流行观点几乎不同的境遇:正义并不是马克思诉求的对象,而是马克思拒斥、批判的对象。"② 在 2009 年出版的《马克思的"正义"解读》一书中他又论证说:"马克思为何拒斥、批判正义?这一问题如果单从理论角度考虑,当然可以认为是正义论存在着局限或缺陷,才使得马克思拒斥、批判正义。一种有缺陷甚至是错误的理论假如只是停留在理论之中,或封闭在个人的私人领域,对现实没有作用的话,也可以不必理会。但是,正义论者却是试图把他们的正义观念运用在具体的社会实践上。"③ 如果他的这些理解是正确的,那么,我国从事马克思主义研究的学者自然就无须回应贫富差距是否正义的问题了。然而,林进平的这种理解是不正确的。

首先,从正义这一概念本身的含义来看,说马克思拒斥、批判正义在逻辑上是难以成立的。什么是正义?按照学术界的通常理解,正义的含义是"给每个人以其应得"。对此,牛津大学的 G. A. 科恩教授在《拯救正义与平等》一书中讲过这样一段话:"但如果因为我的一些批评者坚持要求我必须仅以通常的话语说出我认为正义是什么,那对这些对此将感到满足的人来讲,我就给出正义是给每个人以其应得这一古老的格言。"④ 牛津大学的戴维·米勒教授对正义概念的理解与科恩大体相同:"在断定每一种关系模式具有其独特的正义原则时,我诉诸读者对我们所谓正义的

---

① 传统的马克思主义教科书往往只提及马克思、恩格斯对各种资产阶级、小资产阶级的正义观念的批判,而从不谈及他们自己的正义观念。
② 林进平,徐俊忠. 历史唯物主义视野中的正义观——兼谈马克思何以拒斥、批判正义. 学术研究, 2005 (7): 56.
③ 林进平. 马克思的"正义"解读. 北京: 社会科学文献出版社, 2009: 135.
④ 不过,科恩接着补充说:"但就我而言,我对这一格言并不完全满意,因为仅就它本身来讲,这一格言与两种相互对立的有关正义和什么是人们应得的关系的观点的每一个都相容。根据这两种观点中的一个,正义的观念是由人民应得什么的信念而形成的;根据另一种观点,有关什么是人们应得的信念在于来自最后阶段的(独立的可确认的)关于正义的信念。"(G. A. Cohen. Rescuing Justice and Equality. Cambridge, Mass: Harvard University Press, 2008: 7)

'语法'的理解。依照查士丁尼的经典定义，作为一种一般意义上的德性的正义乃是'给予每个人应有的部分这种坚定而恒久的愿望'。这一箴言表明，存在着 A 将会给予 B 的待遇的某些模式以及他将会给予 C 的某些其他的模式（也许一样，也许不同），依此类推。正义意味着以适合于每个个体自己的方式对待每个人。它也意味着待遇是某种 B、C、D 等等应有的东西——换句话说，某种他们能够正当地要求的东西和 A 归属给他们的东西。"① 著名伦理学家麦金泰尔也持有与科恩同样的看法："正义是给予每个人——包括他自己——他所应得的东西以及不以与他们的应得不相容的方式对待他们的一种安排。"② 由于正义概念本身的含义是"给每个人以其应得"，因此，从逻辑上讲，任何人都不会拒斥和批判正义。当然，对于与正义密切相关的"应得"意指什么，处于不同历史时期的不同阶级或社会集团的人们，往往持有不同的甚至截然相反的看法，尽管如此，却没有一个阶级或社会集团的人们会反对"给每个人以其应得"的正义本身，相反，他们都把正义作为维护自身利益的口号。如果正义这一概念的含义就是"给每个人以其应得"，那么，说马克思拒斥、批判正义在逻辑上显然就是不能成立的，因为马克思怎么会拒斥、批判"给每个人以其应得"呢？

其次，从马克思为国际工人协会起草的《协会临时章程》来看，他明确肯定了无产阶级的正义要求。依据马克思以及恩格斯的相关论述，正义是人们对现存分配关系与他们自身利益关系的一种价值判断。由于原始社会解体后出现了在生产关系中处于不同地位的阶级或社会集团，而同一生产关系又往往为它们带来不同的利益，因此，不同地位的阶级或社会集团总会从自身利益出发提出各自的正义要求。在资本主义社会中，虽然资产阶级的正义要求占据主导地位，但无产阶级也有自己的正义要求。正因为如此，马克思在 1864 年为国际工人协会起草的《协会临时章程》中写道："这个国际协会以及加入协会的一切团体和个人，承认真理、正义和道德是他们彼此间和对一切人的关系的基础，而不分肤色、信仰或民族。"③ 七年之后，他在《国际工人协会共同章程》中又重申："加入协会的一切团体和个人，承认真理、正义和道德是他们彼此间和对一切人的关系的基础，而不分肤色、信仰或民族"④。在这个问题上恩格斯同马克思一样，

---

① 戴维·米勒. 社会正义原则. 南京：江苏人民出版社，2008：39-40.
② A. MacIntyre. Whose Justice? Which Rationality? London: Duckworth, 1988: 39.
③ 马克思恩格斯全集：第 16 卷. 北京：人民出版社，1964：16.
④ 马克思恩格斯全集：第 17 卷. 北京：人民出版社，1963：476.

也明确肯定了无产阶级的正义要求。1887 年 6 月，他在《英国北方社会主义联盟纲领的修正》中写道："现今的制度使寄生虫安逸和奢侈，让工人劳动和贫困，并且使所有的人退化；这种制度按其实质来说是不公正的，是应该被消灭的。**现在，劳动生产率提高到了这样的程度，以致市场的任何扩大都吸收不了那种过多的产品，因此生活资料和福利资料的丰富本身成了工商业停滞、失业、从而千百万劳动者贫困的原因，既然如此，这种制度就是可以被消灭的。**我们的目的是要建立社会主义制度，这种制度将给所有的人提供健康而有益的工作，给所有的人提供充裕的物质生活和闲暇时间，给所有的人提供真正的充分的自由。请所有的人在这个伟大的事业中给予社会主义联盟以协助。赞同者应该承认他们彼此之间以及他们同所有的人之间的关系的基础是真理、正义和道德。他们应该承认：**没有无义务的权利，也没有无权利的义务。**"① 如果马克思以及恩格斯都明确肯定无产阶级也有自己的正义要求，那么说马克思拒斥、批判正义就是不能成立的。

最后，马克思虽然严厉批判过工人运动中出现的错误的正义要求，但也高度评价过工人阶级的正确的正义要求。针对当时工人运动中一度流行的"做一天公平的工作，得一天公平的工资"的口号，马克思指出："他们应当屏弃'**做一天公平的工作，得一天公平的工资！**'这种保守的格言，要在自己的旗帜上写上**革命**的口号：'**消灭雇佣劳动制度！**'"② 可见，由此得不出马克思拒斥、批判工人阶级的任何正义要求的结论，因为仔细研究一下就不难看出，马克思这里批评的只是那种无视所有制关系的改变，从而把工人阶级的斗争只局限在分配领域的口号。实际上，马克思曾高度赞扬过工人阶级超出分配的局限而直指所有制关系的正义要求。例如，他在分析劳动和资本的关系时明确指出："认识到产品是劳动能力自己的产品，并断定劳动同自己的实现条件的分离是不公平的、强制的，这是了不起的觉悟，这种觉悟是以资本为基础的生产方式的产物，而且也正是为这种生产方式送葬的丧钟，就象当奴隶觉悟到他**不能作第三者的财产**，觉悟到他是一个人的时候，奴隶制度就只能人为地苟延残喘，而不能继续作为生产的基础一样。"③ 从马克思的这段话能得出他拒斥、批判正义的结论

---

① 马克思恩格斯全集：第 21 卷. 北京：人民出版社，1965；570.
② 马克思恩格斯选集：第 2 卷. 北京：人民出版社，1995；97.
③ 马克思恩格斯全集：第 30 卷. 北京：人民出版社，1995；455.

吗？显然不能！

另一种错误理解是，认为马克思主张只要与生产方式相适应、相一致就是正义的，只要与生产方式相矛盾就是非正义的。按照这种理解，正义在马克思那里不是一种价值判断，而是一种事实判断，即判断正义与非正义的依据只在于与生产方式相一致还是相矛盾。如果马克思真是这样主张的，那么我国从事马克思主义研究的学者也无须回应贫富差距是否正义的问题，因为这一问题只与价值判断相关，而与事实判断无关。但这种理解也是不正确的。

首先，这种理解的文本依据来自被误译的马克思的原文，即中央编译局翻译的马克思在《资本论》第三卷第二十一章"生息资本"中的一段话：

> 在这里，同吉尔巴特一起（见注）说什么自然正义，这是荒谬的。生产当事人之间进行的交易的正义性在于：这种交易是从生产关系中作为自然结果产生出来的。这种经济交易作为当事人的意志行为，作为他们的共同意志的表示，作为可以由国家强加给立约双方的契约，表现在法律形式上，这些法律形式作为单纯的形式，是不能决定这个内容本身的。这些形式只是表示这个内容。这个内容，只要与生产方式相适应，相一致，就是正义的；只要与生产方式相矛盾，就是非正义的。在资本主义生产方式的基础上，奴隶制是非正义的；在商品质量上弄虚作假也是非正义的。（注释：一个借钱为了获取利润的人，应该把利润的一部分给予贷出者，这是一个不言而喻的合乎自然正义的原则。）

对于这段译文存在的误译的问题，我曾在一篇论文[①]中做过详细的论证。受篇幅限制，这里只给出我重译的译文，并简要指出它与中央编译局的译文的区别。我重译的译文是：

> 在这里，像吉尔巴特那样（见注）说什么天然正义是荒谬的。这种生产当事人之间进行的交易的正义性基于这一事实：这些交易是从生产关系中作为自然结果产生出来的。这些经济交易作为当事人的意志行为，作为他们的共同意志的表示，作为可以由国家强加给立约双

---

① 段忠桥. 马克思认为"与生产方式相适应，相一致就是正义的"吗？——对中央编译局《资本论》第三卷一段译文的质疑与重译. 马克思主义与现实，2010（6）.

方的契约,表现在法律形式上,这些法律形式作为单纯的形式,是不能决定这个内容本身的。这些形式只是表示这个内容。这个内容是正义的,只是在它与生产方式相符合,相适宜时;这个内容是非正义的,只是在它与生产方式相矛盾时。基于资本主义生产方式的奴隶般的劳动是非正义的,在商品质量上弄虚作假也是非正义的。(注释:一个用借款来牟取利润的人,应该把一部分利润付给贷放人,这是不证自明的天然正义的原则。)

我的译文与中央编译局的译文之间的区别,主要体现在马克思是如何批判吉尔巴特所说的"天然正义"这一问题上。我的译文表明,马克思指出并论证了吉尔巴特所说的"正义"是在用借款来牟取利润的人和贷放人之间进行的前者把一部分利润付给后者的交易的正义性,而这些交易只是从资本主义生产关系中作为自然结果产生出来的,因此,吉尔巴特所说的"正义"根本不是什么"天然正义"。中央编译局的译文则让人只能做这样的理解:马克思在批判吉尔巴特的"天然正义"时还提出了自己的正义观点:只要与生产方式相适应,相一致就是正义的,只要与生产方式相矛盾就是非正义的。如果中央编译局的译文确实存在误译问题,那上述错误理解实际上也就失去了文本依据。

其次,这种理解与马克思以及恩格斯涉及正义问题的其他论述存在明显的矛盾。马克思、恩格斯在其著作中曾多次谈到正义问题,但除了上面给出的中央编译局的那段译文外,他们都把正义视为一种价值判断,即不同阶级或社会集团的人们对于什么是正义的往往持有不同的看法。马克思在《哥达纲领批判》中谈到拉萨尔主张的"公平的分配"时说道:"什么是'公平的'分配呢?难道资产者不是断言今天的分配是'公平的'吗?……难道各种社会主义宗派分子关于'公平的'分配不是也有各种极不相同的观念吗?"[①] 恩格斯在批判蒲鲁东的法权观时也指出:"希腊人和罗马人的公平观认为奴隶制度是公平的;1789年资产者阶级的公平观则要求废除被宣布为不公平的封建制度。在普鲁士的容克看来,甚至可怜的专区法也是破坏永恒公平的。所以,关于永恒公平的观念不仅是因时因地而变,甚至也因人而异,它是如米尔伯格正确说过的那样'一个人有一个理解'。"[②] 这些论述表明,正义在马克思和恩格斯那里是一种价值判断,

---

① 马克思恩格斯选集:第3卷.北京:人民出版社,1995:302.
② 马克思恩格斯全集:第18卷.北京:人民出版社,1964:310.

而不是一种事实判断。这样说来，如果认为马克思、恩格斯在对正义概念的使用上是一以贯之的，那认为马克思还主张"只要与生产方式相适应，相一致，就是正义的；只要与生产方式相矛盾，就是非正义的"在逻辑上就是自相矛盾的。

最后，这种理解混淆了"正义"与"历史正当性"的不同含义。马克思在批评当时工人运动中流行的"做一天公平的工作，得一天公平的工资"的口号时强调指出："在雇佣劳动制度的基础上要求**平等的或仅仅是公平的报酬**，就犹如在奴隶制的基础上要求**自由**一样。你们认为公道和公平的东西，与问题毫无关系。问题就在于：一定的生产制度所必需的和不可避免的东西是什么？"① 这里所讲的"你们认为公道和公平的东西"，是与正义相关的东西，而"一定的生产制度所必需的和不可避免的东西"则是与"历史的正当性"相关的东西。关于"历史的正当性"，恩格斯在谈到马克思对剥削的看法时有一段极为明确的论述："马克思了解古代奴隶主、中世纪封建主等等的历史必然性，因而了解他们的历史正当性，承认他们在一定限度的历史时期内是人类发展的杠杆；因而马克思也承认剥削，即占有他人劳动产品的暂时的历史正当性"②。这里所讲的剥削的"历史正当性"也就是指剥削的历史必然性，即剥削在人类社会一定历史时期是不可避免的，并且还是推动这一时期历史发展的动力。由此不难看出，认为马克思主张"只要与生产方式相适应，相一致，就是正义的；只要与生产方式相矛盾，就是非正义的"，其错误就在于将作为价值判断的"正义"等同于作为事实判断的"历史正当性"了。

（二）

在我看来，导致上述失语情况的另一主要原因，是一些人还未摆脱马克思的剥削不正义的观念的束缚。剥削在马克思的论著中是一个多次出现的重要概念，从他的相关论述来看，这一概念具有两种不同的含义。

其一是指资本家对工人劳动的无偿占有。对此，马克思在《工资、价格和利润》中讲过这样一段话："假定**预付在工资上**的资本为 100 英镑。

---

① 马克思恩格斯选集：第 2 卷. 北京：人民出版社, 1995：76.
② 马克思恩格斯全集：第 21 卷. 北京：人民出版社, 1965：557-558.

如果所创造出的剩余价值也是 100 英镑，那就表明这个人的工作日一半是**无偿劳动**……我们就可以说，**利润率**等于 100%……如果我们不是只看到**预付在工资上的资本**，而是看**全部预付的资本**，即假定为 500 英镑，其中有 400 英镑代表原料、机器等等的价值，那末我们就看到，**利润率**只等于 20%……前一种表示利润率的方式，是表明有偿劳动和无偿劳动间的实在对比关系，即对劳动进行 exploitation〔剥削〕（请允许我用这个法文字）的实在程度的唯一方式；后一种表示方式是通常习惯用的，并且它确实也适用于某几种目的，至少是非常便于掩饰资本家榨取工人无偿劳动的程度。"① 马克思的这段话表明，资本家对工人的剥削就是对工人劳动的无偿占有。剥削不仅体现在资本家对工人劳动的无偿占有上，还体现在奴隶主对奴隶劳动和封建主对农奴劳动的无偿占有上，对此，恩格斯明确指出："现代资本家，也像奴隶主或剥削农奴劳动的封建主一样，是靠占有他人无偿劳动发财致富的，而所有这些剥削形式彼此不同的地方只在于占有这种无偿劳动的方式有所不同罢了。"②

其二是指资本家对工人劳动的无偿占有是不正义的。马克思还常常把资本家对工人的剥削，即对工人劳动的无偿占有，说成是对工人的"抢劫"和"盗窃"。在《经济学手稿（1857—1858 年）》中，他明确指出**"现今财富的基础是盗窃他人的劳动时间"**③。在《资本论》第一卷中，他把剩余产品称作"资本家阶级每年从工人阶级那里夺取的贡品"④，把逐年都在增长的剩余产品说成是"从英国工人那里不付等价物而窃取的"⑤，把资本家无偿占有的剩余价值视为"从工人那里掠夺来的赃物"⑥。对此，科恩教授曾做过这样的分析：马克思认为资本主义剥削是资本家对工人的"盗窃"，而"盗窃是不正当地拿了属于他者的东西，盗窃是做不正义的事情，而基于'盗窃'的体系就是基于不正义"⑦。他进而指出，你能从某人那里盗窃的只能是完全属于那个人的东西，这样说来，马克思对资本主义剥削是不正义的谴责就"暗示着工人是他自己的劳动时间的正当的所有者"⑧。在我

---

① 马克思恩格斯选集：第 16 卷. 北京：人民出版社，1964：154.
② 马克思恩格斯全集：第 19 卷. 北京：人民出版社，1963：125.
③ 马克思恩格斯全集：第 46 卷下. 北京：人民出版社，1980：218.
④ 资本论：第一卷. 北京：人民出版社，1975：638.
⑤ 同④671.
⑥ 同④654.
⑦ 李惠斌，李义天. 马克思与正义理论. 北京：中国人民大学出版社，2010：158.
⑧ G. A. Cohen. Self-Ownership, Freedom, and Equality. Cambridge University Press，1995：146.

看来，科恩的分析是有道理的。因此，剥削在马克思那里的第二种含义是资本家对工人劳动的无偿占有是不正义的，而其之所以不正义，说到底是因为资本家无偿占有了本应属于工人自己的劳动。

对于剥削的第一种含义可能没人会提出质疑，因为马克思对其有过大量明确的论述。对于剥削的第二种含义却有不少人提出质疑，其中一种质疑认为：尽管马克思在一些地方确实把资本家对工人的剥削说成是对工人的"抢劫"和"盗窃"，但由此却得不出他认为剥削是不正义的结论，因为他从未明确讲过剥削是不正义的。[1] 对于这一质疑，西方一些学者已做出各种不同的回应。[2] 在这里，我要提出一个反对这种质疑的新论据，这就是恩格斯在1884年为马克思《哲学的贫困》一书所写的德文版序言中的一段话：

> 李嘉图理论的上述应用，——认为全部社会产品，即**工人的**产品属于唯一的、真正的生产者，即工人，——直接引导到共产主义。但是，马克思在上述的地方也指出，这种应用在经济学的形式上是错误的，因为这只不过是把道德运用于经济学而已。按照资产阶级经济学的规律，产品的绝大部分**不是**属于生产这些产品的工人。如果我们说：这是不公平的，不应该这样，那末这句话同经济学没有什么直接的关系。我们不过是说，这些经济事实同我们的道德感有矛盾。所以马克思从来不把他的共产主义要求建立在这样的基础上，而是建立在资本主义生产方式的必然的、我们眼见一天甚于一天的崩溃上；他只说了剩余价值由无酬劳动构成这个简单的事实。但是，在经济学的形式上是错误的东西，在世界历史上却可以是正确的。如果群众的道德意识宣布某一经济事实，如当年的奴隶制或徭役制，是不公正的，这就证明这一经济事实本身已经过时，其他经济事实已经出现，因而原来的事实已经变得不能忍受和不能维持了。因而，在经济学的形式的谬误后面，可能隐藏着非常真实的经济内容。[3]

恩格斯这里所讲的"李嘉图理论的上述应用，——认为全部社会产品，即**工人的**产品属于唯一的、真正的生产者，即工人，——直接引导到共产主义"，是指当时社会主义者的通常做法。对此，恩格斯解释说："现

---

[1] 李惠斌，李义天. 马克思与正义理论. 北京：中国人民大学出版社，2010：169-173.
[2] 诺曼·杰拉斯. 马克思主义与正义. 北京：中国人民大学出版社，2010：177-179.
[3] 马克思恩格斯全集：第21卷. 北京：人民出版社，1965：209.

代社会主义,不论哪一派,只要从资产阶级政治经济学出发,几乎没有例外地都同李嘉图的价值理论相衔接。李嘉图在1817年他的'原理'中,一开头就提出两个原理:第一,任何商品的价值仅仅取决于生产这个商品所需要的劳动量,第二,全部社会劳动的产品分配于土地所有者(地租)、资本家(利润)和工人(工资)这三个阶级之间。在英国,早在1821年,就已经从这两个原理中做出了社会主义的结论,并且有一部分提得这样尖锐和这样果断,使得那些现在几乎完全被忘记了的、很大一部分靠马克思才再次发现的文献,在'资本论'出版以前,一直是不可超越的东西。"①说得再具体一点就是,对于李嘉图的商品的价值决定于劳动时间的原理,一些资产阶级经济学家提出了这样的非难:"如果一个产品的交换价值等于它所包含的劳动时间,一个劳动日的交换价值就等于一个劳动日的产品。换句话说,工资应当等于劳动的产品。但是实际情形恰好相反。"②这些资产阶级经济学家对李嘉图的这种非难后来被社会主义者抓住了。"他们假定这个公式在理论上是正确的,责备实际与理论相矛盾,要求资产阶级社会在实践中贯彻它的理论原则的臆想的结论。英国的社会主义者至少就是这样把李嘉图的交换价值公式倒转过来反对政治经济学。"③

从恩格斯的这段话不难看出,马克思和恩格斯说资本主义剥削"是不公平的,不应该这样",是基于"认为全部社会产品,即**工人的**产品属于唯一的、真正的生产者,即工人"这样一种道德意识,这种应用在经济学的形式上是错误的,因为这只不过是把道德运用于经济学而已。马克思以及恩格斯从来不把他们的共产主义要求建立在这样的基础上,而是建立在由经济学揭示的资本主义生产方式的必然的崩溃上。但是,道德意识不是没有任何意义的,因为"在经济学的形式的谬误后面,可能隐藏着非常真实的经济内容"。由此可以推断:虽然马克思、恩格斯反对当时的社会主义者把道德运用于经济学的做法,但他们并不反对后者的道德意识本身,并且认为这种道德意识是有意义的,进而言之,马克思、恩格斯同当时的社会主义者一样,也认为资本主义剥削是不公平的,其理由也是"产品应当属于真正的生产者"。从这段话还可以推断,马克思、恩格斯之所以不谈剥削是不正义的以及为什么是不正义的问题,首先是因为,当时的社会

---

① 马克思恩格斯全集:第21卷.北京:人民出版社,1965:206.
② 马克思恩格斯全集:第13卷.北京:人民出版社,1962:52.
③ 同②.

主义者已多次谈过这一问题，而他们认同这些看法；其次还因为，他们认为共产主义的实现不是基于某种道德意识，而是基于历史发展的客观必然性，因而不能只停留在对资本主义剥削的道德谴责上，而应超越这种道德谴责去深入研究、揭示这种客观必然性的政治经济学。简言之，恩格斯的这段话提供了这样一个佐证：虽然马克思在其论著中没有明确指出资本家对工人的剥削是不正义的，但他确实认为这种剥削是不正义的。

随着马克思主义在中国的传播，马克思的剥削不正义的观念开始被中国的马克思主义者特别是中国共产党人所接受①，但与此同时，他们却忽略了马克思、恩格斯在剥削问题上的两个重要观点：一是剥削的消灭必须基于生产力的高度发展，因为"剥削阶级和被剥削阶级、统治阶级和被压迫阶级之间的到现在为止的一切历史对立，都可以从人的劳动的这种相对不发展的生产率中得到说明"②；二是在生产力没有达到足以使剥削彻底消灭的程度以前，人为地消灭剥削只能导致普遍的贫困，因为："生产力的这种发展（随着这种发展，人们的**世界历史性的**而不是地域性的存在同时已经是经验的存在了）之所以是绝对必需的实际前提，还因为如果没有这种发展，那就只会有**贫穷**、极端贫困的普遍化；而在**极端贫困**的情况下，必须重新开始争取必需品的斗争，全部陈腐污浊的东西又要死灰复燃。"③ 由于这种忽略，再加上新中国成立前，被剥削者，无论是农村中的贫雇农还是城市中的工人，又都确实是贫困者，于是，在很长一段时间内，中国马克思主义者和中国共产党人一直认为，剥削不但是不正义的，而且还是导致被剥削者贫困的根本原因。这种认识从中国大革命时期传唱的两首革命歌曲就看得十分清楚：

《工农革命歌》：冲！冲！冲！我们是革命的工农！冲！冲！冲！

---

① 不过，对于剥削是不正义的以及为什么是不正义的问题，中国共产党也没做过任何明确的论述。根据我所看到的相关文献，对这一问题给出明确论述的只有2007年发表的一篇题为《深化对马克思主义关于剥削理论的认识》的论文。这篇论文的作者谭劲松提出："剥削作为一种社会现象或社会行为，它对社会公平公正有何作用和影响，我们应采用道德标准去衡量和评价。剥削作为一种社会现象或社会行为，就其实质而言，是无偿占有他人或社会的劳动，不管其采取什么手段和形式，剥削都是不劳而获，无耕而食，不织而衣，是对社会公平公正的破坏和践踏。"[马克思主义研究，2007（12）：86] 从这段话不难看出，他之所以认为剥削即"不劳而获，无耕而食，不织而衣"是不正义的，也是因为不劳而获的剥削者占有了本应属于劳动者的产品。
② 马克思恩格斯选集：第3卷．北京：人民出版社，1995：525．
③ 马克思恩格斯选集：第1卷．北京：人民出版社，1995：86．

我们是革命的工农！手挽手，勇敢向前冲，肩并肩，共同去斗争。地主、买办剥削，造成了我们的贫穷，帝国主义侵略，造成了民族灾难深重。流尽血和汗，落得两手空。我们创造了人类财富，他们享受；我们受尽了剥削、压迫，养肥寄生虫。①

《工农一家人》：工农弟兄们哪，我们是一家人哪，本是一条根哪，都是受苦人，工农本是一条根哪，工农本是一条根。我们盖的房，我们种的粮，地主买办黑心肠，都把我们剥削光。②

正是基于这种认识，中国共产党人，特别是夺取政权后的中国共产党人，一直把消灭剥削作为党的一项基本任务。从1956年的八大到1997年的十五大，历次党的全国代表大会通过的党章都包含"消灭剥削"的内容。③ 然而，新中国成立以来的历史发展却表明，剥削的消灭并没有带来贫困的消灭。1949年以后，随着土地改革以及后来对农业、手工业和资本主义工商业的社会主义改造的完成，剥削现象在我国已基本消失，但广大农民和工人的贫困状态却没发生根本性的改变，这种状态到"文化大革命"后期发展到极端，以致普遍的贫穷成了那时中国广大群众生活的真实写照。改革开放以后，在国家政策的鼓励和支持下，首先是"三资"企业，进而是私营经济在我国开始出现并得到快速发展，与此相应，早在1956年就已被消灭的剥削现象又再次出现并呈现逐渐扩大的趋势。由于

---

① 中国革命历史歌曲集. 石家庄：花山文艺出版社，1998：18.
② 同①19-20.
③ 1956年党的八大通过的党章是这样写的："中国共产党的任务，是继续采取正确的方法，把资本家所有制的残余部分改变为全民所有制，把个体劳动者所有制的残余部分改变为劳动群众集体所有制，彻底消灭剥削制度，并且杜绝产生剥削制度的根源。"1969年党的九大通过的党章和1973年党的十大通过的党章是这样写的："中国共产党的基本纲领，是彻底推翻资产阶级和一切剥削阶级，用无产阶级专政代替资产阶级专政，用社会主义战胜资本主义。"1977年党的十一大通过的党章是这样写的："中国共产党在整个社会主义历史阶段的基本纲领，是坚持无产阶级专政下的继续革命，逐步消灭资产阶级和一切剥削阶级，用社会主义战胜资本主义。党的最终目的，是实现共产主义。"1982年党的十二大通过的党章和1987年党的十三大通过的党章是这样写的："马克思和恩格斯运用辩证唯物主义和历史唯物主义，分析资本主义社会的发展规律，创立了科学社会主义理论。按照这个理论，经过无产阶级革命斗争的胜利，资产阶级专政必然为无产阶级专政所代替，资本主义社会必然被改造为生产资料公有、消灭剥削、各尽所能、按劳分配的社会主义社会；社会主义社会经过生产力的巨大发展和思想、政治、文化的巨大进步，最后必然发展为各尽所能、按需分配的共产主义社会。"1992年党的十四大通过的党章和1997年党的十五大通过的党章是这样写的："社会主义的本质，是解放生产力，发展生产力，消灭剥削，消除两极分化，最终达到共同富裕。"[中国共产党历次党章汇编（1921—2002）. 北京：中国方正出版社，2006]

六、当前中国的贫富差距为什么是不正义的？

"三资"企业和私营经济对我国经济的发展和贫困的消灭起了明显的促进作用，因此，在改革开放以后，虽然剥削不正义的观念在很多人的心目中依然存在，但剥削不正义的问题却几乎再没有人提起。在 2002 年十六大通过的党章中，"消灭剥削"不再出现，取而代之的是"消灭贫穷"。①

改革开放以来，人民群众的收入虽然都有了不同程度的提高，但贫富差距也随之出现，并在进入 21 世纪后迅速拉大。据报道："近些年来，我国地区、城乡、行业、群体间的收入差距有所加大，分配格局失衡导致部分社会财富向少数人集中，收入差距已经超过基尼系数标志的警戒'红线'，由此带来的诸多问题正日益成为社会各界关注的焦点。……收入最高 10% 人群和收入最低 10% 人群的收入差距，已从 1988 年的 7.3 倍上升到 2007 年的 23 倍。"贫富差距的拉大不仅引起广大群众的普遍不满，而且也受到党和政府的高度关注。温家宝总理在 2010 年 9 月 13 日第四届夏季达沃斯年会开幕式和企业家座谈会上指出："我们现在存在的一个突出问题是社会收入分配不公，一部分人收入过高，还有相当的人生活在贫困线下。我们要采取有力措施，包括财税改革、收入分配改革来逐步改变收入分配不公的现象，这是推进社会公平正义、保持社会稳定的重要基础。"② 温总理这里所讲的"一部分人收入过高，还有相当的人生活在贫困线下"，也就是本文所说的贫富差距问题，"社会收入分配不公"也就是本文所说的贫富差距的不正义问题。贫富差距为什么是不正义的？正是在这一问题上，一些还未摆脱剥削不正义观念束缚的学者陷入了难以回应的困境。

首先，贫富差距中的贫者和富者不是以被剥削者和剥削者来界定的，而是以收入的高低来界定的。换句话说，贫者指的不是被剥削者，而是指其收入低于国家规定的贫困线者；富者指的不是剥削者，而是指其收入超过一定高限者。③ 正因为如此，当前我国农村贫困人口虽然收入很低，属于贫者的范围，但没人认为他们是被剥削者；与此相应，各类"明星"

---

① 中国共产党历次党章汇编（1921—2002）．北京：中国方正出版社，2006：402．
② 中国新闻网，2010-09-14．
③ 关于"贫富差距"中"贫"和"富"的具体标准，即收入多少属于贫者，收入多少属于富者，目前我国尚无一个统一的、稳定的、权威的标准。例如，中央在 2011 年决定将农民人均纯收入 2 300 元（2010 年不变价）作为新的国家扶贫标准，这个标准比 2009 年提高了 92%。按照新标准，我国农村贫困人口将从 2 688 万人增加到 1.28 亿人。但我国存在一个收入过高的富者群体和一个收入过低的贫者群体却是一个不容置疑的事实，本文讲的"贫富差距"，指的就是这两个群体在分配收入上的差距。

（如"影星""球星"等）以及国有企业的一些高级管理人员尽管收入很高，但不能说他们是剥削者。当然，贫者中也有被剥削者（如私营企业的打工者）（富者中也有剥削者）（如私营企业主），但他们分属于贫者和富者却不是因为他们被人剥削和他们剥削了人，而是因为前者的收入过低和后者的收入过高。

其次，导致贫富差距的原因主要不是剥削，而是不同的身份等级、不同的生活环境和不同的天赋。先看贫者。农村贫困人口的贫困状态显然不是因为他们的劳动被人无偿占有，而是因为他们生活的自然环境和社会环境的恶劣。[1] 城市贫困人口中的一部分是国有企业改革的下岗职工，他们的贫困状态也不是由剥削导致的，而是由我国经济发展多年积累的深层矛盾及改革开放的特殊进程造成的；另一部分是进城的农民工，他们既包括在私营企业就业的人，也包括在国有企业就业的人，他们之间在收入和待遇上无大差别，即都属于贫困人口，但导致他们贫困的主要原因不能说是剥削。[2] 实际上，正如很多人所指出的，当前导致农民工贫困的主要原因是我国存在的城乡二元体制，即他们在户籍、就业、社会保障、教育、医疗、住房等方面享受不到与城市人口同等的待遇。再看富者。富者中的一部分人是各类"明星"以及大导演、大作家、大艺术家、大科学家等，这些人的收入都很高，但他们的高收入不是来自剥削，而是来自其具有的特殊才能；富者中的另一部分人是国有企业的高管，他们的收入也很高，但他们的高收入也不能说是来自剥削；富者中还有一部分人是私营企业主，他们的高收入有一部分无疑是来自剥削，但还有很大一部分是来自与政府部门的各种交易，例如，当前最富有的房地产开发商，其收入有相当大的部分来自与各级政府在土地买卖上的交易。[3] 不难看出，导致当前我国贫

---

[1] 以贵州为例，据新华社北京2012年6月23日电（记者林晖、周芙蓉），贵州省是全国贫困人口最多、贫困面最大、贫困程度最深的省份。截至2011年底，按2 300元扶贫标准，贵州有贫困人口1 149万人，贫困发生率33%，占全国近9.4%。贵州的贫困状况无疑与其自然环境和社会环境的恶劣有直接的关系。
[2] 按照传统马克思主义的剥削理论，私营企业中的农民工是受剥削的，国企中的农民工则不能说是受剥削的。当然，对后者是否受剥削存在很多争议，受篇幅限制，本文将不涉及这一问题。
[3] 中国社科院研究员唐钧认为："房地产业的基本要素就是土地，卖房子实际上是卖土地。而对于土地，按现行土地用途管理政策，政府和房地产商既是'垄断买方'，又是'垄断卖方'，一方面从农民手里低价征地，另一方面向群众高价售房。房地产业产生的级差暴利，除了地方政府财政收入外，都被少数房地产商拿走了。"（经济参考报，2010-05-10）

富差距的主要原因不是剥削，而是不同的身份等级、不同的生活环境和不同的天赋。

如果说贫富差距中的贫者和富者不是以被剥削者和剥削者来界定的，而是以收入的多少来界定的，导致贫富差距的原因主要不是剥削，而是不同的身份等级、不同的生活环境和不同的天赋，那么，依据马克思剥削不正义的观念就无法回应贫富差距为什么是不正义的问题。但我国一些马克思主义研究者至今仍未摆脱这种观念的束缚，因而，面对这一问题只能保持沉默，这是导致前边所讲的集体失语的又一主要原因。

（三）

我国从事马克思主义研究的学者在贫富差距是否正义问题上的集体失语，使不少人认为马克思的正义观念已无法回应这一问题。为此，不少学者开始把目光转向当代西方政治哲学的各种分配正义理论，特别是罗尔斯的《正义论》，进而以此为依据对我国当前存在的贫富差距是否正义提出各种论证。这种情况向我国从事马克思主义研究的学者提出了挑战：还能否依据马克思有关分配正义的论述对当前我国存在的贫富差距之不正义提出一种新论证？

对于这种挑战，人们肯定会提出疑问：如果认为马克思剥削不正义的观念已无法回应当前贫富差距是否正义的问题，那么，怎能再依据马克思有关分配正义的论述提出对这一问题的新论证呢？这不等于说，除了剥削不正义的观念，马克思还持有其他分配正义观念吗？在回答这这一疑问之前，让我们先来看看马克思在《哥达纲领批判》中有关按劳分配论述：

（1）"每一个生产者，在作了各项扣除以后，从社会领回的，正好是他给予社会的。他给予社会的，就是他个人的劳动量。"①

（2）"显然，这里通行的是调节商品交换（就它是等价的交换而言）的同一原则。内容和形式都变了，因为在改变了的情况下，除了自己的劳动，谁都不能提供任何其他东西，另一方面，除了个人的消费资料，没有任何东西可以转化为个人的财产。"②

---

① 马克思恩格斯选集：第3卷. 北京：人民出版社，1995：304.
② 同①.

(3)"在这里**平等的权利**按照原则仍然是**资产阶级权利**,虽然原则和实践在这里已不再互相矛盾,而在商品交换中,等价物的交换只是**平均来说才存在,不是存在于每个个别场合**。"①

(4)"虽然有这种进步,但这个**平等的权利**总还是被限制在一个资产阶级的框框里。生产者的权利是同他们提供的劳动**成比例的**;平等就在于以**同一尺度**——劳动——来计量。但是,一个人在体力或智力上胜过另一个人,因此在同一时间内提供较多的劳动,或者能够劳动较长的时间;而劳动,要当作尺度来用,就必须按照它的时间或强度来确定,不然它就不成其为尺度了。这种**平等**的权利,对不同等的劳动来说是不平等的权利。它不承认任何阶级差别,因为每个人都像其他人一样只是劳动者;但是它默认,劳动者的不同等的个人天赋,从而不同等的工作能力,是天然特权。**所以就它的内容来讲,它像一切权利一样是一种不平等的权利**。"②

(5)"其次,一个劳动者已经结婚,另一个则没有;一个劳动者的子女较多,另一个的子女较少,如此等等。因此,在提供的劳动相同、从而由社会消费基金中分得的份额相同的条件下,某一个人事实上所得到的比另一个人多些,也就比另一个人富些,如此等等。"③

(6)"要避免所有这些弊病,权利就不应当是平等的,而应当是不平等的。"④

(7)"但是这些弊病,在经过长久阵痛刚刚从资本主义社会产生出来的共产主义社会第一阶段,是不可避免的。权利决不能超出社会的经济结构以及由经济结构制约的社会的文化发展。"⑤

这里的(1)讲的是按劳分配的含义,即每一个生产者,在作了各项扣除以后⑥,从社会领回的,正好是他给予社会的,他给予社会的就是他个人的劳动量;(2)讲的是按劳分配的实现意味着资本主义剥削的消灭,

---

① 马克思恩格斯选集:第3卷. 北京:人民出版社,1995:304.
② 同①304-305.
③ 同①305.
④ 同①305.
⑤ 同①305.
⑥ 马克思在《哥达纲领批判》中列出了6项内容:(1)用来补偿消耗掉的生产资料的部分;(2)用来扩大生产的追加部分;(3)用来应付不幸事故、自然灾害等的后备基金或保险基金;(4)同生产没有直接关系的一般管理费用;(5)用来满足共同需要的部分,如学校、保健设施等;(6)为丧失劳动能力的人等等设立的基金。(马克思恩格斯选集:第3卷. 北京:人民出版社,1995:302-303)

因为除了自己的劳动，谁都不能提供任何其他东西，另一方面，除了个人的消费资料，没有任何东西可以转化为个人的财产；（3）讲的是按劳分配体现的"**平等的权利**按照原则仍然是**资产阶级权利**"，即等价物交换的平等权利；（4）讲的是按劳分配存在的一个弊病，即虽然它不承认任何阶级差别，但它默认劳动者的不同等的个人天赋，从而不同等的工作能力，是天然特权；（5）讲的是按劳分配存在的另一个弊病，即它使劳动者个人因家庭负担不同而实际所得不平等，即"一个人事实上所得到的比另一个人多些，也就比另一个人富些"；（6）讲的是要避免上述弊病，权利就不应当是平等的，而应当是不平等的；（7）讲的是这些弊病在共产主义第一阶段是不可避免的，因为权利决不能超出社会的经济结构以及由经济结构制约的社会的文化发展。

在马克思的这些论述中蕴含着一种新的、不同于剥削是不正义的分配正义观念。前边表明，马克思之所以认为资本主义剥削是不正义的，是因为资本家无偿占有了本应属于工人的劳动，就此而言，按劳分配相对于资本主义剥削是一种正义的分配原则，因为它使劳动者获得了他应得的与其劳动量相等的产品（当然是在作了各项必要的扣除以后）。然而，在讲完按劳分配消灭了剥削以后，马克思又紧接着提出，按劳分配作为平等权利原则还存在两个弊病，一是它默认了因劳动者个人天赋不同导致的所得不平等，二是它使劳动者个人因家庭负担不同而实际所得不平等。我们知道，"弊病"这一概念本身的含义是"缺点、欠缺或不足"，由此可以推断，马克思将它用在这里无疑含有这样的意思，即他认为上述两种情况都是不应当、不正义的。它们为什么是不应当的？对此，马克思没做进一步的明确说明。

不过，从他所讲的第一个弊病可以推断，劳动者的不同等的个人天赋是由偶然因素造成的，即不是由他们自己选择的，因而从道德上讲是不应得的，因此，由其导致的劳动者所得的不平等是不应当的。那对第二个弊病又应如何理解呢？让我们再来看看马克思的原话："一个劳动者已经结婚，另一个则没有；一个劳动者的子女较多，另一个的子女较少，如此等等。因此，在提供的劳动相同、从而由社会消费基金中分得的份额相同的条件下，某一个人事实上所得到的比另一个人多些，也就比另一个人富些，如此等等。"马克思无非是要表明，尽管每个劳动者提供的劳动相同、从而由社会消费基金中分得的份额相同，但因其家庭负担不同，他们的实际所得是不平等的。将马克思这里举的两个例子展开来说就是：一个劳动者已经结婚，另一个没有结婚，那前者就要负担两个人的生活（马克思在这里肯定假定妻子的生活是由丈夫负担的），而后者只需负责一个人的生活，因此，前者的实际所得只是后者的一半；一个劳动者的子女较多，另一个的子女较少，那前者要负担较多人的生活，后者则负担较少人的生活，因此，前者的实际所得要比后者少。如果再将这两个例子与马克思在讲完它们之后所说的"如此等等"联系起来理解，那我们还可以做这样的推论：在马克思看来，除了上述两个例子所讲的情况以外，造成劳动者不同负担的还有很多类似的情况。沿着马克思在这两个例子中的思路，我们可以再举出两个造成劳动者不同负担的例子：两个劳动者都已结婚，都各有三个子女，但前者还有两个老人需要负担，后者则没有老人需要负担，那前者的负担就比后者更多，因此，前者的实际所得就比后者要少；两个劳动者各有两个子女，前者的子女都是健康人，后者的子女都是残疾人，那后者的负担就比前者更重，因此，前者的实际所得就比后者要多。马克思为什么认为由不同家庭负担导致的劳动者实际所得的不平等是不正义的？从马克思的两个例子及其"如此等等"的用语来看，其原因也在于劳动者不同的家庭负担是由各种偶然因素造成的，即不是他们自己有意选择的，因而从道德上讲是都不应得的，因此，由其导致的劳动者实际所得的不平等是不应当的。

　　以上表明，在马克思有关按劳分配的论述中确实隐含着一种不同于剥削是不正义的分配正义观念，即由偶然的天赋和负担的不同所导致的，进而言之，由非选择的偶然因素所导致的人们实际所得的不平等是不正义的。至于这两种不同的分配正义观念之间的关系，则是一个需要进一步深入研究的问题，在此不赘述。从马克思的这一正义观念出发，我们就能对当前我国存在的贫富差距之不正义提出一种新论证。

　　前边表明，导致当前我国存在贫富差距的主要原因有三个，即不同的身份等级、不同的生活环境和不同的天赋。不同的身份等级主要表现在农村户口与城市户口两种不同的户籍身份上。据报道，目前，我国有6.9亿城市人口，其中有城市户籍的人口只占73.5%，没有城市户籍的农民工有2.2亿，到现在为止，这2.2亿农民工仍被排斥在政府的公共服务范围之外。① 农民工的农村户籍身份使他们在就业服务、社会保障、子女入园上学、住房租购等方面享受不到与拥有城市户籍身份的人享受到的同等待

---

① 中国广播网，2012-06-26. 记者冯雅。

遇，这是导致他们处于贫困状态的一个重要原因。一个人生来就应拥有城市户口，另一个人生来就应拥有农村户口吗？如果拥有哪种户口完全是由偶然因素造成的，那让人们承受由此而导致的贫富差距就是不正义的。不同的生活环境表现在两个方面，一是所处的自然环境不同，二是所处的家庭环境不同。就前者而言，生在自然环境优越、经济发达的地区，获得高收入的机会就多，生在自然环境恶劣、经济落后的地区，获得高收入的机会就少，我国的贫困人口为什么大多分布在西部地区就充分证明了这一点。就后者而言，生在富人家庭获得高收入的机会就多，生在穷人家庭获得高收入的机会就少。为什么"富二代"与"穷二代"的差距引起人们的广泛不满，其原因就在于此。一个人就该生在贫穷落后的边远山区，另一个人就该生在经济发达的大城市吗？一个人就该是"富二代"，另一个人就该是"穷二代"吗？如果这些都是由偶然因素造成的，那么，让人们承受由此而导致的贫富差距也是不正义的。不同的天赋不仅表现在人们的体力和智力上，而且还表现在一些人生来就具有某种特殊才能和一些人生来就具有某种残疾上。天赋差异无疑也是导致贫富差距的一个重要原因，但天赋差异更是由偶然因素造成的，因而由其导致的贫富差距也是不正义的。简言之，依据马克思的由偶然因素导致的人们实际所得的不平等是不正义的观念，当前我国存在的贫富差距显然是不正义的。

对于这种新论证也许有人会提出质疑：你所讲的马克思的由非选择的偶然因素导致的实际所得的不平等是不正义的观念，不也正是罗尔斯、科恩等人所持有的观念吗？如果是这样，那你不是把他们的观点强加给了马克思吗？我认为，这种质疑是不能成立的。

首先，马克思的正义观念与罗尔斯的正义观念有重大不同。不错，罗尔斯在谈到他的正义观的确立时的确说过，由于人们的自然天赋和社会出身是偶然任意的，不是道德上应得的，因而，"没有一个人应得他在自然天赋的分配中所占的优势，正如没有一个人应得他在社会中的最初有利出发点一样——这看来是我们所考虑的判断中的一个确定之点"[1]。但是，他并不认为由自然天赋的不同和社会出身的不同所导致的收入和财富分配的不平等是不正义的。他论证说："自然资质的分配无所谓正义不正义，

---

[1] 约翰·罗尔斯. 正义论. 何怀宏，何包钢，廖申白，译. 北京：中国社会科学出版社，1988：104.

人降生于社会的某一特殊地位也说不上不正义。这些只是自然的事实。正义或不正义是制度处理这些事实的方式。"① 正是基于这一认识,他提出了差异原则:"社会和经济的不平等应这样安排,使它们:在与正义的储存原则一致的情况下,适合于最少受惠者的最大利益"②,并把它作为其正义原则组成部分。为了说明正义或不正义只是制度处理自然天赋和社会出身这些自然事实的方式,他还对差别原则与补偿原则的关系做了进一步的说明。他指出,补偿原则讲的是,由于出身和天赋的不平等是不应得的,这些不平等就多少应给予某种补偿。但"补偿原则并不是提出来作为正义的唯一标准,或者作为社会运行的唯一目标的。它的有道理正像大多数这种原则一样,只是作为一个自明的原则,一个要与其他原则相平衡的原则。例如,我们要相对于提高生活的平均标准的原则,或相对于推进共同利益的原则来衡量它"③。这也就是说,补偿原则讲的出身和天赋的不平等是不应得的,只是他的正义观念的一个成分,因而,"差别原则当然不是补偿原则,它并不要求社会去努力抹平障碍,仿佛都被期望在同样的竞赛中在一公平的基础上竞争"④。罗尔斯的这些论述表明,他的正义观念与马克思的正义观念有重大的不同:前者承认出身和天赋的不平等是不应得的,因为它们是由偶然因素造成的,但认为由出身和天赋的不平等所导致的社会和经济的不平等却不一定是不正义的,因为正义与不正义只在于社会制度处理它们的方式,而只要按照差别原则去处理,由出身和天赋不平等所导致的社会和经济的不平等就是正义的;后者则认为,由于天赋和负担的不同是由偶然因素造成的,因此,由它们导致的人们事实上所得的不平等是不正义的。

其次,马克思的正义观念与科恩的正义观念也有很大的不同。科恩对他的正义观念的集中表述是在一本题为《为什么不要社会主义?》的小册子中。在这本小册子中,他通过对一种野营旅行的描述,提出了一种他视为"正确的平等原则、正义认可的平等原则",并将其称为"社会主义的机会平等"。⑤ 为了使人们能准确把握他所讲的"社会主义的机会平等"

---

① 约翰·罗尔斯. 正义论. 何怀宏,何包钢,廖申白,译. 北京:中国社会科学出版社,1988:102.
② 同①302.
③ 同①101.
④ 同①101.
⑤ G. A. 科恩. 为什么不要社会主义? 北京:人民出版社,2011:23-24.

的含义，科恩先区分了三种形式的机会平等和三种相应的对机会的限制。第一种是资产阶级的机会平等，它消除了由社会地位造成的对生活机会的限制。第二种是"左翼自由主义的机会平等"，这种机会平等超出了资产阶级的机会平等，因为它还反对那些资产阶级的机会平等没有涉及的由社会环境，即由出生和成长的环境造成的对生活机会的限制。第三种是他所说的"社会主义的机会平等"，用他自己的话来说就是："我称之为社会主义的机会平等纠正的则是这样的不平等，这种不平等是由作为非正义的更深层根源的天赋差异引起的，它超出了由非选择的社会背景强加的不平等，因为天赋的差异同样是非选择的。"① 然后，他强调指出，他的社会主义的机会平等力图纠正上述所有非选择的不利条件，即当事人本身不能被合理地认为对其负有责任的不利条件，无论它们是反映社会不幸的不利条件还是反映自然不幸的不利条件。"一旦社会主义的机会平等得以实现，结果的差异反映的就只是爱好和选择的差异，而不再是自然和社会的能力与权力的差异。"② 不难看出，科恩的正义观念与马克思的正义观念都认为由非选择的偶然因素导致的不平等是不正义的，但它们之间也有很大的不同，即前者讲的由非选择的偶然因素导致的不平等，指的是机会的不平等；而后者讲的由非选择的偶然因素导致的不平等，指的则是实际所得的不平等。

可见，我讲的马克思的正义观念，即由非选择的偶然因素导致的实际所得的不平等是不正义的观念，既不是罗尔斯持有的正义观念，也不是科恩持有的正义观念，而是马克思在100多年前写的《哥达纲领批判》中蕴含的正义观念。③ 因此，上面所说的那种质疑是没有道理的。

最后，我还要再强调一个问题，这就是，尽管当前我国存在的贫富差距是不正义的，但由此却不能得出应将其立即消灭的结论。第一，当代中国广大群众的价值追求是多方面，也就是说，除了正义以外，人们还追求自由、民主、福利、安全、共享、和谐等价值，而这些价值在一定历史时

---

① G. A. 科恩. 为什么不要社会主义？北京：人民出版社，2011：26-27.
② 同①27.
③ 就我所知，无论是罗尔斯还是科恩都认真研读过马克思的《哥达纲领批判》，并对马克思论述的按劳分配的两个弊病做过评价。（John Rawls. Lectures on the History of Political Philosophy. Harvard University Press, 2008：366-368. G. A. Cohen. Self-Ownership, Freedom, and Equality. Cambridge University Press, 1995：124-127）至于马克思对按劳分配的弊病的论述是否对他们正义观念的形成有所影响，那是另一个值得探讨的问题。

期内是不能同时实现的,因此,人们对于在何时及何种程度上先实现哪些价值是有所选择的。就当前我国的情况而言,立即消除由非选择的偶然因素导致的贫富差距虽然可以实现正义,但无疑将会带来每个人的福利的下降,而在获得更多福利是当下大多数人的追求的情况下,立即消灭富差距是得不到支持的。所以,我们目前能做的就只是在不使福利降低的情况下尽可能地缩小贫富差距。第二,正义的实现是受社会经济条件制约的。我国当前存在的贫富差距尽管是不正义的,但要消灭它却绝非易事,因为目前还不具备消灭它的客观条件。以城乡二元体制为例,尽管人们都认为它是不正义的,但我们现在还不能一下子取消它。[①] 总之,我们既不能因为正义的东西尚无法实现就把它视为不正义的,也不能因为某些东西现在能够实现就把它视为正义的,是否正义是一个问题,正义能否实现是另一个问题。

[①] 发改委官员:户籍制度不能简单取消了之. 中国广播网,2012-06-26.

七、马克思正义观的三个根本性问题

在20世纪七八十年代，英美一些学者曾就马克思与正义问题展开过一场大讨论。[①] 进入21世纪以来，我国一些从事马克思主义研究的学者也开始关注这一问题，并提出一些不同于英美学者的新见解。本人认为，无论是英美学者的见解还是我国学者的见解，说到底都是围绕三个根本性问题展开的：正义在马克思的论著中是价值判断还是事实判断？马克思认为资本主义剥削是正义的还是不正义的？马克思认为社会主义的按劳分配是正义的吗？本文将就这三个问题谈些看法。

（一）"正义"在马克思的论著中是价值判断而不是事实判断

在探讨马克思的正义观[②]之前，必须先弄清正义在马克思论著中的含义。仔细研读一下马克思以及恩格斯[③]的著作我们不难发现，他们有关正义的论述大多与分配方式相关，因而，我们对马克思正义观的探讨，应集中在他的分配正义观上。[④]

人们在讨论马克思和恩格斯的分配正义观时经常引用这样两段话：

什么是"公平的"分配呢？难道资产者不是断言今天的分配是

[①] 诺曼·杰拉斯. 关于马克思和正义的争论//李惠斌，李义天. 马克思与正义理论. 北京：中国人民大学出版社，2010：143-198.

[②] 我这里使用"马克思的正义观"而不使用"马克思的正义理论"的提法，是因为在我看来，马克思对正义问题没做过全面系统的阐释，而只有一些散见于不同时期论著、针对不同问题的相关论述。

[③] 我认为，在正义问题上，恩格斯持有与马克思相同的看法，并从不同方面对马克思的看法做了进一步的阐释和说明。

[④] 将马克思的正义观定位在分配上实际上也是很多英美学者的做法，例如齐雅德·胡萨米（李惠斌，李义天. 马克思与正义理论. 北京：中国人民大学出版社，2010：44）。

"公平的"吗？难道它事实上不是在现今的生产方式基础上唯一"公平的"分配吗？……难道各种社会主义宗派分子关于"公平的"分配不是也有各种极不相同的观念吗？①

如果我们对现代劳动产品分配方式（它造成赤贫和豪富、饥饿和穷奢极欲的尖锐对立）的日益逼近的变革所抱的信心，只是基于一种意识，即认为这种分配方式是非正义的，而正义总有一天一定要胜利，那就糟了，我们就得长久等待下去。②

从这两段话不难看出，马克思和恩格斯所讲的与正义相关的分配，指的是对劳动产品的分配。那么他们所讲的与分配相关的正义其含义又是什么呢？这是一个不仅从这两段话，而且从马克思和恩格斯有关分配正义的所有论述都找不到明确答案的问题，因为他们虽多次谈到与分配相关的正义，但却从未给它下过一个定义，也从未对它做过特别的说明。故此，我们只能做这样的推断，他们对这一概念的使用很可能是沿袭了那时人们通常的用法，即用正义指称"给每个人以其应得"。③ 这样说来，在这两段话中出现的"正义"（"公平"），其含义也就是"给每个人以其应得"。

这里需要指出，虽然在日常用语中，与分配相关的"正义"其本身的含义是"给每个人以其应得"，但由于人们对"每个人应得什么"往往存在不同的甚至截然对立的理解，因此，任何一种分配正义主张都不会停留在"给每个人以其应得"这种抽象的要求上，而都会进一步表明它们要求"每个人应得什么"。于是就出现了这样一种情况，尽管每种分配正义都要

---

① 马克思恩格斯选集：第3卷. 北京：人民出版社，1995：302.
② 同①500.
③ 时至今日，人们对正义概念的用法依然如此。例如，G. A. 科恩说："但如果因为我的一些批评者坚持要求我必须仅以通常的话语说出我认为正义是什么，那对这些对此感到满足的人来讲，我就给出正义是给每个人以其应有这一古老的格言。"（G. A. Cohen. Rescuing Justice and Equality. Cambridge, Mass：Harvard University Press, 2008：7）戴维·米勒对正义概念的论述与G. A. 科恩大体相同："在断定每一种关系模式具有其独特的正义原则时，我诉诸读者对我们所谓正义的'语法'的理解。依照查士丁尼的经典定义，作为一种一般意义上的德性的正义乃是'给予每个人应有的部分这种坚定而恒久的愿望'。"（戴维·米勒. 社会正义原则. 应奇，译. 南京：江苏人民出版社，2008：39—40）阿拉斯代尔·麦金泰尔也持有相同的看法，他认为："正义是给每个人——包括他自己——他所应得的东西以及不以与他们的应得不相容的方式对待他们的一种安排。"（A. MacIntyre. Whose Justice? Which Rationality? London：Duckworth, 1988：39）

求"给每个人以其应得",但由于对"每个人应得什么"存在不同的理解,因而它们的内容实际上是各不相同的。那马克思的分配正义要求"每个人应得什么"?对此,马克思和恩格斯也没有明确的论述。不过,从马克思关于资本主义剥削和社会主义按劳分配的论述中,我们还是可以推断出他的分配正义要求"每个人应得什么"。对此,我在本文的第二、三部分再展开论述。

如果说分配正义在马克思和恩格斯那里的含义是"给每个人以其应得",那他们所讲的分配正义就是一种价值判断而不是事实判断。也正因为如此,他们在其著作中多次强调,在阶级社会中,不同阶级或社会集团对一种分配制度是否正义往往持有不同的看法,剥削阶级认为是正义的,被剥削阶级则认为是不正义的,反之亦然。对此,恩格斯有一段相关的论述:"希腊人和罗马人的公平观认为奴隶制度是公平的;1789年资产者阶级的公平观则要求废除被宣布为不公平的封建制度。在普鲁士的容克看来,甚至可怜的专区法也是破坏永恒公平的。所以,关于永恒公平的观念不仅是因时因地而变,甚至也因人而异,它是如米尔伯格正确说过的那样'一个人有一个理解'。"①

我的上述理解可能会引起一些人的疑问,因为它与中央编译局翻译的马克思在《资本论》第三卷的一段涉及正义的论述存在明显的不一致。这段译文是这样讲的:

> 在这里,同吉尔巴特一起(见注)说什么天然正义,这是荒谬的。生产当事人之间进行的交易的正义性在于:这种交易是从生产关系中作为自然结果产生出来的。这种经济交易作为当事人的意志行为,作为他们的共同意志的表示,作为可以由国家强加给立约双方的契约,表现在法律形式上,这些法律形式作为单纯的形式,是不能决定这个内容本身的。这些形式只是表示这个内容。这个内容,只要与生产方式相适应,相一致,就是正义的;只要与生产方式相矛盾,就是非正义的。在资本主义生产方式的基础上,奴隶制是非正义的;在商品质量上弄虚作假也是非正义的。(注释:一个借钱为了获取利润的人,应该把利润的一部分给予贷出者,这是一个不言而喻的合乎自然正义的原则。)②

---

① 马克思恩格斯全集:第18卷. 北京:人民出版社,1964:310.
② 马克思恩格斯全集:第25卷. 北京:人民出版社,1974:379.

就这段译文来看，马克思这里讲的正义只是一种事实判断："只要与生产方式相适应，相一致，就是正义的；只要与生产方式相矛盾，就是非正义的。"但我认为，中央编译局的译文存在误译的问题。① 根据我的研究，马克思的这段话应该这样翻译：

> 在这里，像吉尔巴特那样（见注）说什么天然正义是荒谬的。这种生产当事人之间进行的交易的正义性基于这一事实：这些交易是从生产关系中作为自然结果产生出来的。这些经济交易作为当事人的意志行为，作为他们的共同意志的表示，作为可以由国家强加给立约双方的契约，表现在法律形式上，这些法律形式作为单纯的形式，是不能决定这个内容本身的。这些形式只是表示这个内容。这个内容是正义的，只是在它与生产方式相符合，相适宜时；这个内容是非正义的，只是在它与生产方式相矛盾时。基于资本主义生产方式的奴隶般的劳动是非正义的，在商品质量上弄虚作假也是非正义的。（注释：一个用借款来牟取利润的人，应该把一部分利润付给贷放人，这是不证自明的天然正义的原则。）

我的译文与中央编译局的译文之间的不同，集中体现在马克思是如何批判吉尔巴特所说的"天然正义"的。我的译文表明，马克思这段话不是在讲自己对正义的看法，而只是指出并论证了，吉尔巴特所说的"正义"是用借款来牟取利润的人和贷放人之间进行的前者把一部分利润付给后者的交易的正义性，而这些交易只是从资本主义生产关系中作为自然结果产生出来的，因此，吉尔巴特所说的"正义"根本不是什么"天然正义"。中央编译局的译文则让人只能做这样的理解：马克思对吉尔巴特所说的"天然正义"的批判，只体现在他提出了自己对正义的看法，即只要与生产方式相适应，相一致，就是正义的；只要与生产方式相矛盾，就是非正义的。在我看来，中央编译局的译文不但存在误译的问题，而且还与马克思有关正义的其他论述相矛盾，因为除了中央编译局的这段译文以外，正义在马克思的论述中都只是价值判断，而非事实判断。难道马克思对正义概念本身会有两种截然不同的用法吗？

---

① 对此，我曾在两篇论文中做了详细的论证，一篇题为《马克思认为"与生产方式相适应，相一致就是正义的"吗？——对中央编译局〈资本论〉第三卷一段译文的质疑与重译》[马克思主义与现实，2010 (6)]，另一篇题为《正义在马克思的论著中是价值判断而不是事实判断——答李其庆译审》[江海学刊，2011 (5)]。

这里还有一个问题需指出，这就是一些学者往往把马克思、恩格斯讲的正义等同于他们讲的"历史的正当性"。①恩格斯在谈到马克思对剥削的看法时讲过这样一段话："马克思了解古代奴隶主，中世纪封建主等等的历史必然性，因而了解他们的历史正当性，承认他们在一定限度的历史时期内是人类发展的杠杆；因而马克思也承认剥削，即占有他人劳动产品的暂时的历史正当性"②。恩格斯这里讲的剥削的"历史正当性"，其含义是剥削的历史必然性，即剥削在人类社会一定历史时期是不可避免的，并且还是推动这一时期历史发展的动力。这种"历史正当性"是一种事实判断，它显然不同于作为价值判断的"正义"。

（二）资本主义剥削是不正义的，因为它无偿占有了本应属于工人的剩余产品

马克思的分配正义要求"每个人应得什么"，首先体现在他对资本主义剥削即资本主义分配制度的谴责上。仔细研究一下马克思有关资本主义剥削的论述，我们可以看出，剥削这一概念在他那里具有两种不同的含义。

其一是指资本家对工人劳动的无偿占有。对此，马克思在《工资、价格和利润》讲过这样一段话："假定**预付在工资上**的资本为 100 英镑。如果所创造出的剩余价值也是 100 英镑，那就表明这个人的工作日一半是**无偿劳动**，并且——如果我们用预付在工资上的资本价值去测量这个利润的话——我们就可以说，**利润率**等于 100%，因为预付的价值为 100，而所实现的价值则为 200。另一方面，如果我们不是只看到**预付在工资上的资本**，而是看**全部**预付的**资本**，即假定为 500 英镑，其中有 400 英镑代表原料、机器等等的价值，那末我们就看到，**利润率**只等于 20%，因为这 100 英镑的利润只为**全部**预付资本的 1/5。前一种表示利润率的方式，是表明有偿劳动和无偿劳动间的实在对比关系，即对劳动进行 exploitation〔剥削〕（请允许我用这个法文字）的实在程度的唯一方式；后一种表示方式

---

① 艾伦·伍德. 马克思论权利和正义：对胡萨米的回复//李惠斌，李义天. 马克思与正义理论. 北京：中国人民大学出版社，2010：89.
② 马克思恩格斯全集：第 21 卷. 北京：人民出版社，1965：557-558.

是通常习惯用的，并且它确实也适用于某几种目的，至少是非常便于掩饰资本家榨取工人无偿劳动的程度。"① 马克思的这段话表明，资本家对工人的剥削就是对工人劳动的无偿占有。

其二是指资本家对工人劳动的无偿占有是不正义的。从马克思的相关论述不难发现，他还常常把资本家对工人的剥削，即对工人劳动的无偿占有，说成是对工人的"抢劫"和"盗窃"。例如，在《经济学手稿（1857—1858年）》中，他明确指出"**现今财富的基础是盗窃他人的劳动时间**"②。在《资本论》第一卷中，他把剩余产品称作"资本家阶级每年从工人阶级那里夺取的贡品"③，把逐年都在增长的剩余产品说成是"从英国工人那里不付等价物而窃取的"④，把资本家无偿占有的剩余价值视为"从工人那里掠夺来的赃物"⑤。对此，分析的马克思主义的创立者G.A.科恩教授曾做过这样的分析：马克思认为资本主义剥削是资本家对工人的"盗窃"，而"盗窃是不正当地拿了属于他者的东西，盗窃是做不正义的事情，而基于'盗窃'的体系就是基于不正义"⑥。他进而指出，你能从某人那里盗窃的只能是完全属于那个人的东西，这样说来，马克思对资本主义剥削是不正义的谴责就"暗示着工人是他自己的劳动时间的正当的所有者"⑦。在我看来，科恩的分析是有道理的。因此，剥削在马克思那里的第二种含义是资本家对工人劳动的无偿占有是不正义的，而其之所以不正义，说到底是因为资本家无偿占有了本应属于工人的剩余产品。

对于剥削的第一种含义可能没人会提出质疑，因为马克思对其有过大量明确的论述。对于剥削的第二种含义却有不少人提出质疑，其中一种质疑讲的是：尽管马克思在一些地方确实把资本家对工人的剥削说成是对工人的"抢劫"和"盗窃"，但由此却得不出他认为是剥削不正义的结论，因为他从未明确讲过剥削是不正义的。⑧ 对于这一质疑，一些英美学者已

---

① 马克思恩格斯选集：第16卷. 北京：人民出版社，1964：154.
② 马克思恩格斯全集：第46卷下. 北京：人民出版社，1980：218.
③ 资本论：第一卷. 北京：人民出版社，1975：638.
④ 同③671.
⑤ 同③654.
⑥ 李惠斌，李义天. 马克思与正义理论. 北京：中国人民大学出版社，2010：158.
⑦ G. A. Cohen, Self-Ownership, Freedom, and Equality. Cambridge University Press, 1995：146.
⑧ 同⑥169-173.

做出各种回应①。我这里再补充两个反对这种质疑的论据。

论据一。马克思在《经济学手稿（1857—1858年）》分析劳动和资本的关系时明确指出："认识到产品是劳动能力自己的产品，并断定劳动同自己的实现条件的分离是不公平的、强制的，这是了不起的觉悟，这种觉悟是以资本为基础的生产方式的产物，而且也正是为这种生产方式送葬的丧钟，就象当奴隶觉悟到他**不能作第三者的财产**，觉悟到他是一个人的时候，奴隶制度就只能人为地苟延残喘，而不能继续作为生产的基础一样。"② 马克思这里所说的"认识到产品是劳动能力自己的产品，并断定劳动同自己的实现条件的分离是不公平的、强制的"，无疑是指当时工人对资本主义剥削的价值判断。从马克思对这一价值判断的高度评价——"了不起的觉悟"可以推断，马克思本人是认可这一价值判断的；而"认识到产品是劳动能力自己的产品"无疑含有这样的意思，即工人的劳动能力是属于工人自己的，因而劳动产品应归工人所有；资本家依靠对生产资料的占有而无偿占有工人创造的剩余产品，因而是不正义的。可以认为，这段话表明，马克思认为资本主义剥削是不正义的，因为它无偿占有了本应属于工人的剩余产品。

论据二。恩格斯在1884年写的《马克思和洛贝尔图斯。"哲学的贫困"德文版序言》所讲的一段话："李嘉图理论的上述应用，——认为全部社会产品，即**工人的**产品属于唯一的、真正的生产者，即工人，——直接引导到共产主义。但是，马克思在上述的地方也指出，这种应用在经济学的形式上是错误的，因为这只不过是把道德运用于经济学而已。按照资产阶级经济学的规律，产品的绝大部分**不是**属于生产这些产品的工人。如果我们说：这是不公平的，不应该这样，那末这句话同经济学没有什么直接的关系。我们不过是说，这些经济事实同我们的道德感有矛盾。所以马克思从来不把他的共产主义要求建立在这样的基础上，而是建立在资本主义生产方式的必然的、我们眼见一天甚于一天的崩溃上；他只说了剩余价值由无酬劳动构成这个简单的事实。但是，在经济学的形式上是错误的东西，在世界历史上却可以是正确的。如果群众的道德意识宣布某一经济事实，如当年的奴隶制或徭役制，是不公正的，这就证明这一经济事实本身

---

① 诺曼·杰拉斯. 关于马克思和正义的争论//李惠斌，李义天. 马克思与正义理论. 北京：中国人民大学出版社，2010：143-198.
② 马克思恩格斯全集：第46卷上. 北京：人民出版社，1979：460.

已经过时,其他经济事实已经出现,因而原来的事实已经变得不能忍受和不能维持了。因而,在经济学的形式的谬误后面,可能隐藏着非常真实的经济内容。"① 恩格斯这里讲的"李嘉图理论的上述应用,——认为全部社会产品,即**工人**的产品属于唯一的、真正的生产者,即工人,——直接引导到共产主义",是指当时社会主义者的通常的做法。对此,恩格斯解释说:"现代社会主义,不论哪一派,只要从资产阶级政治经济学出发,几乎没有例外地都同李嘉图的价值理论相衔接。李嘉图在 1817 年他的'原理'中,一开头就提出两个原理:第一,任何商品的价值仅仅取决于生产这个商品所需要的劳动量,第二,全部社会劳动的产品分配于土地所有者(地租)、资本家(利润)和工人(工资)这三个阶级之间。在英国,早在 1821 年,就已经从这两个原理中做出了社会主义的结论,并且有一部分提得这样尖锐和这样果断,使得那些现在几乎完全被忘记了的、很大一部分靠马克思才再次发现的文献,在'资本论'出版以前,一直是不可超越的东西。"② 说得再具体一点就是,对于李嘉图的商品的价值决定于劳动时间的原理,一些资产阶级经济学家提出了这样的非难:"如果一个产品的交换价值等于它所包含的劳动时间,一个劳动日的交换价值就等于一个劳动日的产品。换句话说,工资应当等于劳动的产品。但是实际情形恰好相反。"③ 这些资产阶级经济学家对李嘉图的这种非难后来被社会主义者抓住了。"他们假定这个公式在理论上是正确的,责备实际与理论相矛盾,要求资产阶级社会在实践中贯彻它的理论原则的臆想的结论。英国的社会主义者至少就是这样把李嘉图的交换价值公式倒转过来反对政治经济学。"④

从恩格斯的这段话不难看出,他讲的"我们",指的是马克思和他本人;"产品的绝大部分**不是**属于生产这些产品的工人",指的是资本家对工人的剥削,即前者无偿占有了后者生产的剩余产品;"我们"说资本主义剥削"是不公平的,不应该这样",是基于"认为全部社会产品,即**工人的**产品属于唯一的、真正的生产者,即工人"这样一种道德意识,这种应用在经济学的形式上是错误的,因为这只不过是把道德运用于经济学而已;马克思(以及恩格斯)从来不把他们的共产主义要求建立在这样的基础上,而是建立在由经济学揭示的资本主义生产方式的必然的、他们眼见

---

① 马克思恩格斯全集:第 21 卷. 北京:人民出版社,1965:209.
② 同①206.
③ 马克思恩格斯全集:第 13 卷. 北京:人民出版社,1962:52.
④ 同③.

一天甚于一天的崩溃上,所以,马克思"只说了剩余价值由无酬劳动构成这个简单的事实";道德意识不是没有任何意义的,因为"在经济学的形式的谬误后面,可能隐藏着非常真实的经济内容"。从这段话可以推断:虽然马克思、恩格斯反对当时的社会主义者把道德运用于经济学的做法,但他们并不反对后者的道德意识本身,并且认为这种道德意识是有意义的,进而言之,马克思、恩格斯同当时的社会主义者一样,也认为资本主义剥削是不公平的,其理由也是"产品应当属于真正的生产者"。从这段话还可以推断,马克思和恩格斯之所以不谈剥削是不正义的以及为什么是不正义的问题,这首先是因为当时的社会主义者已多次谈过这一问题,而且他们认同这些人的看法;此外还因为,他们认为共产主义的实现不是基于某种道德意识,而是基于历史发展的客观必然性,因而不能只停留在对资本主义剥削的道德谴责上,而应超越这种道德谴责去深入研究、揭示这种客观必然性的政治经济学。

(三) 社会主义的按劳分配也存在不正义,因为它默认了因偶然的天赋和负担的不同所导致的人们实际所得的不平等

马克思的分配正义要求"每个人应得什么",还体现在他在《哥达纲领批判》中对社会主义按劳分配的弊病的论述上。让我们先来看看他有关按劳分配的几段论述:

(1)"每一个生产者,在作了各项扣除以后,从社会领回的,正好是他给予社会的,他给予社会的,就是他个人的劳动量。"①

(2)"显然,这里通行的是调节商品交换(就它是等价的交换而言)的同一原则。内容和形式都变了,因为在改变了的情况下,除了自己的劳动,谁都不能提供任何其他东西,另一方面,除了个人的消费资料,没有任何东西可以转化为个人的财产。"②

(3)"在这里**平等的权利**按照原则仍然是**资产阶级权利**,虽然原则和实践在这里已不再互相矛盾,而在商品交换中,等价物的交换只是**平均来说**才存在,不是存在于每个个别场合。"③

---

① 马克思恩格斯选集:第3卷. 北京:人民出版社,1995:304.
② 同①.
③ 同①.

（4）"虽然有这种进步，但这个**平等的权利**总还是被限制在一个资产阶级的框框里。生产者的权利是同他们提供的劳动**成比例的**；平等就在于以**同一尺度**——劳动——来计量。但是，一个人在体力或智力上胜过另一个人，因此在同一时间内提供较多的劳动，或者能够劳动较长的时间；而劳动，要当作尺度来用，就必须按照它的时间或强度来确定，不然它就不成其为尺度了。这种**平等的**权利，对不同等的劳动来说是不平等的权利。它不承认任何阶级差别，因为每个人都像其他人一样只是劳动者；但是它默认，劳动者的不同等的个人天赋，从而不同等的工作能力，是天然特权。**所以就它的内容来讲，它像一切权利一样是一种不平等的权利。**"①

（5）"其次，一个劳动者已经结婚，另一个则没有；一个劳动者的子女较多，另一个的子女较少，如此等等。因此，在提供的劳动相同、从而由社会消费基金中分得的份额相同的条件下，某一个人事实上所得到的比另一个人多些，也就比另一个人富些，如此等等。"②

（6）"要避免所有这些弊病，权利就不应当是平等的，而应当是不平等的。"③

（7）"但是这些弊病，在经过长久阵痛刚刚从资本主义社会产生出来的共产主义社会第一阶段，是不可避免的。权利决不能超出社会的经济结构以及由经济结构制约的社会的文化发展。"④

这里的（1）讲的是按劳分配的含义，即每一个生产者，在作了各项扣除以后⑤，从社会领回的，正好是他给予社会的，他给予社会的就是他个人的劳动量；（2）讲的是按劳分配的实现意味着资本主义剥削的消灭，因为除了自己的劳动，谁都不能提供任何其他东西，另一方面，除了个人的消费资料，没有任何东西可以转化为个人的财产；（3）讲的是按劳分配体现的**"平等的权利按照原则仍然是资产阶级权利"**，即等价物交换的平等权利；（4）讲的是按劳分配存在的一个弊病，即虽然它不承认任何阶级差别，但它默认劳动者的不同等的个人天赋，从而不同等的工作能力，是天然特权；

---

① 马克思恩格斯选集：第3卷. 北京：人民出版社，1995：304-305.
② 同①305.
③ 同①305.
④ 同①305.
⑤ 马克思在《哥达纲领批判》中列出了6项内容：（1）用来补偿消耗掉的生产资料的部分；（2）用来扩大再生产的追加部分；（3）用来应付不幸事故、自然灾害等的后备基金或保险基金；（4）同生产没有直接关系的一般管理费用；（5）用来满足共同需要的部分，如学校、保健设施等；（6）为丧失劳动能力的人等等设立的基金。（马克思恩格斯选集：第3卷. 北京：人民出版社，1995：302-303）

（5）讲的是按劳分配存在的另一个弊病，即它使劳动者个人因家庭负担不同而实际所得不平等，即"一个人事实上所得到的比另一个人多些，也就比另一个人富些"；（6）讲的是要避免上述弊病，权利就不应当是平等的，而应当是不平等的；（7）讲的是这些弊病在共产主义第一阶段是不可避免的，因为权利决不能超出社会的经济结构以及由经济结构制约的社会的文化发展。

我认为，在马克思的这些论述中隐含着一种新的、不同于剥削是不正义的分配正义要求。前边表明，马克思之所以认为资本主义剥削是不正义的，是因为资本家无偿占有了本应属于工人的剩余产品，就此而言，按劳分配相对资本主义剥削是一种正义的分配原则，因为它使劳动者获得了他应得的与其劳动量相等的产品（当然是在做了各项必要的扣除以后）。然而，在讲完按劳分配消灭了剥削以后马克思又紧接着提出，按劳分配作为平等权利原则还存在两个弊病，一是它默认了因劳动者个人天赋不同导致的所得不平等，二是它使劳动者个人因家庭负担不同而实际所得不平等。我们知道，"弊病"这一概念本身的含义是"缺点、欠缺或不足"，那由此可以推断，马克思将它用在这里无疑含有这样的意思，即他认为上述两种情况都是不应当，即不正义的。那它们为什么是不应当的？对此，马克思没做进一步的明确说明。

不过，从他所讲的第一个弊病，即"它默认，劳动者的不同等的个人天赋，从而不同等的工作能力，是天然特权"我们可以推断，劳动者的不同等的个人天赋是由偶然因素造成的，即不是由他们自己选择的，因而从道德上讲是不应得的，因此，由其导致的劳动者所得的不平等是不应当的。那对第二个弊病又应如何理解呢？在回答这一问题之前，让我们再来看看马克思的原话："一个劳动者已经结婚，另一个则没有；一个劳动者的子女较多，另一个的子女较少，如此等等。因此，在提供的劳动相同、从而由社会消费基金中分得的份额相同的条件下，某一个人事实上所得到的比另一个人多些，也就比另一个人富些，如此等等。"仔细分析一下这些话可以看出，马克思讲这些话无非是要表明，尽管每个劳动者提供的劳动相同、从而由社会消费基金中分得的份额相同，但因其家庭负担不同，他们的实际所得是不平等的。具体说来就是，每个劳动者都要负担他自己及其家庭成员的生活，但每个劳动者家庭成员的状况往往不同，因而他们的负担也不相同。正是由于家庭负担不同，他们的实际所得是不平等的。将马克思这里举的两个例子展开来说就是：一个劳动者已经结婚，另一个没有结婚，那前者就要负担两个人的生活（马克思在这里假定妻子的生活是由丈夫负担的），而后者只需负责一个人的生活，因此，前者的实际所得只是后者的一半；一个劳动者的子女较多，另一个的子女较少，那前者要负担较多人的生活，后者则负担较少人的生活，因此，前者的实际所得要比后者少。如果再将这两个例子与马克思在讲完它们之后所说的"如此等等"联系起来理解，那我们还可以进而做这样的推论：在马克思看来，除了上述两个例子所讲的情况以外，造成劳动者不同负担的还有很多类似的情况。沿着马克思在这两个例子中的思路，我们可以再举出两个造成劳动者不同负担的例子：两个劳动者都已结婚，都各有三个子女，但前者还有两个老人需要负担，后者则没有老人需要负担，那前者的负担就比后者更多，因此，前者的实际所得就比后者要少；两个劳动者各有两个子女，前者的子女都是健康人，后者的子女都是残疾人，那后者的负担就比前者更重，因此前者的实际所得就比后者要多。无疑，这样的例子还可以举出很多。那马克思为什么认为由不同家庭负担导致的劳动者实际所得的不平等是不正义的？从马克思的两个例子及其"如此等等"的用语来看，其原因也在于劳动者不同的家庭负担是由各种偶然因素造成的，即不是他们自己有意选择的，因而从道德上讲是都不应得的，因此，由其导致的劳动者实际所得的不平等是不应当的。

以上表明，在马克思有关按劳分配的弊病的论述中隐含着一种不同于剥削是不正义的分配正义要求，即由偶然的天赋和负担的不同所导致的，进而言之，由非选择的偶然因素所导致的人们实际所得的不平等是不正义的。

说到这里人们也许会问，这不等于说马克思有两种不同的分配正义要求，一种是针对资本主义剥削的正义要求，另一种是针对社会主义按劳分配的正义要求吗？我认为实际情况就是如此。在我看来，马克思的分配正义要求也是因生产方式的不同而改变的，因为他明确讲过针对资本主义剥削的正义要求"是以资本为基础的生产方式的产物"[1]，由此我们可以推论，他针对社会主义按劳分配的正义要求则是与他讲的共产主义社会第一阶段，即"一个集体的、以生产资料公有为基础的社会"[2] 相关的。对此也许有人会问，在这两种分配正义要求背后是否还存在一种终极意义上的分配正义原则？我认为这样的东西在马克思那里是找不到的，因为他和恩格斯从来就不相信有什么"永恒的、不以时间和现实变化为转移的"[3] 终极正义。

---

[1] 马克思恩格斯全集：第46卷上．北京：人民出版社，1979：460．
[2] 马克思恩格斯选集：第3卷．北京：人民出版社，1995：303．
[3] 同[2]435．

八、历史唯物主义与马克思的正义观念

在当前我国马克思主义哲学研究和政治哲学研究中，如何理解历史唯物主义与马克思正义观念的关系，是一个存在诸多争议且备受关注的问题。本人认为，导致争议的原因无疑很多，但其中一个至关重要的原因是不少学者的见解缺少可信的文本依据。为此，本文将依据马克思和恩格斯的相关论述，谈谈何为历史唯物主义、何为马克思的正义观念，并对它们之间关系提出一些初步的看法。

（一）

笔者这里所讲的历史唯物主义，是指作为马克思一生两大发现之一的、由他和恩格斯共同创立的历史唯物主义。在笔者看来，历史唯物主义是一种实证性的科学理论，说得具体一点就是，一种从人的物质生产这一经验事实出发，通过对社会结构和历史发展的考察以揭示人类社会发展一般规律的理论。这种理解的依据，是马克思（以及恩格斯）在《德意志意识形态》、《〈政治经济学批判〉序言》和《资本论》中对历史唯物主义的最为系统而集中的论述。

在《德意志意识形态》中，马克思和恩格斯对他们创立的历史唯物主义做了初次描述。他们指出："在思辨终止的地方，在现实生活面前，正是描述人们实践活动和实际发展过程的真正的实证科学开始的地方。关于意识的空话将终止，它们一定会被真正的知识所代替。对现实的描述会使独立的哲学失去生存环境，能够取而代之的充其量不过是从对人类历史发展的考察中抽象出来的最一般的结果的概括。"[①] 他们这里所讲的"在思

[①] 马克思恩格斯选集：第1卷. 北京：人民出版社，1995：73-74.

辨终止的地方",指的是以思辨为特征的德国哲学终止的地方;"真正的实证科学开始的地方",指的是"描述人们实践活动和实际发展过程"的历史唯物主义开始的地方;取代关于意识的空话的"真正的知识",指的是历史唯物主义的实证科学的特性;而能够取代独立的哲学的"充其量不过是从对人类历史发展的考察中抽象出来的最一般的结果的概括",指的历史唯物主义理论本身。可以认为,马克思、恩格斯正是在这些论述中,将历史唯物主义明确定性为"真正的实证科学"。为了表明历史唯物主义的这一特性,他们还多次谈到它的从经验出发的考察方法,例如,"这种考察方法不是没有前提的。它从现实的前提出发,它一刻也不离开这种前提。它的前提是人,但不是处在某种虚幻的离群索居和固定不变状态中的人,而是处在现实的、可以通过经验观察到的、在一定条件下进行的发展过程中的人"①。他们还强调指出,不仅现实的个人、他们的活动以及他们的物质生活条件可以通过纯粹经验的方法来确认,而且社会结构和政治结构同生产的联系也应当根据经验来揭示:"以一定的方式进行生产活动的一定的个人,发生一定的社会关系和政治关系。经验的观察在任何情况下都应当根据经验来揭示社会结构和政治结构同生产的联系,而不应当带有任何神秘和思辨的色彩。"② 由此出发,他们进而提出,历史唯物主义主要考察社会结构和社会发展问题。关于社会结构,他们说:"这种历史观就在于:从直接生活的物质生产出发阐述现实的生产过程,把同这种生产方式相联系的、它所产生的交往形式即各个不同阶段上的市民社会理解为整个历史的基础,从市民社会作为国家的活动描述市民社会,同时从市民社会出发阐明意识的所有各种不同理论的产物和形式,如宗教、哲学、道德等等,而且追溯它们产生的过程。"③ 关于社会发展,他们说:"这种观点表明:历史不是作为'产生于精神的精神'消融在'自我意识'中而告终的,而是历史的每一阶段都遇到一定的物质结果,一定的生产力总和,人对自然以及个人之间历史地形成的关系,都遇到前一代传给后一代的大量生产力、资金和环境,尽管一方面这些生产力、资金和环境为新的一代所改变,但另一方面,它们也预先规定新的一代本身的生活条件,使它得到一定的发展和具有特殊的性质。"④ "这些不同的条件,起初是自主

---

① 马克思恩格斯选集:第1卷.北京:人民出版社,1995:73.
② 同①71.
③ 同①92.
④ 同①92.

活动的条件，后来却变成了它的桎梏，它们在整个历史发展过程中构成一个有联系的交往形式的序列，交往形式的联系就在于：已经成为桎梏的旧交往形式被适应于比较发达的生产力，因而也适应于进步的个人自主活动方式的新交往形式所代替。新的交往形式又会成为桎梏，然后又为别的交往形式所代替。由于这些条件在历史发展的每一阶段都是与同一时期的生产力的发展相适应的，所以它们的历史同时也是发展着的、由每一个新的一代承受下来的生产力的历史，从而也是个人本身力量发展的历史。"① 可以认为，正是在《德意志意识形态》中，马克思、恩格斯明确提出历史唯物主义是"真正的实证科学"。

在对历史唯物主义做出经典表述的《〈政治经济学批判〉序言》中，马克思再次表明历史唯物主义具有实证科学的特征。他写道："我所得到的、并且一经得到就用于指导我的研究工作的总的结果，可以简要地表述如下：人们在自己生活的社会生产中发生一定的、必然的、不以他们的意志为转移的关系，即同他们的物质生产力的一定发展阶段相适合的生产关系。这些生产关系的总和构成社会的经济结构，即有法律的和政治的上层建筑竖立其上并有一定的社会意识形式与之相适应的现实基础。物质生活的生产方式制约着整个社会生活、政治生活和精神生活的过程。不是人们的意识决定人们的存在，相反，是人们的社会存在决定人们的意识。社会的物质生产力发展到一定阶段，便同它们一直在其中运动的现存生产关系或财产关系（这只是生产关系的法律用语）发生矛盾。于是这些关系便由生产力的发展形式变成生产力的桎梏。那时社会革命的时代就到来了。随着经济基础的变更，全部庞大的上层建筑也或慢或快地发生变革。在考察这些变革时，必须时刻把下面两者区别开来：一种是生产的经济条件方面所发生的物质的、可以用自然科学的精确性指明的变革，一种是人们借以意识到这个冲突并力求把它克服的那些法律的、政治的、宗教的、艺术的或哲学的，简言之，意识形态的形式。我们判断一个人不能以他对自己的看法为依据，同样，我们判断这样一个变革时代也不能以它的意识为根据；相反，这个意识必须从物质生活的矛盾中，从社会生产力和生产关系之间的现存冲突中去解释。"② 马克思这里所讲的指导他的研究工作的"总的结果"，无疑是指由他以及恩格斯创立的历史唯物主义。这段论述表

---

① 马克思恩格斯选集：第1卷. 北京：人民出版社，1995：123-124.
② 马克思恩格斯选集：第2卷. 北京：人民出版社，1995：32-33.

明，历史唯物主义的研究对象，是生产力、生产关系（经济基础）和上层建筑的相互关系和矛盾运动，进而言之，是通过社会结构的变革和社会发展阶段的演变所体现的人类社会发展的一般规律。而马克思强调的在考察社会变革时必须时刻把握的区别，即"一种是生产的经济条件方面所发生的物质的、可以用自然科学的精确性指明的变革，一种是人们借以意识到这个冲突并力求把它克服的那些法律的、政治的、宗教的、艺术的或哲学的，简言之，意识形态的形式"，则更明确地肯定了历史唯物主义的实证科学的特征。

在《资本论》第一卷"第二版跋"中，马克思又进一步肯定了历史唯物主义是一种实证性的科学。在谈到《卡尔·马克思的政治经济学批判的观点》一文的作者伊·伊·考夫曼时，马克思说：

> 这位作者先生从我的《政治经济学批判》序言（1859年柏林出版第4—7页，在那里我说明了我的方法的唯物主义基础）中摘引了一段话后说：
>
> "在马克思看来，只有一件事情是重要的，那就是发现他所研究的那些现象的规律。而且他认为重要的，不仅是在这些现象具有完成形式和处于一定时期内可以见到的联系中的时候支配着它们的那种规律。在他看来，除此而外，最重要的是这些现象变化的规律，这些现象发展的规律，即它们由一种形式过渡到另一种形式，由一种联系秩序过渡到另一种联系秩序的规律。他一发现了这个规律，就详细地来考察这个规律在社会生活中表现出来的各种后果……所以马克思竭力去做的只是一件事：通过准确的科学研究来证明一定的社会关系秩序的必然性，同时尽可能完善地指出那些作为他的出发点和根据的事实。为了这个目的，只要证明现有秩序的必然性，同时证明这种秩序不可避免地要过渡到另一种秩序的必然性就完全够了，而不管人们相信或不相信，意识到或没有意识到这种过渡。马克思把社会运动看作受一定规律支配的自然历史过程，这些规律不仅不以人的意志、意识和意图为转移，反而决定人的意志、意识和意图……既然意识要素在文化史上只起着这种从属作用，那末不言而喻，以文化本身为对象的批判，比任何事情更不能以意识的某种形式或某种结果为依据。这就是说，作为这种批判的出发点的不能是观念，而只能是外部的现象。批判将不是把事实和观念比较对照，而是把一种事实同另一种事

实比较对照。对这种批判唯一重要的是,把两种事实尽量准确地研究清楚,使之真正形成相互不同的发展阶段,但尤其重要的是,同样准确地把各种秩序的序列、把这些发展阶段所表现出来的连贯性和联系研究清楚……但是有人会说,经济生活的一般规律,不管是应用于现在或过去,都是一样的。马克思否认的正是这一点。在他看来,这样的抽象规律是不存在的……根据他的意见,恰恰相反,每个历史时期都有它自己的规律。一旦生活经过了一定的发展时期,由一定阶段进入另一阶段时,它就开始受另外的规律支配。总之,经济生活呈现出的现象,和生物学的其他领域的发展史颇相类似……旧经济学家不懂得经济规律的性质,他们把经济规律同物理学定律和化学定律相比拟……对现象所作的更深刻的分析证明,各种社会机体象动植物机体一样,彼此根本不同……由于各种机体的整个结构不同,它们的各个器官有差别,以及器官借以发生作用的条件不一样等等,同一个现象却受完全不同的规律支配。例如,马克思否认人口规律在任何时候在任何地方都是一样的。相反地,他断言每个发展阶段都有它自己的人口规律……生产力的发展水平不同,生产关系和支配生产关系的规律也就不同。马克思给自己提出的目的是,从这个观点出发去研究和说明资本主义经济制度,这样,他只不过是极其科学地表述了任何对经济生活进行准确的研究必须具有的目的……这种研究的科学价值在于阐明了支配着一定社会机体的产生、生存、发展和死亡以及为另一更高的机体所代替的特殊规律。马克思的这本书确实具有这种价值。"

这位作者先生把他称为我的实际方法的东西描述得这样恰当,并且在考察我个人对这种方法的运用时又抱着这样的好感,那他所描述的不正是辩证方法吗?①

从得到马克思高度肯定的考夫曼的这段话我们可以看到,马克思明确认可他的辩证方法,即他的历史唯物主义具有考夫曼描述的那些实证科学的基本特征:"通过准确的科学研究来证明一定的社会关系秩序的必然性,同时尽可能完善地指出那些作为他的出发点和根据的事实";"把社会运动看作受一定规律支配的自然历史过程,这些规律不仅不以人的意志、意识

---

① 资本论:第一卷. 北京:人民出版社,1975:20-23.

和意图为转移，反而决定人的意志、意识和意图";"批判将不是把事实和观念比较对照，而是把一种事实同另一种事实比较对照";"经济生活呈现出的现象，和生物学的其他领域的发展史颇相类似";"这种研究的科学价值在于阐明了支配着一定社会机体的产生、生存、发展和死亡以及为另一更高的机体所代替的特殊规律"。

除了上述三处系统而集中的论述以外，马克思、恩格斯对历史唯物主义的实证科学的特征还有不少明确的表述。例如，马克思在《资本论》第一卷还指出："我决不用玫瑰色描绘资本家和地主的面貌。不过这里涉及到的人，只是经济范畴的人格化，是一定的阶级关系和利益的承担者。我的观点是：社会经济形态的发展是一种自然历史过程。不管个人在主观上怎样超脱各种关系，他在社会意义上总是这些关系的产物。同其他任何观点比起来，我的观点是更不能要个人对这些关系负责的。"① 恩格斯的《在马克思墓前的讲话》则更清楚地表明了这一点："正像达尔文发现有机界的发展规律一样，马克思发现了人类历史的发展规律，即历来为繁芜丛杂的意识形态所掩盖着的一个简单事实：人们首先必须吃、喝、住、穿，然后才能从事政治、科学、艺术、宗教等等；所以，直接的物质的生活资料的生产，因而一个民族或一个时代的一定的经济发展阶段，便构成基础，人们的国家设施、法的观点、艺术以至宗教观念，就是从这个基础上发展起来的，因而，也必须由这个基础来解释，而不是像过去那样做得相反。"②

在我看来，对于历史唯物主义的理解和阐释必须依据马克思、恩格斯认可的相关论述，而一旦我们这样做了，那就不能否认历史唯物主义是一种实证性的科学理论。

（二）

仔细研读一下马克思论著我们可以发现，他涉及正义问题的论述大体上可分为两类。一类是从历史唯物主义出发，对各种资产阶级、小资产阶级的正义主张，例如，吉尔巴特的"自然正义"、蒲鲁东的"永恒公平的

---

① 资本论：第一卷. 北京：人民出版社，1975：12.
② 马克思恩格斯选集：第3卷. 北京：人民出版社，1995：776.

理想"、拉萨尔的"公平的分配"的批判,以及对当时工人运动中出现的各种错误口号,例如,"做一天公平的工作,得一天公平的工资"的批评。在这一类论述中,马克思指出并论证了正义属于社会意识,是对一定经济关系的反映;正义是人们对现实分配关系与他们自身利益关系的一种价值判断,不同阶级和社会集团对同一分配关系是否正义往往持有不同的看法;虽然说到底正义是对现实经济关系与评价主体利益之间关系的反映,但它的直接来源却是法权观念和道德观念,是法权观念或道德观念的最抽象的表现;正义随着经济关系的变化而变化,永恒的正义是不存在的。① 另一类则隐含在对资本主义剥削的谴责和对社会主义按劳分配的批评中。笔者这里所讲的马克思的正义观念,指的只是隐含在第二类论述中的马克思对什么是正义的、什么是不正义的看法。

那马克思认为什么是正义的、什么是不正义的?在笔者看来,要弄清这一问题,首先要弄清正义概念本身在马克思相关论述中的含义。众所周知,对于正义的含义,自柏拉图以来人们就存在种种不同的理解,因此,要弄清正义在马克思那里意指什么,就要看看他是如何使用这一概念的。进而言之,要弄清与历史唯物主义相关的马克思的正义观念,就要看看他在创立历史唯物主义以后是如何使用这一概念的。根据笔者对马克思著作的研读,他在创立历史唯物主义以后涉及正义的论述并不多,而且这些论述大多与分配问题相关②,以下是人们经常引用的几段论述:

(1) 在谈到资本主义分配关系时,马克思说:"什么是'公平的'分配呢?难道资产者不是断言今天的分配是'公平的'吗?难道它事实上不是在现今的生产方式基础上唯一'公平的'分配吗?……难道各种社会主义宗派分子关于'公平的'分配不是也有各种极不相同的观念吗?"③

(2) 在谈到工人争取提高工资的斗争时,马克思说:"他们应当屏弃**'做一天公平的工作,得一天公平的工资!'**这种保守的格言,要在自己的旗帜上写上**革命**的口号:**'消灭雇佣劳动制度!'"**④

(3) 在谈到劳动和资本的关系时,马克思说:"认识到产品是劳动能

---

① 段忠桥. 马克思和恩格斯的公平观. 哲学研究,2000 (8).
② 当然,马克思也在其他意义上使用过正义概念,如出现在他 1871 年为国际工人协会起草的《共同章程》中的"真理、正义和道德"(马克思恩格斯选集:第 2 卷. 北京:人民出版社,1995;610),出现在《资本论》中的"对卖者也决不是不公平的"(资本论:第一卷. 北京:人民出版社,1975;219),等等。
③ 马克思恩格斯选集:第 3 卷. 北京:人民出版社,1995;302.
④ 马克思恩格斯选集:第 2 卷. 北京:人民出版社,1995;97.

力自己的产品，并断定劳动同自己的实现条件的分离是不公平的、强制的，这是了不起的觉悟，这种觉悟是以资本为基础的生产方式的产物，而且也正是为这种生产方式送葬的丧钟，就像当奴隶觉悟到他**不能作第三者的财产**，觉悟到他是一个人的时候，奴隶制度就只能人为地苟延残喘，而不能继续作为生产的基础一样。"①

（4）在谈到未来社会主义社会的按劳分配时，马克思说："生产者的权利是同他们提供的劳动**成比例的**；平等就在于以**同一尺度**——劳动——来计量。……但是，一个人在体力或智力上胜过另一个人，因此在同一时间内提供较多的劳动，或者能够劳动较长的时间；而劳动，要当作尺度来用，就必须按照它的时间或强度来确定，不然它就不成其为尺度了。这种**平等的**权利，对不同等的劳动来说是不平等的权利。它不承认任何阶级差别，因为每个人都像其他人一样只是劳动者；但是它默认，劳动者的不同等的个人天赋，从而不同等的工作能力，是天然特权。**所以就它的内容来讲，它像一切权利一样是一种不平等的权利**。"②

从这些论述不难看出，马克思所讲的正义都与对劳动产品的分配相关。那他所讲的与分配相关的"正义"其含义又是什么？这是一个不仅从这些论述，而且从马克思其他相关论述都无法找到确切答案的问题，因为尽管他多次讲到与分配相关的"正义"，但从没给它下过一个定义，也没对它做出专门的说明。因此，我们可以推断，他在使用这一概念时可能是沿袭了当时人们的一般用法，即也用正义指称"给每个人以其应得"。③

这里有必要指出，尽管在日常用语中，与分配相关的"正义"意指的是"给每个人以其应得"，但因为对于"每个人应得什么"人们往往存在

---

① 马克思恩格斯全集：第46卷上．北京：人民出版社，1979：460.
② 马克思恩格斯选集：第3卷．北京：人民出版社，1995：304-305.
③ 时至今日，人们对正义概念的用法依然如此。例如，G. A. 科恩说："但如果因为我的一些批评者坚持要求我必须仅以通常的话语说出我认为正义是什么，那对这些对此将感到满足的人来讲，我就给出正义是给每个人以其应有这一古老的格言。"（G. A. Cohen. Rescuing Justice and Equality. Cambridge, Mass：Harvard University Press, 2008：7）戴维·米勒对正义概念的论述与 G. A. 科恩大体相同："在断定每一种关系模式具有其独特的正义原则时，我诉诸读者对我们所谓正义的'语法'的理解。依照查士丁尼的经典定义，作为一种一般意义上的德性的正义乃是'给予每个人应有的部分这种坚定而恒久的愿望'。"（戴维·米勒．社会正义原则．应奇，译．南京：江苏人民出版社，2008：39-40）阿拉斯代尔·麦金泰尔也持有相同的看法，他认为："正义是给予每个人——包括他自己——他所应得的东西以及不以与他们的应得不相容的方式对待他们的一种安排。"（A. MacIntyre. Whose Justice? Which Rationality? London：Duckworth, 1988：39）

不同的理解，因此，人们持有的正义观念，即什么样的分配是正义的，什么样的分配是不正义的，往往也是各不相同的。那马克思持有的与分配相关的正义观念——"给每个人以其应得"意指的又是什么？在我看来，这也是一个从马克思相关论述难以直接找到明确答案的问题，因为他持有的正义观念，只隐含在他对资本主义剥削的谴责和对社会主义按劳分配的批评上。

让我们先来看看马克思对资本主义剥削的谴责。我们知道，马克思不但从实证的意义上揭示了资本主义剥削体现为资本家对工人劳动的无偿占有，而且还从规范的意义上谴责了资本家无偿占有工人劳动的不正义。在他的相关论著中，他多次把资本家对工人的剥削说成是对工人的"盗窃"和"抢劫"。例如，在《经济学手稿（1857—1858年）》中他明确指出，**"现今财富的基础是盗窃他人的劳动时间"**①。在《资本论》中，他把剩余产品视为"资本家阶级每年从工人阶级那里夺取的贡品"②，把逐年增长的剩余产品称作"从英国工人那里不付等价物而窃取的"③，把资本家无偿占有的剩余价值看作"从工人那里掠夺来的赃物"④。对此，当代左翼学者，牛津大学的G. A. 科恩教授曾做过这样的推论：在马克思看来，资本主义剥削是资本家对工人的"盗窃"，而盗窃就是"不正当地拿了属于他者的东西，盗窃是做不正义的事情，而基于'盗窃'的体系就是基于不正义"⑤。由此，他进而推论，你能从某人那里盗窃的东西只能是完全属于那个人的东西，因此可以认为，马克思对资本主义剥削是不正义的谴责，实际上"暗示着工人是他自己的劳动时间的正当的所有者"⑥。笔者认为，科恩的推论是能够成立的，因此，我们可以断定，马克思认为资本主义剥削之所以是不正义的，从根本上讲，是因为资本家无偿占有了本应属于工人的剩余产品。

让我们再来看看马克思对社会主义按劳分配的批评。在《哥达纲领批判》中，马克思在讲完按劳分配的含义之后又接着指出，按劳分配虽然意味着资本主义剥削的消灭，但它还存在两个弊病。第一，它默认因劳动者

---

① 马克思恩格斯全集：第46卷下. 北京：人民出版社，1980：218.
② 资本论：第一卷. 北京：人民出版社，1975：638.
③ 同②671.
④ 同②654.
⑤ 李惠斌，李义天. 马克思与正义理论. 北京：中国人民大学出版社，2010：158.
⑥ G. A. Cohen. Self-Ownership, Freedom, and Equality. Cambridge University Press, 1995：146.

个人天赋不同而导致的实际所得不平等。这表现在："生产者的权利是同他们提供的劳动成比例的；平等就在于以同一尺度——劳动——来计量。但是，一个人在体力或智力上胜过另一个人，因此在同一时间内提供较多的劳动，或者能够劳动较长的时间；而劳动，要当作尺度来用，就必须按照它的时间或强度来确定，不然它就不成其为尺度了。这种平等的权利，对不同等的劳动来说是不平等的权利。它不承认任何阶级差别，因为每个人都像其他人一样只是劳动者；但是它默认，劳动者的不同等的个人天赋，从而不同等的工作能力，是天然特权。**所以就它的内容来讲，它像一切权利一样是一种不平等的权利。**"① 第二，它使劳动者个人因家庭负担不同而实际所得不平等。这表现在："一个劳动者已经结婚，另一个则没有；一个劳动者的子女较多，另一个的子女较少，如此等等。因此，在提供的劳动相同、从而由社会消费基金中分得的份额相同的条件下，某一个人事实上所得到的比另一个人多些，也就比另一个人富些，如此等等。"② 我们知道，"弊病"这一概念意指的是"缺点、欠缺或不足"，由此我们可以认为，马克思将它用在这里无疑含有批评的意思，说得明确一点就是，上述两种情况都是"不应当的"，或不正义的。那它们为什么是"不应当"的？对此，马克思并没给出明确的说明。

然而，从马克思有关第一个弊病的论述我们可以推断，其原因只能在于，劳动者的不同等的个人天赋是由偶然因素导致的，也就是说，不是由他们自己选择的，因而从道德上讲是不应得的，由此说来，由其导致的劳动者所得的不平等是不应当的。那又应如何理解马克思所讲的第二个弊病呢？让我们先来想想马克思在谈到这一弊病时所讲的两种情况：一个劳动者已经结婚，另一个没有结婚，由于妻子的生活要由丈夫来负担（马克思肯定是这样假定的），那前者就要负担两个人的生活，而后者只负责一个人的生活，这样一来，前者的实际所得就只有后者的一半；一个劳动者子女较多，另一个子女较少，前者要负担较多人的生活，后者则负担较少人的生活，因此，前者的实际所得就比后者要少。如果再将这两种情况与马克思在讲完它们之后所说的"如此等等"联系起来理解，那我们还可进而推论，这类情况实际上还有很多。例如，两个劳动者都已结婚，其中一个有两个健康的子女，另一个则有两个残疾的子女，因此，后者的负担比前

---

① 马克思恩格斯选集：第 3 卷. 北京：人民出版社，1995：304-305.
② 同①305.

者更重,并因而实际所得更少。再如,两个劳动者都已结婚,其中一个没有老人需要负担,另一个则有两个老人需要负担,后者的负担无疑比前者更多,并因而实际所得要少。类似的例子无疑还可以举出很多。那马克思为什么认为由不同家庭负担导致的劳动者实际所得的不平等是弊病,即不应当的?如果我们对马克思所讲的两种情况及其"如此等等"的用语做进一步的思考,那就可以认为,其原因也在于劳动者不同的家庭负担是由各种偶然因素造成的,换句话说,不是他们自己故意选择的,从道德上讲是不应得的,所以,由它们导致的劳动者实际所得的不平等是不应当的。简言之,我认为在马克思对按劳分配的批评中,隐含着一种不同于剥削是不正义的新的分配正义观念,即由偶然的天赋和负担的不同所导致的,由非选择的偶然因素所导致的人们实际所得的不平等是不正义的。

综上所述,马克思实际上持有两种不同的分配正义观念,一是涉及资本主义剥削的正义观念,另一是涉及社会主义按劳分配弊病的正义观念。对此,人们也许会问,马克思是否还持有一种超越这两种分配正义观念的终极意义上的分配正义观念?笔者的回答是肯定没有,因为他和恩格斯从不相信有什么"永恒的、不以时间和现实变化为转移的"[①] 终极正义。

(三)

如果说历史唯物主义只是一种实证性的科学理论,马克思的正义观念只是一种规范性的见解,那对它们之间关系就要做一种与我国学术界的传统理解不同的新理解。

在历史唯物主义与马克思正义观念的关系这一问题上,传统的理解认为,马克思是从历史唯物主义出发,以是否与生产方式相适应来判定一种分配是否是正义的:只要与生产方式相适应就是正义的,只要与生产方式相矛盾就是非正义的。这种理解的依据,来自中央编译局翻译的马克思在《资本论》第三卷中的一段话:

> 在这里,同吉尔巴特一起(见注)说什么自然正义,这是荒谬的。生产当事人之间进行的交易的正义性在于:这种交易是从生产关

---

① 马克思恩格斯选集:第3卷.北京:人民出版社,1995:435.

系中作为自然结果产生出来的。这种经济交易作为当事人的意志行为，作为他们的共同意志的表示，作为可以由国家强加给立约双方的契约，表现在法律形式上，这些法律形式作为单纯的形式，是不能决定这个内容本身的。这些形式只是表示这个内容。这个内容，只要与生产方式相适应，相一致，就是正义的，只要与生产方式相矛盾，就是非正义的。在资本主义生产方式的基础上，奴隶制是非正义的；在商品质量上弄虚作假也是非正义的。（注释：一个借钱为了获取利润的人，应该把利润的一部分给予贷出者，这是一个不言而喻的合乎自然正义的原则。）①

笔者曾指出，这段译文存在严重误译的问题。② 在这里，我不再对误译问题做进一步的说明，而只想指出基于这段译文的传统理解存在的一个明显的错误：把正义理解为一种事实判断而不是一种价值判断。我们知道，在马克思和恩格斯的相关论述中，一种分配方式与生产方式相一致还是相矛盾，指的只是前者是后者的发展形式还是桎梏，是促进还是阻碍后者发展，由此说来，无论相一致还是相矛盾，都只是对它们之间关系的一种事实判断。相反，一种分配方式是正义的还是非正义的，指的则是不同社会群体对它做的"应当"还是"不应当"的价值判断。关于正义的价值判断的特征，马克思和恩格斯都有明确的论述。马克思在批判拉萨尔主张的"公平的分配"时指出："什么是'公平的'分配呢？难道资产者不是断言今天的分配是'公平的'吗？……难道各种社会主义宗派分子关于'公平的'分配不是也有各种极不相同的观念吗？"③ 恩格斯在谈到蒲鲁东的法权观时也指出："希腊人和罗马人的公平观认为奴隶制度是公平的；1789年资产者阶级的公平观则要求废除被宣布为不公平的封建制度。在普鲁士的容克看来，甚至可怜的专区法也是破坏永恒公平的。所以，关于永恒公平的观念不仅是因时因地而变，甚至也因人而异，它是如米尔伯格正确说过的那样'一个人有一个理解。'"④ 如果说正义在马克思的论述中只是一种价值判断，那将其理解为一种事实判断显然就是错误的。

那又应如何理解作为一种实证性理论的历史唯物主义与作为一种规范

---

① 马克思恩格斯全集：第25卷. 北京：人民出版社，1974：379.
② 段忠桥. 马克思认为"与生产方式相适应，相一致就是正义的"吗？——对中央编译局《资本论》第三卷一段译文的质疑与重译. 马克思主义与现实，2010（6）.
③ 马克思恩格斯选集：第3卷. 北京：人民出版社，1995：302.
④ 马克思恩格斯全集：第18卷. 北京：人民出版社，1964：310.

性见解的马克思正义观念的关系呢？这无疑是一个在我国学术界尚未引起人们重视，因而也从未可做过认真探讨的问题。以下是笔者对这一问题的几点初步的看法。

第一，历史唯物主义不涉及马克思的正义观念，马克思的正义观念也不涉及历史唯物主义。前边表明，历史唯物主义是一种从人的物质生产这一经验事实出发，通过对社会结构和历史发展的考察以揭示人类社会发展一般规律的理论，而马克思的正义观念只体现为马克思对资本主义剥削的谴责和对社会主义按劳分配的批评，因此，前者的内容与后者无关，后者的内容与前者也无关。

第二，历史唯物主义不是源自马克思的正义观念，马克思的正义观念也不是源自历史唯物主义。由于历史唯物主义是一种实证性的科学理论，这决定了它不可能源自规范性的马克思正义观念。换句话说，马克思不是从他的正义观念出发创立历史唯物主义的，这一点从马克思以及恩格斯有关历史唯物主义创立过程的论述就看得很清楚。[①] 历史唯物主义的实证性的特征还使它不可能成为马克思正义观念的来源，因为它只能对资本主义剥削和社会主义按劳分配做出事实性描述或判断，例如，它可以表明资本主义剥削体现为资本家对工人劳动的无偿占有，社会主义按劳分配体现为按照每个人提供的劳动分配生活资料，进而言之，它还可以表明资本主义剥削在一定历史时期具有必然性，社会主义实行按劳分配是因为生产力还没得到极大的提高。从这些事实性的描述或判断显然既推导不出资本主义剥削是不正义的，也推导不出社会主义按劳分配是不正义的。

那马克思的正义观念源自哪里？从马克思和恩格斯的相关论述看，马克思与剥削相关的正义观念是源自当时英国的社会主义者。对此，恩格斯曾有这样的说明："李嘉图理论的上述应用，——认为全部社会产品，即**工人的**产品属于唯一的、真正的生产者，即工人，——直接引导到共产主义。但是，马克思在上述的地方也指出，这种应用在经济学的形式上是错误的，因为这只不过是把道德运用于经济学而已。按照资产阶级经济学的规律，产品的绝大部分**不是**属于生产这些产品的工人。如果我们说：这是不公平的，不应该这样，那末这句话同经济学没有什么直接的关系。我们不过是说，这些经济事实同我们的道德感有矛盾。所以马克思从来不把他的共产主义要求建立在这样的基础上，而是建立在资本主义生产方式的必

---

① 马克思恩格斯选集：第2卷. 北京：人民出版社，1995：32-33.

然的、我们眼见一天甚于一天的崩溃上；他只说了剩余价值由无酬劳动构成这个简单的事实。"① 这里所说的"认为全部社会产品，即**工人的**产品属于唯一的、真正的生产者，即**工人**"，指的是当时英国社会主义者的主张②；"我们"，指的是马克思和他本人；"产品的绝大部分**不是**属于生产这些产品的工人"，指的是资本家对工人的剥削；"我们"说资本主义剥削"是不公平的，不应该这样"，是基于"认为全部社会产品，即**工人的**产品属于唯一的、真正的生产者，即**工人**"这样的道德意识，这种说法在经济学上是错误的，因为这只不过是把道德运用于经济学；马克思从来不把他的共产主义要求建立在这样的基础上，而是建立在由经济学揭示的资本主义生产方式的必然的、一天甚于一天的崩溃上，所以，马克思"只说了剩余价值由无酬劳动构成这个简单的事实"。从这段话可以推断，马克思涉及剥削的正义观念，是源自当时英国的社会主义者。而马克思涉及社会主义按劳分配弊病的正义观念，则是源自当时德国手工业者的共产主义。他在与恩格斯合著的《德意志意识形态》中批判"霍尔施坦的格奥尔格·库尔曼博士"时指出："但是，共产主义的最重要的不同于一切反动的社会主义的原则之一就是下面这个以研究人的本性为基础的实际信念，即人们的**头脑**和智力的差别，根本不应引起**胃**和肉体**需要**的差别；由此可见，'按能力计报酬'这个以我们目前的制度为基础的不正确的原理应当——因为这个原理仅就狭义的消费而言——变为'**按需分配**'这样一个原理，

---

① 马克思恩格斯全集：第21卷. 北京：人民出版社，1965：209.
② 对此，恩格斯做过这样的解释："现代社会主义，不论哪一派，只要从资产阶级政治经济学出发，几乎没有例外地都同李嘉图的价值理论相衔接。李嘉图在1817年他的'原理'中，一开头就提出两个原理：第一，任何商品的价值仅仅取决于生产这个商品所需要的劳动量，第二，全部社会劳动的产品分配于土地所有者（地租）、资本家（利润）和工人（工资）这三个阶级之间。在英国，早在1821年，就已经从这两个原理中做出了社会主义的结论，并且一部分得这样尖锐和这样果断，使得那些现在几乎完全被忘记了的、很大一部分靠马克思才再次发现的文献，在'资本论'出版以前，一直是不可超越的东西。"（马克思恩格斯全集：第21卷. 北京：人民出版社，1965：206）具体说来就是，对于李嘉图的商品的价值决定于劳动时间的原理，一些资产阶级经济学家提出了这样的非难："如果一个产品的交换价值等于它所包含的劳动时间，一个劳动日的交换价值就等于一个劳动日的产品。换句话说，工资应当等于劳动的产品。但是实际情形恰好相反。"（马克思恩格斯全集：第13卷. 北京：人民出版社，1962：52）这些资产阶级经济学家对李嘉图的这种非难后来被社会主义者抓住了。"他们假定这个公式在理论上是正确的，责备实际与理论相矛盾，要求资产阶级社会在实践中贯彻它的理论原则的臆想的结论。英国的社会主义者至少就是这样把李嘉图的交换价值公式倒转过来反对政治经济学。"（马克思恩格斯全集：第13卷. 北京：人民出版社，1962：52）

八、历史唯物主义与马克思的正义观念

换句话说：活动上，劳动上的**差别**不会引起在占有和消费方面的任何**不平等，任何特权**。"① 马克思这里所讲的"按能力计报酬"与他后来在《哥达纲领批判》中所讲的按劳分配当然不是一回事，但他在这里对前者的批评却与他在《哥达纲领批判》中对后者的批评有内在联系，因而可以看作后者的来源。当然，马克思正义观念的来源可能不仅是上面所讲的两种，但无论还有什么其他来源，它们都不可能是历史唯物主义。

第三，历史唯物主义并不否定马克思正义观念，马克思的正义观念也不否定历史唯物主义。从马克思的相关论述可以发现，无论是对资本主义剥削还是对社会主义按劳分配，他都同时既有基于正义观念的论述，又有基于历史唯物主义的论述。关于基于正义观念的论述，笔者在前边已经表明，这里我只引用两段基于历史唯物主义的论述。针对当时工人运动中流行的"做一天公平的工作，得一天公平的工资"的口号，马克思批评说："在雇佣劳动制度的基础上要求**平等的或仅仅是公平的**报酬，就犹如在奴隶制的基础上要求**自由**一样。你们认为公道和公平的东西，与问题毫无关系。问题就在于：一定的生产制度所必需的和不可避免的东西是什么？"② 他这里所讲的"一定的生产制度所必需的和不可避免的东西"指的就是资本主义剥削具有的历史必然性。在表明按劳分配存在两个弊病以后，马克思进而指出："但是这些弊病，在经过长久阵痛刚刚从资本主义社会产生出来的共产主义社会第一阶段，是不可避免的。权利决不能超出社会的经济结构以及由经济结构制约的社会的文化发展。"③ 这里所讲的"不可避免的"，指的就是按劳分配两个弊病的历史必然性。由此不难看出，历史唯物主义与马克思的正义观念并不相互否定，而是各讲各的问题。这一点还可从马克思对它们的应用中得到证明。以对资本主义剥削的谴责为例，马克思一方面从其持有的正义观念出发对资本主义剥削予以强烈谴责，另一方面又坚决反对从正义观念出发解释它的存在和发展。他在谈到蒲鲁东的永恒公平理想时指出："如果一个化学家不去研究物质变换的现实规律，并根据这些规律解决一定的问题，却要按照'自然性'和'亲合性'这些'永恒观念'来改造物质变换，那末对于这样的化学家人们该怎样想呢？如果有人说，'高利贷'违背'永恒公平'、'永恒公道'、'永恒互助'以

---

① 马克思恩格斯全集：第3卷. 北京：人民出版社，1960：637-638.
② 马克思恩格斯选集：第2卷. 北京：人民出版社，1995：76.
③ 马克思恩格斯选集：第3卷. 北京：人民出版社，1995：305.

及其他种种'永恒真理',那末这个人对高利贷的了解比那些说高利贷违背'永恒恩典'、'永恒信仰'和'永恒神意'的教父的了解又高明多少呢?"① 与此相关的另一个例证,是马克思对英国殖民主义者入侵印度的看法。在《不列颠在印度的统治》一文中,马克思先从道德上谴责了英国殖民主义者在印度的暴行:"从人的感情上来说,亲眼看到这无数辛勤经营的宗法制的祥和无害的社会组织一个个土崩瓦解,被投入苦海,亲眼看到它们的每个成员既丧失自己的古老形式的文明又丧失祖传的谋生手段,是会感到难过的"②。但他紧接着又说:"的确,英国在印度斯坦造成社会革命完全是受极卑鄙的利益所驱使,而且谋取这些利益的方式也很愚蠢。但问题不在这里。问题在于,如果亚洲的社会状态没有一个根本的革命,人类能不能实现自己的命运?如果不能,那么,英国不管干了多少罪行,它造成这个革命毕竟是充当了历史的不自觉的工具。总之,无论一个古老世界崩溃的情景对我们个人的感情来说怎样难过,但从历史的观点来看,我们有权同歌德一起高唱:'我们何必因这痛苦而伤心,既然它带给我们更多快乐?难道不是有千千万万生灵曾被帖木儿的统治吞没?'"③ 由此不难看出,在马克思那里,基于人的感情谴责英国对印度的入侵是一个问题,对英国的入侵做一种历史唯物主义的说明则是另一个问题,它们之间并不相互否定。

当然,笔者对历史唯物主义与马克思正义观念关系看法还只是初步的,还有不少问题需做进一步的说明。希望我的看法能起到抛砖引玉的作用。

---

① 资本论:第一卷. 北京:人民出版社,1975:102-103.
② 马克思恩格斯选集:第1卷. 北京:人民出版社,1995:765.
③ 同②766.

九、关于当今中国贫富两极分化的两个问题
——与陈学明教授商榷

在近些年来我国的马克思主义研究中，热衷于概念演绎、文本考证和历史比较的论著很多，真正涉及当前我国存在的重大现实问题的却较少，就此而言，陈学明与姜国敏合作发表在《江海学刊》2016年第2期的论文《论政治经济学在马克思主义中的地位》应当引起我们的重视，因为文中的一部分内容直接涉及当今中国的贫富两极分化问题。本人十分赞赏陈学明教授注重现实的研究取向，但对他在文中提出的两个见解持有不同的看法，现提出来与他商榷，并希望通过深入的学术争论推进当前我国的马克思主义研究。

（一）

陈学明教授的第一个见解是，坚持真正的马克思的立场，就不能对当今中国存在的贫富两极分化现象做道德（或政治哲学）批判[1]，而只能做政治经济学批判。

在指出当今中国社会贫富两极分化越来越严重之后，陈学明教授说："现在比较流行的一种意见，是把两极分化视为是一个涉及'正义'与'不正义'的道德问题。"[2] 他这里所说的"比较流行的一种意见"指的是哪些人的意见？对此，陈学明教授不但没有明确指出，而且在接下来的论

---

[1] 在我看来，由于陈学明教授所说的道德批判指的是与"正义""不正义"相关的批判，而"正义""不正义"在当今学界更多地被作为政治哲学范畴来使用，因此，用"政治哲学批判"比用"道德批判"在表述上更准确。故此，在本文的一些地方，我采用的是"政治哲学批判"而不是"道德批判"这样的表述。
[2] 陈学明，姜国敏. 论政治经济学在马克思主义中的地位. 江海学刊，2016（2）：8.

述中也没有给出任何能够体现这种意见的相关文献。当然，陈学明教授绝不是无的放矢，而且，如果我没猜错的话，他指的是我前几年提出并且至今坚持的意见。因为自2012年以来，我陆续发表了多篇从分配正义视角谈当前我国的贫富差距的论文，如《马克思主义研究应关注分配正义问题》①、《当前中国的贫富差距为什么是不正义的？——基于马克思〈哥达纲领批判〉的相关论述》②、《马克思主义哲学研究应关注分配正义问题》③、《从分配正义看收入差距问题》④。当然，把贫富两极分化视为一个涉及"正义"与"不正义"问题的学者不仅仅是我一个人，但在这里我愿意作为这种意见的代表对陈学明教授做出回应。

陈学明教授接着对他所说的那种流行意见做了严厉的批评。他的批评由这样三个推断构成：(1) 这种意见是"在道义的世界里，在伦理学范围内，抽象地谈论中国当前的不公平、不平等，从中得出经济领域的两极分化的结论"；(2) 这种意见"把解决不公平现象，寄希望于人们道德观念的变革，寄希望于人们'良心'的发现"；(3) 这种意见是"致力于从'老祖宗'那里找平等文化、和谐文化的思想传统和根据，以为只要把这些传统的公平正义观念移植到今天，当今中国就能消除两极分化，和谐社会就建立起来了"。⑤ 然而，他的这三个推断都是不能成立的。

先看第一个推断。在我看来，"把两极分化视为是一个涉及'正义'与'不正义'的道德问题"，讲的是认为两极分化和"正义"与"不正义"这样的道德问题相关，从这种看法可以推断这样做是"在道义的世界里，在伦理学范围内"谈论中国当前的不公平、不平等，但却推不出这样做是"在道义的世界里，在伦理学范围内"抽象地谈论中国当前的不公平、不平等，从中得出经济领域的两极分化的结论"。什么是"抽象地谈论"中国当前的不公平、不平等？它指的是离开当今中国贫富两极分化的现实空谈"不公平、不平等"吗？如果这就是陈学明教授指的"抽象地谈论"，那他的说法不符合实际，因为只要看看我那几篇论文就不难发现，它们虽然都是在政治哲学范围内谈论中国当前的不公平、不平等，但无不是以当今中国现实存在的贫富差距为对象的。那它指的是以"公平、平等"这些

---

① 中国社会科学报，2012-05-23.
② 中国人民大学学报，2013 (1).
③ 光明日报，2014-03-19.
④ 人民日报，2016-02-02.
⑤ 陈学明，姜国敏. 论政治经济学在马克思主义中的地位. 江海学刊，2016 (2)：8.

抽象的政治哲学概念谈论当今中国的贫富两极分化吗？如果这是陈学明教授指的"抽象地谈论"，那这样做是无可非议的，因为任何一种学术研究都要运用抽象的概念，陈学明教授自己不也是以"资本、劳动"这样抽象的政治经济学概念谈论两极分化吗？至于陈学明教授所讲的"从中得出经济领域的两极分化的结论"，则更难以成立。因为他所讲的"从中"，指的是从"在道义的世界里，在伦理学范围内，抽象地谈论中国当前的不公平、不平等"中，这中间的"中国当前的不公平、不平等"指的只能是在当今中国已经存在的贫富两极分化，如果在道义世界和伦理学范围内抽象谈论的"中国当前的不公平、不平等"，是在当今中国已经存在的贫富两极分化，那由此怎能再"得出经济领域的两极分化的结论"呢？在我看来，陈学明教授这样推断无非是要隐晦地表达他的这样一种见解：认为贫富两极分化和"正义"与"不正义"这样的道德问题相关，就是在道义世界和伦理学范围内从"抽象地谈论中国当前的不公平、不平等"中得出当今中国存在经济领域的两极分化的结论，而这就是从抽象的"不公平、不平等"这样的道德观念中得出当今中国经济领域存在两极分化的结论，因而是一种道德唯心论。但陈学明教授的推断显然不能成立，因为它不但缺乏事实依据，而且在逻辑上也讲不通。

  再看第二个推断。在我看来，当今中国存在的贫富两极分化无疑涉及多方面的问题，正因为如此，它引起了包括经济学家、政治学家、社会学家、哲学家在内的诸多领域学者的关注。我和一些学者"把两极分化视为是一个涉及'正义'与'不正义'的道德问题"，无非是认为两极分化的存在和"正义"与"不正义"问题相关，因而可以从政治哲学的视角对其进行研究，而陈学明教授却由此推断，持有这种看法就会"把解决不公平现象，寄希望于人们道德观念的变革，寄希望于人们'良心'的发现"。这一推断太武断了。因为认为贫富两极分化涉及"正义"与"不正义"问题是一回事，"把解决不公平现象，寄希望于人们道德观念的变革，寄希望于人们'良心'的发现"则是另一回事，从前者是推断不出后者的。进而言之，无论从逻辑上讲还是从事实上看，认为贫富两极分化涉及"正义"与"不正义"的人也可同时认为，解决不公平现象不应"寄希望于人们道德观念的变革，寄希望于人们'良心'的发现"，而应通过经济和政治的变革。例如，马克思说过，无产者"认识到产品是劳动能力自己的产品，并断定劳动同自己的实现条件的分离是不公平的、强制的，这是了不起的觉悟，这种觉悟是以资本为基础的生产方式的产物，而且也正是为这种生产方式送葬的丧钟"①，由此能推断因为马克思高度认可无产者的这种公平意识，而这种公平意识又与资本主义生产方式的消灭相关，他就是将资本主义生产方式的消灭寄希望于人们道德观念的变革，寄希望于人们"良心"的发现吗？再如，毛泽东在中华人民共和国第一届全国人民代表大会第一次会议上的开幕词《为建设一个伟大的社会主义国家而奋斗》中说过，"我们的事业是正义的。正义的事业是任何敌人也攻不破的"②，由此能推断由于他讲了"我们的事业是正义的"，即认为我们的事业涉及正义问题，因而他就是把"我们的事业"的实现寄希望于人们道德观念的变革，寄希望于人们"良心"的发现吗？

最后看第三个推断。在我看来，一旦我们"把两极分化视为是一个涉及'正义'与'不正义'的道德问题"，那接下来就要进一步回答什么是"正义"的或什么是"不正义"的问题。而要回答这一问题，我们自然就会从"老祖宗"即前人的相关论述中去寻找思想资源和理论依据。就我个人的研究而言，我对当前中国的贫富差距为什么是不正义的理解，就是来自马克思在《哥达纲领批判》中有关按劳分配的弊病的相关论述，这从我那篇论文的题目——《当前中国的贫富差距为什么是不正义的？——基于马克思〈哥达纲领批判〉的相关论述》就看得很清楚。从"老祖宗"那里寻找公平正义观念，就是"以为只要把这些传统的公平正义观念移植到今天，当今中国就能消除两极分化，和谐社会就建立起来了"吗？这种推断也是武断的。因为从"老祖宗"那里寻找传统的公平正义观念，涉及的只是人们是去哪里寻求公平正义观念的问题，而"以为只要把这些传统的公平正义观念移植到今天，当今中国就能消除两极分化，和谐社会就建立起来了"，涉及的则是认为传统的公平正义观念将会起什么样的作用的问题，它们之间也不存在前者必然导致后者的关系。以我的那篇论文为例，在表明我是基于《哥达纲领批判》中的相关论述来论证当前中国存在的贫富差距是不正义的之后，我接着指出："正义的实现是受社会经济条件制约的。就我国当前存在贫富差距而言，尽管它是不正义的，但要消灭它却决非一件易事，因为我们目前还不具备消灭它的客观条件。"③ 可见，我确实是将马克思的公平正义观念应用于对当今中国贫富差距问题的研究，但我并

---

① 马克思恩格斯全集：第46卷上. 北京：人民出版社，1979：460.
② 毛泽东文集：第6卷. 北京：人民出版社，1999：350.
③ 段忠桥. 当前中国的贫富差距为什么是不正义的？——基于马克思《哥达纲领批判》的相关论述. 中国人民大学学报，2013（1）：13.

不认为这样一来中国的贫富差距问题就解决了。所以，陈学明教授的第三个推断也不能成立。

在对"比较流行的一种意见"做了严厉批评之后，陈学明教授进而表明了他认为在贫富两极分化问题上应坚持的"真正的马克思的立场"："一个社会能不能平等与和谐，主要不取决于这一社会中的人们是不是拥有平等、和谐的观念，而主要在于这一社会中是不是具有平等、和谐的客观条件。所以，我们建构平等、和谐的社会，应当主要着力于批判和改变导致不平等、不和谐的社会生产关系，而不应当只把建构和谐社会当成观念的文化建设。"① 不难看出，与"比较流行的一种意见"不同，陈学明教授的"真正的马克思的立场"不涉及贫富两极分化"正义与不正义"的问题，而只涉及贫富两极分化如何才能消灭，即"平等与和谐"如何才能实现的问题。在他看来，由于"平等与和谐"的实现主要在于是否具有实现它们的客观条件，因而，建构平等与和谐的社会就应主要着力于批判和改变导致不平等、不和谐的社会生产关系。不过，由于陈学明教授在对"真正的马克思的立场"说明中使用了"主要不取决"、"主要在于"、"应当主要着力"和"不应当只把"这样的表述，因而使人觉得他似乎也不完全反对"把建构和谐社会当成观念的文化建设"，并进而给从"正义与不正义"的视角研究贫富两极分化问题留有一些余地。但他的这些表述都是虚设的，因为只要将他对"真正的马克思的立场"的说明与他对"比较流行的一种意见"的批评联系起来看，这些表述就都失去了意义。实际上，他的"真正的马克思的立场"讲的是，对当今中国存在的贫富两极分化不能做政治哲学批判，而只能做政治经济学批判，用他自己的话来讲就是："社会公众与一般理论界的思想倾向，即远离政治经济的分析批判、热衷于文化和意识形态的分析批判的路向，是互为表里、相互促进的。但在本文看来，我们马克思主义必须首先正本清源，充分认识到只有马克思主义的政治经济理论才是我们认识和解决当今中国两极分化现象的思想武器，并进而去廓清深厚思想传统的惯性和公共直观思维的非反思、非批判性。"②

对当今中国的贫富两极分化只能做政治经济学批判而不能做政治哲学批判，这是"真正的马克思的立场"吗？让我们看看马克思本人的相关论述。

---

① 陈学明，姜国敏. 论政治经济学在马克思主义中的地位. 江海学刊，2016 (2)：8.
② 同①.

以马克思对资本主义剥削的批判为例。他在《资本论》及《资本论》的几个手稿中不但从政治经济学的角度科学揭示了资本家剥削工人的秘密，即对工人剩余劳动的无偿占有，而且还从道德的角度强烈谴责了资本主义剥削的不正义。在《经济学手稿（1857—1858年）》中，马克思明确指出"**现今财富的基础是盗窃他人的劳动时间**"①。在《资本论》第一卷中，他把剩余产品称作"资本家阶级每年从工人阶级那里夺取的贡品"②，把逐年都在增长的剩余产品说成是"从英国工人那里不付等价物而窃取的"③，把资本家无偿占有的剩余价值视为"从工人那里掠夺来的赃物"④。我们知道，"盗窃""窃取""掠夺"指的都是不正当地拿了属于他人的东西，马克思用这些措辞难道不是从道德角度强烈谴责资本主义剥削的不正义，即无偿占有了本应属于工人自己的剩余劳动吗？

再以马克思对当时工人运动中出现的公平要求为例。他虽然严厉批评过工人运动中出现的错误的公平要求，但也高度肯定过无产阶级正确的公平要求。就前者而言，针对当时工人运动中流行的"做一天公平的工作，得一天公平的工资"的口号，马克思明确表示："他们应当屏弃'**做一天公平的工作，得一天公平的工资！**'这种保守的格言，要在自己的旗帜上写上革命的口号：'**消灭雇佣劳动制度！**'"⑤ 就后者而言，在分析劳动和资本的关系时，马克思明确指出："认识到产品是劳动能力自己的产品，并断定劳动同自己的实现条件的分离是不公平的、强制的，这是了不起的觉悟，这种觉悟是以资本为基础的生产方式的产物，而且也正是为这种生产方式送葬的丧钟，就象当奴隶觉悟到他**不能作第三者的财产**，觉悟到他是一个人的时候，奴隶制度就只能人为地苟延残喘，而不能继续作为生产的基础一样。"⑥ 而后者表明的不正是马克思高度认可对资本主义生产方式的道德批判吗？

正因为对资本主义的道德批判是无产阶级革命不可缺少的组成部分，马克思和恩格斯都把正义写进了国际工人组织的纲领。马克思在1871年为国际工人协会起草的《共同章程》中写道："加入协会的一切团体和个

---

① 马克思恩格斯全集：第46卷下. 北京：人民出版社，1980：218.
② 资本论：第一卷. 北京：人民出版社，1975：638.
③ 同②671.
④ 同②654.
⑤ 马克思恩格斯选集：第2卷. 北京：人民出版社，1995：97.
⑥ 马克思恩格斯全集：第46卷上. 北京：人民出版社，1979：460.

人，承认真理、正义和道德是他们彼此间和对一切人的关系的基础，而不分肤色、信仰或民族"①。恩格斯在1887年6月在《对英国北方社会主义联盟纲领的修正》中写道："现今的制度使寄生虫安逸和奢侈，让工人劳动和贫困，并且使所有的人退化；这种制度按其实质来说是不公正的，是应该被消灭的。**现在，劳动生产率提高到了这样的程度，以致市场的任何扩大都吸收不了那种过多的产品，因此生活资料和福利资料的丰富本身成了工商业停滞、失业、从而千百万劳动者贫困的原因，既然如此，这种制度就是可以被消灭的。**我们的目的是要建立社会主义制度，这种制度将给所有的人提供健康而有益的工作，给所有的人提供充裕的物质生活和闲暇时间，给所有的人提供真正的充分的自由。请所有的人在这个伟大的事业中给予社会主义联盟以协助。赞同者应该承认他们彼此之间以及他们同所有的人之间的关系的基础是真理、正义和道德。"②

当然，马克思和恩格斯多次强调，无产阶级革命的成功和共产主义社会的实现都不应只基于某种公平、正义的主张，因为公平、正义虽然涉及现存的经济关系，但都只是对它的价值判断，而不是对它的发展规律的科学认识，因而，它们既无助于对资本主义经济关系的科学研究，也不能用来指导无产阶级革命。为此，恩格斯明确指出："如果我们对现代劳动产品分配方式（它造成赤贫和豪富、饥饿和穷奢极欲的尖锐对立）的日益逼近的变革所抱的信心，只是基于一种意识，即认为这种分配方式是非正义的，而正义总有一天一定要胜利，那就糟了，我们就得长久等待下去。"③但恩格斯的这段话同时还表明，他与马克思反对的是将无产阶级革命"只是基于一种意识"，即认为这种分配方式是非正义的，换句话说，他们并不反对把这种意识也作为无产阶级革命获得成功的重要条件之一。

无疑，马克思、恩格斯的相关论述涉及的只是对资本主义生产方式的道德批判，但由此我们可以进而认为，对当今中国的两极分化现象做政治哲学的批判是与他们的思想相符的。而这表明，陈学明教授所谓的"真正的马克思的立场"，即对当今中国的两极分化现象不能做政治哲学的批判而只能做政治经济学的批判，是与马克思和恩格斯的思想相悖的。此外，自罗尔斯的《正义论》出版之后，分配正义已成为包括中国学者在内的全

---

① 马克思恩格斯选集：第2卷. 北京：人民出版社，1995：610.
② 马克思恩格斯全集：第21卷. 北京：人民出版社，1965：570.
③ 马克思恩格斯选集：第3卷. 北京：人民出版社，1995：500.

球学者普遍关注的问题，而陈学明教授的"真正的马克思的立场"却禁止我国的马克思主义研究关注分配正义问题，这样做是有助于还是有碍于马克思主义研究在我国的发展？

（二）

陈学明教授的第二个见解是，当今中国的贫富两极分化主要是由于"强资本"对"弱劳动"的剥削造成的，因而要限制体现资本和劳动关系的私营经济。

从陈学明教授的相关论述不难看出，他是这样论证他的见解的：（1）按照马克思的观点，"资本和劳动的关系，是我们全部现代社会体系所围绕旋转的核心"，资本与雇佣劳动关系的实质，是资本家对剩余价值的占有、资本的自我增殖与积累，而这必然会导致资本家与工人的两极分化；（2）当今中国实行的是社会主义市场经济、多种所有制形式和多种分配形式共同发展的经济制度，而这意味着一方面生产资料与货币又成了资本，另一方面劳动力又成了商品，这样，马克思所分析的资本主义社会那种资本与劳动之间的剥削与被剥削的关系，似乎又再现了；（3）当今中国存在着城乡差距、地区差距、行业差距等多种差距，但首要的还是劳动者与生产资料占有者之间的差距，这构成了我们今天的"轴心"，其他差距都是围绕这一"轴心"旋转；（4）当今中国的要害在于"强资本、弱劳动"的力量对比，资方的经营管理者利用其优势地位和多种分配形式，其收入所得远远高于普通劳动者的工资性收入，而劳动者并没有分配到相应的利益份额，这就是当今中国两极分化现象的首要根源。对此，社会主义国家应通过正确的途径，即通过限制体现资本和劳动关系的私营经济来缩短和减轻其带来的痛苦。① 在我看来，陈学明教授的第二个见解也不能成立。

第一，陈学明教授所讲的"资本家与工人的两极分化"与马克思的剩余价值理论相悖。熟悉马克思政治经济学著作的学者都知道，马克思从未讲过"资本家与工人的两极分化"，而只讲过商品市场的两极分化。他在《资本论》第一卷"所谓原始积累"那一章中指出："货币和商品，正如生产资料和生活资料一样，开始并不是资本。它们需要转化为资本。但是这

---

① 陈学明，姜国敏. 论政治经济学在马克思主义中的地位. 江海学刊，2016（2）：9.

种转化本身只有在一定的情况下才能发生，这些情况归结起来就是：两种极不相同商品所有者必须相互对立和发生接触；一方面是货币、生产资料和生活资料的所有者，他们要购买别人的劳动力来增殖自己所占有的价值总额；另一方面是自由劳动者，自己劳动力的出卖者，也就是劳动的出卖者。自由劳动者有双重意义：他们本身既不象奴隶、农奴等等那样，直接属于生产资料之列，也不象自耕农等等那样，有生产资料属于他们，相反地，他们脱离生产资料而自由了，同生产资料分离了，失去了生产资料。商品市场的这种两极分化，造成了资本主义生产的基本条件。"① 不难看出，马克思这里所讲的"两极分化"，指的是在商品市场中发生的商品所有者的两极分化：一极是少数人成为占有生产资料和生活资料的资本家，另一极是大多数人成为失去生产资料从而不得不出卖自己的劳动力以获取必不可少的生活资料的工人。

陈学明教授所讲的"资本家与工人的两极分化"，显然不是马克思所讲的商品市场的两极分化，因为他所讲的"资本家与工人的两极分化"，指的是由资本家对剩余价值的占有、资本的自我增殖与积累所导致的。那"资本家与工人的两极分化"本身意指什么？对此，陈学明教授没做任何说明。不过，从他对当今中国贫富两极分化现象的首要根源的说明来看，它指的是"资方的经营管理者"即资本家的"收入所得远远高于普通劳动者的工资性收入"，而"劳动者并没有分配到相应的利益份额"②。如果这就是陈学明教授所讲的"资本家与工人的两极分化"，那他对马克思资本与劳动关系理论的理解就是错误的。按照马克思的剩余价值理论，陈学明教授所讲的劳动者（即受资本家剥削的工人，这一点我在后面将做专门的说明）在分配上获得的相应的利益份额，是由他的劳动力价值，即再生产它的社会必要劳动时间决定的，而"劳动力价值的最低限度或最小限度，是劳动力的承担者即人每天得不到就不能更新他的生命过程的那个商品量的价值，也就是维持身体所必不可少的生活资料的价值"③。因此，无论资本家通过剥削工人的剩余劳动而获得多高的收入，工人获得的相应的利益份额即他的工资收入，都不会低于他的劳动力价值的最低限度或最小限度，因而都不会出现"没有分配到相应的利益份额"的情况。对此，马克

---

① 资本论：第一卷. 北京：人民出版社，1975：782.
② 陈学明，姜国敏. 论政治经济学在马克思主义中的地位. 江海学刊，2016（2）：9.
③ 同①196.

思还进过这样一段话:"由于一个国家的气候和其他自然特点不同,食物、衣服、取暖、居住等等自然需要也就不同。另一方面,所谓必不可少的需要的范围,和满足这些需要的方式一样,本身是历史的产物,因此多半取决于一个国家的文化水平,其中主要取决于自由工人阶级是在什么条件下形成的,从而它有哪些习惯和生活要求。因此,和其他商品不同,劳动力的价值规定包含着一个历史的和道德的因素。但是,在一定的国家,在一定的时期,必要生活资料的平均范围是一定的。"① 这里所讲的工人的"必要生活资料的平均范围是一定的",也表明工人"没有分配到相应的利益份额"的情况是不会出现的。

"资本家与工人的两极分化"是陈学明教授依据马克思关于资本与劳动关系的理论说明当今中国贫富两极分化的主要依据之一,但他所讲的"资本家与工人的两极分化"不但在马克思那里根本找不到,而且还与马克思的剩余价值理论相悖,仅就这一点而言,他的第二个见解就不能成立。

第二,劳动者与生产资料占有者之间在收入上的差距,不是当今中国贫富两极分化的首要体现。当今中国的贫富两极分化意指什么?对此,陈学明教授没做任何明确的说明,而只说当今中国存在着城乡差距、地区差距、行业差距等多种差距,"但首要的还是劳动者与生产资料占有者之间的差距",并说"强资本、弱劳动"是当今中国两极分化现象的首要根源。从这些说法我们可以推断,他认为当今中国的贫富两极分化首要体现在劳动者与生产资料占有者之间在收入上的差距。那他所讲的"劳动者"和"生产资料占有者"指的又是什么?对此,陈学明教授也没做任何明确的说明。不过,在他的文章中有这样几段与此相关的论述:(1)"当今中国的两极分化主要是由于资本与劳动之间的不平衡(或者说某种程度上的对立)造成的";(2)"我们实行社会主义市场经济,实行多种所有制形式和多种分配形式共同发展的经济制度。只要我们实施这样的经济制度,就意味着一方面生产资料与货币又成了资本,另一方面劳动力又成了商品";(3)"资方的经营管理者,包括处于直接生产过程之外的纯粹资本经营者,利用其优势地位和多种分配形式,其收入所得远远高于普通劳动者的工资性收入,这就是当今中国两极分化现象的首要根源"。从这些论述可以推断,他所讲的"劳动者",实际上指的是当今中国私营企业的职工;他所

---

① 资本论:第一卷. 北京: 人民出版社, 1975: 194.

讲的"生产资料占有者",实际上指的是私营企业主。由此说来,他所讲的当今中国的贫富两极分化,指的是首要由私营企业职工与私营企业主在收入上的差距所体现的两极分化。

陈学明教授对当今中国的贫富两极分化的上述理解是不能成立的。这是因为,无论从"贫富两极分化"这一用语本身的含义来看①,还是从我国大部分学者的相关论著和研究报告来看②,当今中国贫富两极分化中的"贫",指的都是其收入低于国家规定的贫困线的人;当今中国贫富两极分化中的"富",指的都是其收入超过一定高限的人。③ 因而,当今中国的贫富两极分化,指的都是当今中国贫者和富者收入差距的明显拉大。由于贫富两极分化中的"贫"和"富"都是以其收入的高低来界定的,因此,当前我国农村大量的贫困人口虽然不是陈学明教授所讲的"劳动者"即私营企业的职工,但也属于贫者的范围;与此相应,各类"明星"(如"影星""球星"等等)以及国企的一些高管④尽管不是陈学明教授所讲的"生产资料占有者"即私营企业主,但也属于富者范围。进而言之,私营企业主中收入不高的人(例如,一些经营不太好的中小企业主)并不属于富者,私营企业职工中收入很高的人(例如,一些大型私营企业的高管)却属于富者。当然,低收入的私营企业职工与高收入的私营企业主之间在收入上的差距,在一定程度上也是当今中国贫富两极分化的体现,但笼统地说私营企业职工与私营企业主之间在收入上的差距是当今中国贫富两极分化的"首要"体现,却是毫无道理的。因为这样一来,那些非私营企业职工但却生活在贫困线之下的数以千万计的农村贫困人口,以及那些并非私营企业主的亿万富翁就都成了当今中国贫富两极分化中的"次要"体

---

① 段忠桥. 当前中国的贫富差距为什么是不正义的?——基于马克思《哥达纲领批判》的相关论述. 中国人民大学学报, 2013 (1): 9-10.
② 徐滇庆, 等. 看懂中国贫富差距. 北京: 机械工业出版社, 2011. 我国贫富差距问题研究课题组. 缩小我国贫富差距的理论与对策研究. 北京: 经济科学出版社, 2011. 谢宇, 张晓波, 李建新, 等. 中国民生发展报告2014. 北京: 北京大学出版社, 2014. 相关的文章数量巨大, 在网上很容易查到。
③ 至于"贫富差距"中"贫"和"富"的具体标准, 即收入多少属于贫者, 收入多少属于富者, 目前我国尚无一个统一的、稳定的、权威的标准。例如, 中央在2011年决定将农民人均纯收入2300元(2010年不变价)作为新的国家扶贫标准, 这个标准比2009年提高了92%。按照新标准, 我国农村贫困人口将从2688万人增加到1.28亿人。但我国存在一个收入过高的富者群体和一个收入过低的贫者群体却是一个不容置疑的事实。
④ 据《经济参考报》2010年5月10日发表的署名"新华社调研小分队"的调查报道《中国贫富差距正在逼近社会容忍"红线"》,"上市国企高管与一线职工的收入差距在18倍左右, 国有企业高管与社会平均工资相差128倍"。

现，这种理解显然既不符合"贫富两极分化"概念本身的含义，也不符合当今中国的实际情况。

第三，马克思和恩格斯所讲的资本和劳动的关系，不是当今中国全部社会体系的"轴心"。在讲完"当今中国的两极分化主要是由于资本与劳动之间的不平衡（或者说某种程度上的对立）造成的"之后，陈学明教授紧接着引用了恩格斯的一段话："资本和劳动的关系，是我们全部现代社会体系所围绕旋转的轴心"①，并进而做了这样推论：（1）马克思所说的资本与劳动的关系是资本主义历史阶段的资本与劳动的关系；（2）按照马克思的设想，在社会主义条件下，生产资料不再成为资本，劳动也不再是雇佣劳动；（3）现实情况是我们仍处于社会主义初级阶段，由于我们实行社会主义市场经济，实行多种所有制形式和多种分配形式共同发展的经济制度，而这就意味着一方面生产资料与货币又成了资本，另一方面劳动力又成了商品，这样，马克思所分析的资本主义社会那种资本与劳动的关系似乎又再现了；（4）中国现阶段的社会主义市场经济体制下的资本与劳动的关系，与马克思当年所研究的有着重大的区别，前者体现的是资产阶级与无产阶级之间激烈对抗的阶级斗争关系，后者更多地体现为劳动所有权与资本所有权在对剩余的索取或分配当中所发生的对立统一关系；（5）既然在当前中国还存在着资本与劳动的关系，那么马克思当年从剩余价值分配完全导向资本自身增殖的角度探索两极分化的基本思路对我们就有借鉴作用和启示意义；（6）当今中国存在多种差距，但首要的还是劳动者与各种形式的生产资料占有者之间的差距，这种差距构成了我们今天的"轴心"，其他差距都是围绕着这一"轴心"旋转。② 不难看出，陈学明教授虽然在他的推论中使用了"这意味着""似乎又再现了""有着重大的区别"这样的表述，但他推导出的结论却是：马克思所说的资本和劳动的关系，即资本与劳动之间的剥削与被剥削的关系仍是当今我国全部社会体系所围绕旋转的"轴心"。在我看来，陈学明教授的推论和结论都是不能成立的。

恩格斯的那段话出自他发表在1868年3月21日和28日《民主周报》上的为马克思的《资本论》所写的书评。只要认真读一下这篇书评就不难看出，恩格斯所讲的"我们全部现代社会体系"，指的是以当时英国、法

---

① 马克思恩格斯选集：第2卷. 北京：人民出版社，1995：589.
② 陈学明，姜国敏. 论政治经济学在马克思主义中的地位. 江海学刊，2016（2）：9.

国、德国为代表的资本主义生产方式已占统治地位的国家的社会体系，为此，他在书评中专门谈到英国工人争取为规定工作日而进行的斗争，谈到"德意志联邦国会"将讨论工厂管理法的问题。马克思、恩格斯所讲的资本和劳动的关系，即资本家无偿占有工人生产的剩余价值的关系，在当时以英国、法国、德国为代表的全部现代社会体系中无疑处于"轴心"，但这种关系也是当今中国的全部社会体系的"轴心"，或陈学明教授所讲的"轴心"吗？对此，我不这样认为。我们知道，1949年前的中国是一个半封建半殖民地的国家，资本和劳动的关系虽然有了一定的发展，但从整体上讲，前资本主义的经济关系仍占主导地位。1949年以后，我国不但在1956年基本完成了对资本主义工商业的社会主义改造，而且在此后的22年里，即直到1978年前，实行的都是坚决限制资本主义经济再产生的政策。然而，历史发展的客观规律是不以人的意志为转移的。依据马克思的历史唯物主义观点，在生产力水平还没有发展到使资本主义经济丧失其存在的理由时，硬要人为地消灭它只能导致经济发展的停滞，"文化大革命"后期中国经济的状况就是对这一问题的最好说明。正因为如此，1978年以后，我国又开始实行鼓励私营经济发展的政策，此后，体现资本和劳动关系的私营企业开始逐渐增多，并在我国国民经济中已占有很大的比例。然而，私营经济在当今我国的全部社会体系中真的像陈学明教授讲那样已处于"轴心"的地位吗？显然没有！这首先是因为，在当今我国的全部社会体系中，尽管私营经济占有很大的比例，但国有经济占主导地位的情况没有改变，这体现在，国有经济不但控制着国民经济的发展方向、经济运行的整体态势和重要的稀缺资源，而且还控制着关系国民经济命脉的重要行业和关键领域。国有经济显然不是资本和劳动关系的体现。此外还因为，我国城乡还存在数量巨大的集体经济和个体经济，它们也不是资本和劳动关系的体现。可见，说体现马克思、恩格斯所讲的资本和劳动关系的私营经济是当今中国全部社会体系的"轴心"，是不符合中国的实际情况的。

第四，解决当今中国贫富两极分化问题的正确途径不是消极限制私营经济，而是积极发展私营经济。从私营企业职工与私营企业主的收入差距是当今中国贫富两极分化的首要体现，以及"强资本、弱劳动"是当今中国贫富两极分化现象的首要根源这样的理解出发，陈学明教授进而对应当如何解决贫富两极分化问题提出了自己意见："不用马克思的政治经济学，不用马克思的政治经济学关于资本与劳动关系的理论来观察和分析，我们就不能认清当今中国的两极分化现象,不能客观地分析其中的因果和利弊,找到正确的解决途径,有哪些是现实条件的制约,是'既不能跳过也不能用法令取消'的'自然的发展阶段',又有哪些是能够通过社会主义有所作为,是'能缩短和减轻'的'分娩的痛苦'。对于迫切希望消除当今中国两极分化现象的人民大众来说,对于担负中国特色社会主义事业领导核心任务、扮演对社会主义市场经济的引导和驾驭角色的中国共产党人来说,对马克思的政治经济学批判的需求,从来没有像今天这样急切。"① 这段话虽然说得很含蓄,但意思还是很清楚的:依据马克思的资本与劳动关系的理论,导致当今中国贫富两极分化的首要根源是体现资本和劳动关系的私营经济的存在,既然私营经济的存在是"既不能跳过也不能用法令取消"的"自然的发展阶段",那社会主义国家就应通过正确的途径,即通过限制私营经济来缩短和减轻其带来的痛苦。在我看来,陈学明教授的这一意见是错误的,因为他所讲的正确途径并不利于当今中国贫富两极分化的消除。

前边表明,当今中国的贫富两极分化指的是贫者与富者收入差距的明显拉大。而当我们把贫者视为一个社会群体,把富者视为另一个社会群体时,导致二者收入差距的主要原因就不是陈学明教授所讲的"强资本"对"弱劳动"的剥削,而是他们不同的生活环境(如大城市与边远山区,穷人家庭与富人家庭)、不同的身份等级(如城市户口与农村户口)和不同的天赋(如具有特殊才能的人与智力、体力低下的人)。② 如果这三者是导致当今中国贫富两极分化的主要原因,那我们应当如何解决贫富两极分化问题呢? 在我看来,就中国当今的情况而言,除了通过税收调节收入分配来缩小贫富差距以外,一个正确的途径是积极发展私营经济。

我们知道,彻底消除中国的贫富两极分化最终要依赖生产力的高度发展,由于生产力的发展不是一蹴而就的,因此,解决贫富两极分化问题要经历一个长期的过程。从当今中国贫富两极分化的现状来看,我们最急需解决的问题是如何使生活在贫困线之下的上亿农村人口尽快摆脱贫困,而积极发展私营经济是解决这一问题的一个正确途径。不容否认,私营经济具有两重性,它一方面会产生一些富有的私营企业主从而扩大贫富差距,

---

① 陈学明,姜国敏. 论政治经济学在马克思主义中的地位. 江海学刊,2016 (2):9-10.
② 段忠桥. 当前中国的贫富差距为什么是不正义的?——基于马克思《哥达纲领批判》的相关论述. 中国人民大学学报,2013 (1):11-12.

另一方面又会使大量农村贫困人口收入迅速提高从而缩小贫富差距。正因为如此，改革开放以来，我国私营经济的发展不但产生了像王健林、马云、宗庆后等拥有亿万财产的私营企业家，而且同时也使数亿农民通过到私营企业打工摆脱了贫困。当然，私营经济总是与剥削相连的，但其在消除贫富差距上的积极作用要远远大于其在剥削方面的消极作用，由此我们才能理解，为什么数以亿计的农民工即使受剥削也不愿待在贫困的农村。毋庸置疑，我国是社会主义国家，我们的最终目的是要实现共产主义，就此而言，积极发展私营经济只是我国在当今尚无更好途径的情况下所应选择的正确途径。在我看来，在当今的中国，私营经济在消除贫富两极分化上的作用就像它在发展生产力上的作用一样具有历史必然性，在这个问题上，马克思的一段话应对我们有所启发："**资本是生产的**；也就是说，是**发展社会生产力的重要的关系**。只有当资本本身成了这种生产力本身发展的限制时，资本才不再是这样的关系。"①

---

① 马克思恩格斯全集：第46卷上. 北京：人民出版社，1979：287.

十、分配正义、剥削与按劳分配
——答孔陆泉先生

马克思的正义观是近些年来国内学术界讨论的热点问题之一。我在近几年发表的关于马克思正义观的多篇文章中坚持认为，正义在马克思的论著中是价值判断而不是事实判断，马克思认为资本主义剥削是不正义的，社会主义按劳分配的弊病也是不正义的。与我素不相识的江苏省委党校的孔陆泉先生很关注我的文章，并在《人文杂志》2016年第8期发表了一篇题为《必须坚持历史唯物主义的分配正义观——向段忠桥先生请教》的论文，从多方面批评了我的上述观点。我很赞赏孔先生的批评精神，尽管他的批评都是难以成立的。不过，孔先生的文章确实涉及一些我在已发表的文章中虽然提到但却没机会详细展开论述的问题，故此，我写本文既是对孔先生"请教"的回应，更是对我的观点的进一步阐释。

（一）

孔先生的批评首先指向我的"正义在马克思的论著中是价值判断而不是事实判断"的观点。在提出批评之前，他先对我的观点做了这样的简述："段先生认为，在马、恩那里，正义之所以只是一种价值判断，而不是事实判断，是因为不同阶级或社会集团的人，对于什么是正义，持有不同甚至相反的看法；马、恩批判过资产阶级、小资产阶级的正义主张，明确肯定过无产阶级的正义要求，因此，他们的正义只能是一种以主体为取向的价值判断。如果把正义与生产方式相联系，以是否相适应、相一致或者相矛盾作为评判标准，那就变成了以客体为取向的事实判断。在段先生看来，这与马、恩涉及正义问题的其他论述存在明显矛盾。因此，他在以上列举的多篇文章中，认为中央编译局对《资本论》第三卷第二十一章中一段话的翻译，把对正义的判断与生产方式相联系，是用事实判断取代了价值判断，是对马克思原意的误解和误译。这样，段先生的论述就把事实判断从马、恩的分配正义观中完全剔除了出去。"① 在我看来，孔先生的简述是不准确的，因此，在表明他的批评和我的回应之前，我认为有必要先对我的观点做一简要的重申。

我集中阐释马克思正义观的文章主要有两篇，一篇是发表在《马克思主义与现实》2013年第5期的《马克思正义观的三个根本性问题》，另一篇是发表在《哲学研究》2015年第7期的《历史唯物主义与马克思的正义观念》。在前一篇文章中，我首先表明马克思有关正义的论述大多与分配相关，因而我们对其正义观的探讨应集中在他的分配正义观上，接着通过对其使用的正义概念的语义分析和语境分析，详细论证了正义在他的论著中是价值判断而不是事实判断。② 在后一篇文章中我则进一步指出，马克思涉及分配正义问题的论述大体上可分为两类："一类是从历史唯物主义出发，对各种资产阶级、小资产阶级的正义主张，例如，吉尔巴特的'自然正义'、蒲鲁东的'永恒公平的理想'、拉萨尔的'公平的分配'的批判，和对当时工人运动中出现的各种错误口号，例如，'做一天公平的工作，得一天公平的工资'的批评。在这一类论述中，马克思指出并论证了正义属于社会意识，是对一定经济关系的反映；正义是人们对现实分配关系与他们自身利益关系的一种价值判断，不同阶级和社会集团对同一分配关系是否正义往往持有不同的看法；正义虽然说到底是对现实经济关系与评价主体利益之间关系的反映，但它的直接来源却是法权观念和道德观念，是法权观念或道德观念的最抽象的表现；正义随着经济关系的变化而变化，永恒的正义是不存在的。另一类则隐含在对资本主义剥削的谴责和对社会主义按劳分配的批评中。我这里讲的马克思的正义观念，指的只是隐含在第二类论述中的马克思对什么是正义的、什么是不正义的看法。"③ 实际上，我对正义在马克思的论著中是价值判断而不是事实判断的观点的明确表述，是在发表于《马克思主义与现实》2010年第6期的题为《马克思认为"与生产方式相适应，相一致就是正义的"吗？——对中央编译局〈资本论〉第三卷一段译文的质疑与重译》的文章中。在这篇文章中，

---

① 人文杂志，2016 (8)：22.
② 段忠桥. 马克思正义观的三个根本性问题. 马克思主义与现实，2013 (5)：2.
③ 段忠桥. 历史唯物主义与马克思的正义观念. 哲学研究，2015 (7)：6.

我对中央编译局翻译的《资本论》第三卷中一段直接涉及马克思正义概念的译文提出了质疑，认为这段译文将导致把马克思讲的正义理解为事实判断而不是价值判断，这是对马克思原意的误解和误译，我还基于德文原著对这段译文做了重译。以上是对我在马克思正义观问题上持有观点的简要重申，至于这一重申与孔先生对我的观点的简述有多大差别，我这里不再做进一步说明，而愿留给读者去判断。

在简述了我的观点之后，孔先生提出了他的批评："段先生的论述就把事实判断从马、恩的分配正义观中完全剔除了出去。这就陷入了一个困境：分配正义难道就只能是价值判断，而不能是事实判断吗？他认同英国牛津大学科恩教授的'正义'是'给每个人以其应得'的定义。如果这个定义能够成立，那么问题就来了：我们既可以认为它是一个价值判断，也可以认为它是一个事实判断，二者之间是可以联系、统一在一起，而绝不是截然对立、互不相通的。"[①] 我认为，孔先生的这个批评是不能成立的。

第一，说我认同"科恩教授的'正义'是'给每个人以其应得'的定义"是子虚乌有。虽然我最早谈及科恩对"正义"概念的说明是在《中国人民大学学报》2012年第1期发表的《关于分配正义的三个问题——与姚大志教授商榷》一文，但考虑到孔先生更关注我对马克思正义观的看法，因此，他的这一说法肯定来自我此后在《中国人民大学学报》2013年第1期发表的《当前中国的贫富差距为什么是不正义的？——基于马克思〈哥达纲领批判〉的相关论述》一文中的相关论述。在这篇文章中，我从三个方面反驳了那种认为马克思本人拒斥、批判正义的错误见解，其中一个方面涉及科恩对"正义"概念的说明：

> 从"正义"这一概念本身的含义来看，说马克思拒斥、批判正义在逻辑上是难以成立的。什么是"正义"？按照学术界的通常理解，正义的含义是"给每个人以其应得"。对此，牛津大学的 G. A. 科恩教授在其《拯救正义与平等》一书中讲过这样一段话："但如果因为我的一些批评者坚持要求我必须仅以通常的话语说出我认为正义是什么，那对这些对此将感到满足的人来讲，我就给出正义是给每个人以其应得这一古老的格言。"牛津大学的戴维·米勒教授对正义概念的理解与科恩大体相同："在断定每一种关系模式具有其独特的正义原

[①] 人文杂志，2016（8）：22.

十、分配正义、剥削与按劳分配

则时,我诉诸读者对我们所谓正义的'语法'的理解。依照查士丁尼的经典定义,作为一种一般意义上的德性的正义乃是'给予每个人应得的部分这种坚定而恒久的愿望'。这一箴言表明,存在着 A 将会给予 B 的待遇的某些模式以及他将会给予 C 的某些其他的模式(也许一样,也许不同),依此类推。正义意味着以适合于每个个体自己的方式对待每个人。它也意味着待遇是某种 B、C、D 等等应得的东西——换句话说,某种他们能够正当地要求的东西和 A 归属给他们的东西。"著名伦理学家麦金泰尔也持有与科恩同样的看法:"正义是给予每个人——包括他自己——他所应得的东西以及不以与他们的应得不相容的方式对待他们的一种安排。"①

从这段话不难看出,我不是为了论证我自己对正义概念的理解,而只是为了使人们对正义概念在学术界的通常用法,即正义意指"给每个人以其应得"有进一步的了解,才引用了科恩、米勒和麦金泰尔三人对正义是"给每个人以其应得"所做的语义上的说明。但孔先生却因我引用了科恩的一段话就认定我认同科恩的"正义"定义,这显然是武断的。按照他的逻辑,我还引用了米勒和麦金泰尔的"正义"定义,能因此就认定我还认同他们二人的"正义"定义吗?实际上,我在前边提到的两篇文章,即《马克思正义观的三个根本性问题》和《历史唯物主义与马克思的正义观念》中都明确讲过我对马克思的正义概念的理解。我在这两篇文章中都指出,马克思和恩格斯虽多次谈到与分配相关的"正义",但却从未给它下过一个定义,也从未对它做过特别的说明,故此,我们只能做这样的推断,他们对这一概念的使用很可能是沿袭了当时人们通常的用法,即用正义指称"给每个人以其应得"。② 我在前一篇文章中还指出:"虽然在日常用语中,与分配相关的'正义'其本身的含义是'给每个人以其应得',但由于人们对'每个人应得什么'往往存在不同的,甚至截然对立的理解,因此,任何一种分配正义主张都不会停留在'给每个人以其应得'这种抽象的要求上,而都会进一步表明它们要求'每个人应得什么'。于是就出现了这样一种情况,尽管每种分配正义都要求'给每个人以其应得',

---

① 段忠桥. 当前中国的贫富差距为什么是不正义的? ——基于马克思《哥达纲领批判》的相关论述. 中国人民大学学报, 2013 (1): 3.
② 段忠桥. 马克思正义观的三个根本性问题. 马克思主义与现实, 2013 (5): 2. 段忠桥. 历史唯物主义与马克思的正义观念. 哲学研究, 2015 (7): 7.

但由于对'每个人应得什么'存在不同的理解，因而，它们的内容实际上是各不相同的。"① 我在后一篇文章则再次重申："尽管在日常用语中，与分配相关的'正义'意指的是'给每个人以其应得'，但因为对于'每个人应得什么'人们往往存在不同的理解，因此，人们持有的正义观念，即什么样的分配是正义的，什么样的分配是不正义的，往往也是各不相同的。"② 孔先生无疑读过我的这些论述，既然读过，那为什么还认定我认同科恩的"正义"定义呢？

第二，他的"科恩教授的'正义'是'给每个人以其应得'"的说法，也是子虚乌有。孔先生所讲的科恩的"正义"定义显然不是来自科恩本人的论著，而是来自我前边给出的那段话。我在那段话中引用的科恩的"正义是给每个人以其应得"那句话，出自他 2008 年出版的《拯救正义与平等》一书的导言。科恩是这样讲的："我假定，就读者而言，对正义原则是这类原则的一种直觉理解是：它是当她认识到罗尔斯和诺齐克之间的争论是关于正义的争论时，和当她认识到我们应当尊重我们的自然环境的原则由于缺少一些非常特殊的背景方面的信念而不是一个正义原则时，她所采用的一种理解。但如果像我的一些批评者坚持要求的那样，我**必须**以通常的用语说出我认为正义是什么，那对那些对此将感到满足的人来讲，我就给出正义是给每个人以其应得这一古老的格言。但就我而言，我对这一格言并不完全满意，因为仅就它本身来讲，这一格言与有关正义和人们应得之间关系的两个相互对立观点中的每一个都相容。根据这两种观点中的一个，正义的观念是**由**人民应得什么的信念而形成的；根据另一个观点，人们应得什么的信念位于（可独立确认的）正义的信念的**下游**。我不能确信哪个观点更可靠，但我不认为，就为了辩护本书的命题而言，我需要对此表明立场。"③ 从科恩的这些论述不难看出，他本人对"正义是给每个人以其应得"这一说法并不完全认同，因为这一说法存在循环论证的问题，即从一方面讲，正义的信念是由人们应得什么的信念而形成的；从另一方面讲，人们应得什么的信念又是由人们的正义信念而形成的。我认为，孔先生肯定没读过科恩的这段话，因为只要读过，他就不会有"科恩教授的'正义'是'给每个人以其应得'"这样的说法。这里还有必要指

---

① 段忠桥. 马克思正义观的三个根本性问题. 马克思主义与现实, 2013 (5): 2.
② 段忠桥. 历史唯物主义与马克思的正义观念. 哲学研究, 2015 (7).
③ G. A. Cohen. Rescuing Justice and Equality. Cambridge, Mass: Harvard University Press, 2008: 7.

出,科恩所说的"正义是给每个人以其应得这一古老的格言"中的"古老的格言",源自古罗马查士丁尼《民法大全》中的一句话,即"正义乃是使每个人获得其应得的东西的永恒不变的意志"①。这一点在我前边给出的那段话中实际上已经表明,因为我在其中引用了米勒的一段话:"在断定每一种关系模式具有其独特的正义原则时,我诉诸读者对我们所谓正义的'语法'的理解。依照查士丁尼的经典定义,作为一种一般意义上的德性的正义乃是'给予每个人应得的部分这种坚定而恒久的愿望'。"孔先生大概没有注意到这一点。

如果说孔先生批评我的两个论据,即"段先生认同英国牛津大学科恩教授的'正义'是'给每个人以其应得'的定义"和"英国牛津大学科恩教授的'正义'是'给每个人以其应得'"都是子虚乌有,那他对我的那些批评自然就不能成立了。

(二)

孔先生对我的第二个批评是这样讲的:"在《哥达纲领批判》中,马克思指出拉萨尔、资产者和其他各种社会主义宗派分子对公平分配有各种极不相同的观念。因此,段先生认为包括马、恩在内的所有公平观,都只是一种价值判断。在引用马克思的论述时,其中有两句话非常关键:'难道资产者不是断言今天的分配是"公平的"吗?'紧接着一句是:'难道它事实上不是在现今的生产方式基础上唯一"公平的"分配吗?'如果说前一句是资产者的断言,属于价值判断,那么,这后一句则是马克思加进生产方式因素后,对资本主义分配的事实判断,认为它是事实上唯一公平的分配。这里之所以对公平加上引号,马克思并不是要否定它,而是强调它对应着资产者的价值判断,是特定生产方式基础上的公平。这说明,在每一种价值判断背后,必然存在着它的事实判断。段先生在'2014文'中引用这段话时,竟然把这后一句更为关键的话丢掉了。"② 在我看来,孔先生的这一批评也不能成立。

马克思在《哥达纲领批判》中的那段话是这样讲的:"什么是'公平

---

① 博登海默. 法理学——法律哲学与法律方法. 北京:中国政法大学出版社,2004:277.
② 人文杂志,2016(8):22.

的'分配呢？难道资产者不是断言今天的分配是'公平的'吗？难道它事实上不是在现今的生产方式基础上唯一'公平的'分配吗？难道经济关系是由法的概念来调节，而不是相反，从经济关系中产生出法的关系吗？难道各种社会主义宗派分子关于'公平的'分配不是也有各种极不相同的观念吗？"① 不错，我在引用马克思这段话时的确省略了（用孔先生的话来讲是"丢掉了"）"难道资产者不是断言今天的分配是'公平的'吗？"这句话，不过，我不仅省略了这一句话，还省略了接下来的那句话——"难道经济关系是由法的概念来调节，而不是相反，从经济关系中产生出法的关系吗？"我之所以省略这两句话，是出于对所要论证的问题的考虑，即我的引文只是要表明马克思将正义视为一种价值判断，这一点从我在《光明日报》（即孔先生所说的"2014文"）讲的那段话中就看得很清楚：

> 马克思、恩格斯在其著作中曾多次谈到正义问题，他们将之视为一种价值判断，即不同阶级或社会集团的人们对于什么是正义的往往持有不同看法。马克思在谈到拉萨尔主张的"公平的分配"时说："什么是'公平的'分配呢？难道资产者不是断言今天的分配是'公平的'吗？……难道各种社会主义宗派分子关于'公平的'分配不是也有各种极不相同的观念吗？"恩格斯在批判蒲鲁东的法权观时也指出："希腊人和罗马人的公平观认为奴隶制度是公平的；1789年资产者阶级的公平观则要求废除被宣布为不公平的封建制度。在普鲁士的容克看来，甚至可怜的专区法也是破坏永恒公平的。所以，关于永恒公平的观念不仅是因时因地而变，甚至也因人而异，它是如米尔伯格正确说过的那样'一个人有一个理解'。"可见，正义在马克思和恩格斯那里只是价值判断，而不是事实判断。②

在我看来，从论文写作的角度讲，省略了马克思的那两句话是没任何问题的。实际上，孔先生对我的批评并不在于我省略了"一句话"还是"两句话"，而在于我省略了一句在他看来是"更为关键的话"，即"难道它事实上不是在现今的生产方式基础上唯一'公平的'分配吗？"在他看来，这句话表明马克思认为"在每一种价值判断背后，必然存在着它的事实判断"，而我省略了这句更为关键的话是有意回避马克思的这一观点。

---

① 马克思恩格斯选集：第3卷．北京：人民出版社，1995：302．
② 光明日报，2014-03-19．

而在我看来，孔先生的批评之所以不能成立，原因就在于他对这句话的理解是错误的。

让我们先对马克思这句话的含义做一分析。在"难道它事实上不是在现今的生产方式基础上唯一'公平的'分配吗？"这句话中，"它"无疑指的是"资本主义分配"，那"'公平的'分配"意指什么？不难发现，马克思在那段话中三次使用了"'公平的'分配"这样的表述。在第一次，即在"难道资产者不是断言今天的分配是'公平的'吗？"这句话中，"'公平的'分配"无疑意指"不偏不倚的"分配。由于只是资产者断言资本主义分配是"'公平的'分配"，而其他阶级或社会集团的人，如无产者，或马克思在那段话中讲的"各种社会主义宗派分子"并不认为资本主义分配是"公平的"分配，因而，资产者断言的"公平的"分配就只是资产者做出的一种价值判断。对此，孔先生也是认同的，因为他承认"难道资产者不是断言今天的分配是'公平的'吗？"是资产者的断言，因而"属于价值判断"。在第三次，即在"难道各种社会主义宗派分子关于'公平的'分配不是也有各种极不相同的观念吗？"这句话中，"'公平的'分配"无疑意指的也是"不偏不倚的"分配。由于各种社会主义宗派分子对"'公平的'分配"即"不偏不倚的"分配有各种极不相同的观念，因而，他们讲的"'公平的'分配"也是一种价值判断。那在第二次，即在"难道它事实上不是在现今的生产方式基础上唯一'公平的'分配吗？"这句话中，"'公平的'分配"意指的也是"不偏不倚的"分配吗？我认为不是。这是因为，马克思第一次和第三次使用的"'公平的'分配"，其含义都是"不偏不倚的"分配，只不过前者是资本家断言的"'公平的'分配"，后者是各种社会主义宗派分子认为的"'公平的'分配"，而马克思第二次使用的"'公平的'分配"，是马克思自己断言的"'公平的'分配"，其含义显然不可能是"不偏不倚的"分配，因为如果这样认为，那马克思讲这句话就意味着，现今的生产方式基础上的资本主义分配也是"不偏不倚的"分配。马克思可能做出这样的断言吗？我认为不可能！那马克思第二次使用的"'公平的'分配"其含义是什么？我认为，其含义只是事实判断意义上的"相适合的"分配，用历史唯物主义的话语表述就是"具有历史必然性的"分配。因为马克思在这句话中讲的"它"指的是资本主义分配，"在现今的生产方式基础上"指的是资本主义分配是基于资本主义生产方式，由此说来，对"难道它事实上不是在现今的生产方式基础上唯一'公平的'分配吗？"这句话只能做一种历史唯物主义的理解，即马克思认为资本主义分配事实上是在现今的生产方式基础上唯一"相适合的"即"具有历史必然性的"分配。对我的这种理解人们也许会提出疑问：马克思在这里为什么不使用"相适合的"而非要使用"公平的"这一看上去与他第一、第三次使用的"公平的"完全相同的表述呢？我认为，马克思这样做大概是基于三个考虑：第一，他使用的"公平的"概念其德文原文是"gerecht"，而"gerecht"本身的含义有多种，其中既包括"不偏不倚的"，也包括"相适合的"；第二，他将三次使用的"公平的"都加上引号，已表明对它们各自的含义要基于各自的语境做特殊的理解；第三，"公平的"是《哥达纲领》中的用语，马克思沿用它既有行文上的考虑，也是为了表示讥讽。当然，我的理解也许存在这样或那样的问题，但不管怎样讲，"难道它事实上不是在现今的生产方式基础上唯一'公平的'分配吗？"这句话只能理解为：马克思是从事实判断的意义上，认为资本主义分配事实上是在现今的生产方式基础上唯一"相适合的"即"具有历史必然性的"分配。而不能理解为：马克思是从价值判断意义上，认为资本主义分配事实上是在现今的生产方式基础上唯一"不偏不倚的"分配。

我的理解还可以从马克思的另一段相关论述得到佐证。马克思在批评当时工人运动中流行的"做一天公平的工作，得一天公平的工资"的口号时指出："在雇佣劳动制度的基础上要求**平等的或仅仅是公平的报酬**，就犹如在奴隶制的基础上要求**自由**一样。你们认为公道和公平的东西，与问题毫无关系。问题就在于：一定的生产制度所必需的和不可避免的东西是什么？"① 马克思这里讲的"你们认为公道和公平的东西"，与他在《哥达纲领批判》中讲的"难道资产者不是断言今天的分配是'公平的'吗？"和"难道各种社会主义宗派分子关于'公平的'分配不是也有各种极不相同的观念吗？"很类似，因为他们讲的"公平"都是价值判断，只不过前者是部分工人的价值判断，后者是资产者和各种社会主义宗派分子的价值判断；"问题就在于：一定的生产制度所必需的和不可避免的东西是什么？"则与他在《哥达纲领批判》中讲的"难道它事实上不是在现今的生产方式基础上唯一'公平的'分配吗？"很类似，因为二者都是从事实判断的意义上强调资本主义分配方式是与现今的生产方式"相适合的"，即"具有历史必然性的"分配方式。

---

① 马克思恩格斯选集：第2卷. 北京：人民出版社，1995：76.

我们再来看看孔先生对这句话的理解。在他看来，马克思在这句话之前讲的"难道资产者不是断言今天的分配是'公平的'吗？"指的是资产者的断言，因而属于价值判断，由此他进而推论，由于马克思在接着讲的"难道它事实上不是在现今的生产方式基础上唯一'公平的'分配吗？"这句话中加进生产方式因素，因而这句话是对资本主义分配的事实判断，即认为它是事实上唯一"公平的"分配。他还解释说，马克思所以对公平加上引号，"并不是要否定它，而是强调它对应着资产者的价值判断，是特定生产方式基础上的公平。这说明，在每一种价值判断背后，必然存在着它的事实判断"。简言之，马克思在这句话中讲的"'公平的'分配"，对应的是"资产者的价值判断"；由于马克思在这句话中加进生产方式因素，因而它是对资本主义分配的事实判断；这句话说明，在马克思的每一种价值判断背后，必然存在着它的事实判断。在我看来，孔先生的这些理解都是不能成立的。

第一，孔先生认为这句话中的"'公平的'分配"对应的是"资产者的价值判断"是不能成立的。这句话中的"'公平的'分配"无疑是马克思本人对资本主义分配的断言。那马克思这里讲的"'公平的'分配"意指什么？孔先生对此没做任何说明，而只是说"它对应着资产者的价值判断"。我在前边表明，资产者的价值判断即其断言的"'公平的'分配"，意指的是资本主义分配是"不偏不倚的"分配，而孔先生在这里说马克思断言的"'公平的'分配"对应着"资产者的价值判断"，那显然意指马克思断言的"'公平的'分配"同资产者断言的"'公平的'分配"一样，其含义也是"不偏不倚的"分配。这样一来，这句话就只能被理解为马克思也断言现今的生产方式基础上的资本主义分配是"不偏不倚的"分配。马克思可能做出这样的断言吗？我认为不可能！

第二，孔先生的这句话是"对资本主义分配的事实判断"的推论也是不能成立的。按照他说法，资产者断言资本主义分配是"'公平的'分配"是价值判断，因为它是资产者断言的，那马克思断言资本主义分配是"'公平的'分配"为什么就是事实判断？如果像孔先生所说的那样，马克思断言的"'公平的'分配"对应着"资产者的价值判断"，即马克思也认为资本主义分配是"不偏不倚的"分配，那只因为"'公平的'分配"是马克思的断言，就将其视为事实判断显然就说不通。大概也正是基于这一考虑，孔先生在他的推论中强调指出，马克思在这句话中加进了生产方式因素，然而，由此只能得出马克思认为资本主义分配是以资本主义生产方式为基础的结论,而得不出他讲的基于资本主义生产方式的资本主义分配是"'公平的'分配"即"不偏不倚的"分配,是对资本主义分配的"事实判断"的结论。此外,孔先生在他的推论中还强调指出,马克思对这句话中的公平加上了引号,这表明马克思不是要否定它,"而是强调它对应着资产者的价值判断,是特定生产方式基础上的公平",然而,只要孔先生将特定生产方式基础上的"公平"理解为"对应着资产者的价值判断",即其含义是"不偏不倚的",那就仍表明不了这句话中"'公平的'分配"是对资本主义分配的事实判断。

第三,孔先生讲的"这说明在每一种价值判断背后,必然存在着它的事实判断"也不能成立。前边表明,孔先生认为这句话中的"'公平的'分配"对应着资产者的价值判断,即"'公平的'分配"意指的是"不偏不倚"分配,因而,他所谓的这句话中的"'公平的'分配"是对资本主义分配的"事实判断",实际上仍是对资本主义分配的"价值判断"。由此说来,孔先生依据这句话所做出的推论,即在每一种价值判断背后必然存在着它的"事实判断"就不能成立。此外,即使按照孔先生的理解,即这句话讲的是对资本主义分配的事实判断,那由此也只能得出在对"资本主义分配"的价值判断背后必然存在着对"资本主义分配"的事实判断的结论,而得不出在"每一种价值判断"背后必然存在着对"每一种价值判断"的事实判断的结论。不难看出,孔先生对事实判断本身的理解是含混不清的。从他讲的"在每一种价值判断背后,必然存在着它的事实判断"来看,其中的"它"无疑指的是"每一种价值判断",由此说来,"必然存在着它的事实判断"则意味着"事实判断"的对象是"价值判断"。而按照他在前边的说法,即马克思讲的"难道它事实上不是在现今的生产方式基础上唯一'公平的'分配吗?"是对资本主义分配方式的事实判断,事实判断的对象是"资本主义分配方式"而不是对资本主义分配方式的"价值判断"。这就引出一个问题:马克思的事实判断的对象是"资本主义分配"还是对资本主义分配的"价值判断"? 不知孔先生如何将这二者统一起来。

(三)

孔先生的第三个批评是:"段先生具体到无产阶级的分配正义要求时,

却认为这种正义要求在马克思和恩格斯那里,'只是价值判断,而不是事实判断'。并断言正义在马克思的论述中都只是价值判断,而非事实判断,从而把正义的价值判断与事实判断,绝对地对立和割裂开来。很显然,这种做法,无意之中把马、恩的正义主张,引向了历史唯心主义虚无缥缈的空中楼阁。"① 我认为,孔先生的这个批评更不能成立。

什么是事实判断?什么是价值判断?根据学界的通常理解,事实判断指的是一种描述性判断,即关于事物实际上是怎样的判断;价值判断指的是一种规范性判断,即关于事物应当是怎样的判断。正是沿袭这种理解,我认为正义在马克思的论著中是价值判断而不是事实判断。我还以马克思对资本主义剥削的论述为例对这二者的区别做了说明:当马克思说资本家对工人的剥削是对工人剩余劳动的无偿占有时,他此时的说法是对资本主义剥削的事实判断,因为他此时只是描述了资本家无偿占有工人的剩余劳动这一事实;当马克思把资本家对工人的剥削,即对工人劳动的无偿占有说成是对工人的"盗窃"时,他此时的说法是对资本主义剥削的价值判断,因为"盗窃"意指不正当地拿了属于他者的东西,由此说来,资本主义剥削就是不正义的,因为资本家无偿占有了本应属于工人的剩余产品。

孔先生对价值判断和事实判断的理解却别出心裁,他不谈什么是事实判断,也不谈什么是价值判断,而是径直提出:"正义是价值判断与事实判断的对立统一:作为价值判断的正义是应然,作为事实判断的正义是实然;应然存在于人们的理想和主观愿望之中,实然是已经实现了的理想和愿望。正义的这两种判断不可或缺,都很重要,没有对正义的理想、愿望,正义无从谈起;有了正义的理想和愿望,却不管它能否实现和实现与否,那是对正义的空谈。"② 他还以马克思讲的按劳分配为例,对他的理解做了这样的说明:马克思在《哥达纲领批判》中讲的按劳分配,即让"每一个生产者,在作了各项扣除以后,从社会领回的,正好是他给予社会的"③,是"马克思对未来社会的理想、愿望和要求,并不是现实情况。因此,这种分配正义只能是他的一种价值判断,而不是事实判断。等到了社会主义社会有了公有制生产方式,按劳分配才得以实现时,每一个劳动者确实得到了'其应得',它就成为分配正义的事实判断"④。按照孔先生

---

① 人文杂志,2016 (8):22-23.
② 同①22.
③ 马克思恩格斯选集:第3卷.北京:人民出版社,1995:304.
④ 同①23.

的理解,价值判断指的是应然,它"存在于人们的理想和主观愿望之中",事实判断指的是实然,它"是已经实现了的理想和愿望"。孔先生对价值判断和事实判断的这种理解显然与众不同。但这种标新立异的理解有什么根据吗?国内学者有人这样使用这两个概念吗?马克思和恩格斯是这样使用这两个概念吗?我相信,孔先生是难以回答这些问题的。如果孔先生根本无视我讲的价值判断和事实判断意指什么,而只是从他自己理解的价值判断和事实判断出发批评我把"把正义的价值判断与事实判断,绝对地对立和割裂开来",那这种批评又怎能成立呢?

孔先生在其文章中虽然大谈正义在马克思的论述中既是价值判断也是事实判断,但却从未给出任何可信的文本依据。前边表明,孔先生认为正义在马克思的论述中也是事实判断的一个依据,是马克思在《哥达纲领批判》中所讲的那句话,即"难道它事实上不是在现今的生产方式基础上唯一'公平的'分配吗?"但他对这句话的理解是完全错误的,因而把其作为依据是不能成立的。此外,他在提出对我的第三个批评之后,又把中央编译局翻译的马克思在《资本论》第三卷批判吉尔巴特的那段话作为正义在马克思的论述中也是事实判断的依据,但这也不能成立。前边指出,我在发表于《马克思主义与现实》2010年第6期的那篇文章中对中央编译局翻译的那段话提出了质疑,并对其做了重译。孔先生说,他仔细研读了中央编译局的译文和我的译文,结果"没有发现有何实质性差异"。对孔先生的这个结论我表示遗憾,因为这只能表明孔先生没有读懂我那篇文章。受本文篇幅的限制,我这里只简单指出,我的译文与中央编译局的译文之间的区别主要体现在马克思是如何批判吉尔巴特所说的"天然正义"这一问题上。我的译文表明,马克思指出并论证了,吉尔巴特所说的"正义"是用借款来牟取利润的人和贷放人之间进行的前者把一部分利润付给后者的交易的正义性,因为这种交易只是从资本主义生产关系中作为自然结果产生出来的,因此,吉尔巴特所说的"正义"根本不是什么"天然正义"。中央编译局的译文则让人只能做这样的理解:马克思在批判吉尔巴特的"天然正义"时还提出了自己的正义观点,即只要与生产方式相适应,相一致,就是正义的;只要与生产方式相矛盾,就是非正义的。孔先生"没有发现有何实质性差异"无疑不等于其他人也没有发现,试问:如果真的没有"任何实质性差异",那《马克思主义与现实》为什么还要发表我的那篇文章?中央编译局副局长李其庆编审为什么还在随后一期的《马克思主义与现实》

十、分配正义、剥削与按劳分配

对我的文章做出回应？由于孔先生没看出来中央编译局的译文和我的译文"有何实质性差异",因此,他以自己对中央编译局那段译文的理解作为正义在马克思的论述中也是事实判断的依据,是没有任何说服力的。

如果孔先生所说的价值判断和事实判断都不是我所讲的价值判断和事实判断,如果他给不出正义在马克思那里既是价值判断又是事实判断可信的文本依据,那他对我的第三个批评,即断言正义在马克思的论述中都只是价值判断而非事实判断"这种做法,无意之中把马、恩的正义主张,引向了历史唯心主义虚无缥缈的空中楼阁",岂不是无稽之谈!

（四）

孔先生的第四个批评转向我的"马克思认为资本主义剥削是不正义的"观点。他说道："在'2013年文'中,段先生否定与生产方式相联系的正义评判标准后,用他所认定的正义标准得出了第一个判断：资本主义剥削是对工人无偿劳动的占有,是对工人的抢劫、盗窃和掠夺,因而是不正义的；马克思分配正义的要求,首先体现在他对资本主义剥削,即资本主义分配制度的谴责上。"① 孔先生这里所说的"第一个判断"是对我的观点的曲解。因为我在"2013年文",即发表在《马克思主义与现实》2013年第5期的《马克思正义观的三个根本性问题》一文中明确指出："仔细研究一下马克思有关资本主义剥削的论述我们可以看出,剥削这一概念在他那里具有两种不同的含义。"② 其一是指资本家对工人劳动的无偿占有,为了表明这一点,我引用了马克思在《工资、价格和利润》讲述剥削的一段话,并指出马克思的这段话表明,资本家对工人的剥削就是对工人劳动的无偿占有。其二是指资本家对工人劳动的无偿占有是不正义的,为了表明这一点,我引用了马克思把资本家对工人的剥削,即对工人劳动的无偿占有,说成是对工人的"抢劫"和"盗窃"的几段论述,并指出马克思的"抢劫"和"盗窃"这样的说法隐含对剥削的谴责,即资本家对工人劳动的无偿占有是不

---

① 人文杂志,2016 (8)：23.
② 段忠桥. 马克思正义观的三个根本性问题. 马克思主义与现实,2013 (5)：3-4.

正义的,而其之所以不正义,说到底是因为资本家无偿占有了本应属于工人的剩余产品。① 可见,我只认为第二种含义才表明马克思认为资本主义剥削是不正义的。但孔先生却故意把我所讲的这两种含义混在一起说,把第一种含义和第二种含义都说成是"不正义"的,这显然是对我的观点的曲解。

在对我的观点做了曲解之后,孔先生批评说:"诚然,资本主义剥削是对工人无偿劳动的占有,是对工人的抢劫、盗窃和掠夺。这是马克思通过对资本主义生产方式鞭辟入里的剖析,揭露出来的事实。有了这样的事实,段先生借助于西方学者柯亨教授的分析,从盗窃的不正当、不正义,得出了资本主义剥削不正义的结论。那么,这种不正义结论究竟是价值判断,还是事实判断呢?以事实为依据的判断应该是事实判断,而段先生认为事实判断与正义无关,怎么又得出了资本主义剥削不正义的结论呢?"② 我是"先有了"孔先生所谓的马克思揭露出来的"这样的事实",即资本主义剥削是对工人无偿劳动的占有,是对工人的抢劫、盗窃和掠夺,再进而得出资本主义剥削是不正义的结论吗?如果是,那请孔先生拿出根据;如果不是,那他的批评还有意义吗?此外,孔先生讲的"以事实为依据的判断应该是事实判断",也是难以成立的,因为它与孔先生自己的说法都相矛盾。前边表明,孔先生认为马克思在《哥达纲领批判》中讲的"难道资产者不是断言今天的分配是'公平的'吗?"属于价值判断,那资产者断言今天的分配是"公平的"依据的是什么?按照孔先生批评我的逻辑,其依据只能是"今天的分配"即资本主义分配这一事实,如果资产者断言的"公平"依据的也是"事实",那为什么资产者的断言就属于价值判断而不属于事实判断呢?再有,孔先生所谓的"段先生认为事实判断与正义无关"是子虚乌有,因为我只讲过"正义在马克思的论著中是价值判断而不是事实判断",而从未讲过"事实判断与正义无关"。如果我讲过"事实判断与正义无关",那请孔先生指出我是在哪里讲的;如果没讲过,那孔先生的诘问"而段先生认为事实判断与正义无关,怎么又得出了资本主义剥削不正义的结论呢?"还有意义吗?

在批评了我的马克思认为资本主义剥削是不正义的观点之后,孔先生对资本主义剥削究竟是正义的还是不正义的提出了自己的看法:"正义作

---

① 段忠桥. 马克思正义观的三个根本性问题. 马克思主义与现实, 2013 (5): 4.
② 人文杂志, 2016 (8): 23.

十、分配正义、剥削与按劳分配

为价值判断,可以各有各的看法,甚至如米尔伯格所说'一个人有一个理解'。那么,资本主义剥削究竟是正义还是不正义?是不是同样可以各人各看法:'可以认为正义,也可以认为不正义'?如果真是这样,那天下岂不是没有一致的正义了吗?"① 孔先生的这一看法存在明显的逻辑矛盾:按照他的"正义作为价值判断,可以各有各的看法"的说法②,对于"资本主义剥削究竟是正义还是不正义"人们当然可以各有各的看法,而按照他的"如果真是这样,那天下岂不是没有一致的正义了吗?"的说法,对于"资本主义剥削究竟是正义还是不正义"人们又不可以各有各的看法,那这两种说法如何能统一起来呢?实际上,孔先生认为对于"资本主义剥削究竟是正义还是不正义"人们不可以各有各的看法。为此,他给出了如下理由。

理由之一:"马、恩把资本主义剥削与资本主义生产方式相联系,认为任何一种分配都是生产条件分配的结果,生产条件的分配表现生产方式本身的性质;既然生产资料掌握在资本家手中,工人除自身劳动力外一无所有,生产结果就只能是剩余价值归资本家,劳动力价值归工人。在资本主义上升时期,这种分配与其生产方式是相适应、相一致的,因此,符合历史正义要求。"③ 孔先生的这个理由不能成立,因为他在这里把作为价值判断的"正义"概念,偷换为作为事实判断的"历史正义"。我在一篇发表在《中国党政干部论坛》2001 年第 11 期的题为《马恩是如何看待剥削的"历史正当性"的》文章中曾指出,马克思和恩格斯并不认为剥削的存在从来就是不合理的,而是认为任何一种剥削形式在人类社会发展的一定阶段都具有历史正当性,即合理性,对此,恩格斯有一段极为明确的论述:"马克思了解古代奴隶主,中世纪封建主等等的历史必然性,因而了解他们的历史正当性,承认他们在一定限度的历史时期内是人类发展的杠杆;因而马克思也承认剥削,即占有他人劳动产品的暂时的历史正当性"④。恩格斯这里所讲的剥削的"历史正当性",其含义是剥削的历史必然性,即剥削在人类社会一定历史时期是不可避免的,并且还是推动这一时期历史发展的动力。孔先生在这里所讲的"历史正义"也就是恩格斯所

---

① 人文杂志,2016(8):23.
② 孔先生显然是认可这一说法的,因为他讲的"甚至如米尔伯格所说'一个人有一个理解'"是恩格斯的原话。
③ 同①23-24.
④ 马克思恩格斯全集:第 21 卷. 北京:人民出版社,1965:557-558.

讲的"历史正当性",它显然不同于作为价值判断的"正义",因此,把它作为对于"资本主义剥削究竟是正义还是不正义"人们不可以各有各的看法的理由,是不能成立的。

理由之二:"甚至在只是等价物交换的商品交换情况下,资本家只要付给工人以劳动力的实际价值,就完全有权利也就是符合于这种生产方式的权利,获得剩余价值。既然资本家得到了应得的剩余价值,工人得到了应得的劳动力价值,这种剥削性质的分配也应当算是正义的。熟悉《资本论》的人都知道,这些观点也是马克思在《资本论》中反复强调过的。"① 这一理由也不能成立。孔先生所说的"这些观点也是马克思在《资本论》中反复强调过的"是对马克思相关论述的曲解。不错,马克思在谈到劳动力的买卖时的确讲过,"这种情况对买者是一种特别的幸运,对卖者也决不是不公平"②。但马克思在这里所讲的"公平",指的只是资本家按照商品交换的等价原则支付工人的劳动力价值,但资本主义剥削却不仅仅体现在劳动力的买卖上,而是进而体现在:"货币占有者支付了劳动力的日价值,因此,劳动力一天的使用即一天的劳动就归他所有。劳动力维持一天只费半个工作日,而劳动力却能发挥作用或劳动一整天,因此,劳动力使用一天所创造的价值比劳动力自身一天的价值大一倍。"③ 进而言之,工人在生产过程中创造的超出自身劳动力价值的价值,即剩余价值,都归资本家无偿占有了。对此,恩格斯讲得更简明:"工人受剥削现象所环绕的关键是:劳动力出卖给资本家,而资本家利用这种交易来强迫工人生产出比构成劳动力的有酬价值多得多的东西。"④ 能把马克思所讲的劳动力的买卖等同于他所讲的资本主义剥削吗?能认为马克思说劳动力的买卖"对卖者"也绝不是不公平的,意指的是资本家对工人的剥削也绝不是不公平的吗?如果资本家对工人的剥削"也绝不是不公平的",那马克思为什么还要谴责资本主义剥削是对工人的"抢劫"和"盗窃"呢?可见,孔先生以马克思讲了劳动力的买卖"对卖者也绝不是不公平的"为由,认为对于"资本主义剥削究竟是正义还是不正义"人们不可以各有各的看法,是不能成立的。

理由之三:"在《反杜林论》中,恩格斯明确指出:当这种生产方式

---

① 人文杂志,2016(8):24.
② 马克思恩格斯文集:第5卷.北京:人民出版社,2009:226.
③ 同②.
④ 马克思恩格斯全集:第18卷.北京:人民出版社,1964:248-249.

已经进入没落阶段,当它的存在条件大部分已经消失,而它的后继者已经在敲门,'只有在这个时候,这种越来越不平等的分配,才被认为是非正义的'。"①孔先生的这个理由是基于对恩格斯的论述的曲解。恩格斯的原话是这样讲的:"当一种生产方式处在自身发展的上升阶段的时候,甚至在和这种生产方式相适应的分配方式下吃了亏的那些人也会欢迎这种生产方式。大工业兴起时期的英国工人就是如此。不仅如此,当这种生产方式对于社会还是正常的时候,满意于这种分配的情绪,总的来说,会占支配的地位;那时即使发出了抗议,也只是从统治阶级自身中发出来(圣西门、傅立叶、欧文),而在被剥削的群众中恰恰得不到任何响应。只有当这种生产方式已经走完自身的没落阶段的颇大一段行程时,当它多半已经过时的时候,当它的存在条件大部分已经消失而它的后继者已经在敲门的时候——只有在这个时候,这种越来越不平等的分配,才被认为是非正义的,只有在这个时候,人们才开始从已经过时的事实出发诉诸所谓永恒正义。"② 从恩格斯的这段话不难看出,他虽然讲了只有当一种生产方式多半已经过时的时候,越来越不平等的分配才被在和这种生产方式相适应的分配方式下吃了亏的那些人认为是非正义的,但他同时指出,当这种生产方式对于社会还是正常的时候,也会有人发出抗议,即使抗议只是从统治阶级自身中发出来,如圣西门、傅立叶、欧文。因此,孔先生以恩格斯的这段话为由,认为对于"资本主义剥削究竟是正义还是不正义"人们不可以各有各的看法,是不能成立的。

(五)

孔先生的第五个批评是,认为我误解了马克思的一段话。他指出,段先生在论证自己观点时,引用了马克思的一段话:"认识到产品是劳动能力自己的产品,并断定劳动同自己的实现条件的分离是不公平的、强制的,这是了不起的觉悟,这种觉悟是以资本为基础的生产方式的产物,而且也正是为这种生产方式送葬的丧钟"③。段先生认为工人觉悟到的不公

---

① 人文杂志,2016(8):24.
② 马克思恩格斯文集:第9卷.北京:人民出版社,2009:155-156.
③ 马克思恩格斯全集:第46卷上.北京:人民出版社,1979:460.

平，无疑是"当时工人对资本主义剥削的价值判断"。笔者认为这是一种误解。这里工人觉悟到的不公平，针对的不是资本主义剥削，而是"劳动同自己的实现条件的分离"。①

为了证明我的误解，孔先生把马克思的一段话和恩格斯的一段话作为论据。他说道，马克思在《资本论》中说：工人出卖劳动力被资本家无偿占有剩余价值的情况，"对买者是一种特别的幸运，对卖者也绝不是不公平"②。恩格斯在批判"做一天公平的工作，得一天公平的工资"这个已经过时而不适用的口号时指出：要回答什么是公平，不应当应用道德学或法学，也不应当诉诸任何人道、正义甚至慈悲之类的温情，而只能用研究生产和交换的物质事实的政治经济学这种科学来断定；劳动力价值就是公平的工资，这是一种非常特殊的公平；让工人的工资相当于他全部的劳动产品，按照政治经济学反倒是不公平的；政治经济学的公平，忠实地表述了支配目前社会的规律，但它是完全偏在资本一边的公平；所以应当永远埋葬这个旧口号，而代之以劳动资料归工人自己所有的新口号。③ "由此可见，马、恩的分配正义要求，并非如段先生所说，体现在他们对资本主义剥削，即资本主义分配制度的谴责上，而是要求消除'劳动同自己的实现条件的分离'这种不公平，在决定生产方式性质的根本问题，即生产条件的分配上进行变革，为将来的分配正义奠定基础。"④ 孔先生的这一批评是不能成立的，因为他对马克思那段话的理解是错误的，他对恩格斯那段论述的转述则是断章取义。

我在前边表明，马克思在《资本论》中所讲的"对买者是一种特别的幸运，对卖者也绝不是不公平"，指的是劳动力买卖的公平，即资本家是按照商品交换的等价原则支付工人的劳动力价值的，"公平"在这里的含义只是劳动力买卖的"等价交换"。而孔先生在这里却认为，马克思在这段话中所讲的"公平"，意指的是"工人出卖劳动力被资本家无偿占有剩余价值的情况"，这显然与马克思的原意相悖。此外，即便依据他的理解，那也得不出马、恩的分配正义是要求消除"劳动同自己的实现条件的分离"这种不公平的结论。

孔先生转述的恩格斯的那段话，出自恩格斯的《做一天公平的工作，

---

① 人文杂志，2016（8）：24.
② 资本论：第一卷.北京：人民出版社，1975：219.
③ 同①24-25.
④ 同①25.

得一天公平的工资》一文。他的转述至少在三个地方存在断章取义的问题：(1)恩格斯的原话是："是做一天公平的工作，得一天公平的工资吗？可是什么是一天公平的工资和一天公平的工作呢？它们是怎样由现代社会生存和发展的规律决定的呢？要回答这个问题，我们不应当应用道德学或法学，也不应当诉诸任何人道，正义甚至慈悲之类的温情。在道德上是公平的甚至在法律上是公平的，而从社会上来看很可能是很不公平的。社会的公平或不公平，只能用一种科学来断定，那就是研究生产和交换的物质事实的科学——政治经济学。"[1] 孔先生将恩格斯的原话转述为："要回答什么是公平，不应当应用道德学或法学，也不应当诉诸任何人道、正义甚至慈悲之类的温情，而只能用研究生产和交换的物质事实的政治经济学这种科学来断定。"这样一来，恩格斯所讲的要回答的问题，即"什么是一天公平的工资和一天公平的工作呢？"就被孔先生转述为"什么是公平"的问题了。(2)恩格斯的原话是："一天公平的工资，在正常情况下，就是保证工人按照他的地位和所在国家的生活程度获得必要的生活资料，以保持他的工作能力和延续他的后代所需要的金额。……一天公平的工作是这样的工作日长度和工作强度，它消耗工人一天的全部劳动力，但不损害他在第二天和以后完成同样数量劳动的能力。因此，这种交易可以这样来描述：工人把他一天的全部劳动力给资本家，也就是说，只要使这种交易的进行不致中断，工人能给多少就给多少。他换来的正好是使他每天能够重复这种交易所需要的生活必需品，不会更多。工人拿出来的这么多，资本家给的这么少，交易的本质只允许这样。这是一种非常特殊的公平。"[2] 孔先生将恩格斯的原话转述为："劳动力价值就是公平的工资，这是一种非常特殊的公平。"不难看出，恩格斯所讲的"这是一种非常特殊的公平"，指的是"工人拿出来的这么多，资本家给的这么少"。孔先生则把恩格斯所讲的"这是一种非常特殊的公平"转述成"劳动力价值就是公平的工资"，这符合恩格斯的原意吗？(3)恩格斯的原话是："按照我们通常所说的公平，工人的工资应该相当于他的劳动产品。但是按照政治经济学，这并不是公平的。"[3] 孔先生将恩格斯的这段话转述为："让工人的工资相当于他全部的劳动产品，按照政治经济学反倒是不公平的。"在孔先生的

---

[1] 马克思恩格斯全集：第19卷. 北京：人民出版社，1963：273.
[2] 同[1]274.
[3] 同[1]275.

转述中,"按照我们通常所说的公平"这至关重要的一句话被删除了,这样一来,恩格斯的原意就被完全扭曲了。此外,即使按照他的转述,那也推不出马、恩的分配正义是要求消除"劳动同自己的实现条件的分离"这种不公平。

实际上,只要认真读一下马克思的那段话:"认识到产品是劳动能力自己的产品,并断定劳动同自己的实现条件的分离是不公平的、强制的,这是了不起的觉悟",就可看出,他所讲的"了不起的觉悟"包含两个相互联系的方面,一是"认识到产品是劳动能力自己的产品",二是"断定劳动同自己的实现条件的分离是不公平的、强制的"。前者无疑含有这样的意思,即工人认识到劳动能力是属于工人自己的,因而劳动产品应归工人所有;后者则是对前者的深化,即工人进而断定,劳动产品没有归工人所有是因为"劳动同自己的实现条件的分离",而这"是不公平的、强制的"。由于马克思是以"并"这个连词将这两个方面联系起来,因而他所讲的"了不起的觉悟"实际上指的是,工人认识到资本家依靠对生产资料的占有而无偿占有了工人创造的本应属于工人的剩余产品,因而是不正义的。正是基于这种理解,我认为,马克思所讲的"了不起的觉悟"是指当时工人对资本主义剥削的价值判断。孔先生则武断地将"认识到产品是劳动能力自己的产品"排除在马克思所讲的"了不起的觉悟"之外,认为"这里工人觉悟到的不公平,针对的不是资本主义剥削,而是'劳动同自己的实现条件的分离'"。什么是资本主义剥削?资本主义剥削难道不是指资本家凭借对生产资料的占有而无偿占有工人创造的剩余价值吗?如果资本主义剥削内在地包含着"劳动同自己的实现条件的分离",那说"这里工人觉悟到的不公平,针对的不是资本主义剥削,而只是'劳动同自己的实现条件的分离'",就是毫无道理的。

在指出我误解了马克思这段话之后,孔先生还进而断言我的"这种误解,已直接影响到人们对中国特色社会主义的认识"①。对此,他给出的理由是:"在我国社会主义初级阶段,受到改革开放政策鼓励的私营经济、外资经济以及我国越来越多的对外投资中,同样存在着雇佣劳动基础上资本所有者占有剩余价值,劳动力所有者获得劳动力价值的分配关系。按照段先生的逻辑,这种分配关系应被打入不正义之列。如果真是这样,那就必然给人们带来一个更大的困惑:历来强调公平正义原则,力求构建和谐

---

① 人文杂志,2016(8):25.

社会的中国政府，为什么反而鼓励不正义分配关系的形成和存在？……段先生这样的观点，势必会对社会上一部分缺乏理论思维的人，带来新的思想混乱，认为中国政府背离了自己倡导的公平正义原则。这恐怕是段先生没有想到也不愿看到的。"① 孔先生的这些话显然已超出学术批评，而多少带有一些政治批评的味道。不过，作为一个研究马克思主义的学者，我对孔先生的这种批评并不介意，因为他的这种批评同样是不能成立的。在我看来，如果按照马克思的观点，资本主义剥削，无论在资本主义生产方式是处在上升阶段还是处在没落阶段，无论是在西方资本主义国家还是在中国这样的社会主义国家，都是不正义的，因为资本家无偿占有了工人创造的本应属于工人的剩余价值。至于孔先生所讲的那种"更大的困惑"，在我看来完全是自寻烦恼。

我在一篇发表于《哲学动态》2015年第9期题为《正义是社会制度的首要价值吗？》的文章中曾指出，正义并不像罗尔斯所说的那样是社会制度的首要价值，这主要是因为：第一，在实现正义的物质条件尚不具备时，正义不会成为社会制度的首要价值；第二，在多种价值诉求并存的情况下，正义并不总是社会制度的首要价值。② 故此，在我看来，任何一个国家，即使是孔先生所言的"历来强调公平正义原则，力求构建和谐社会的中国政府"，在制定分配政策时都不总会把正义作为所要实现的首要价值，更不会把正义作为所要实现的唯一价值。就中国政府而言，其所要实现的价值决不仅限于正义，它还要实现效率、稳定、和谐等多种价值。这些不同的价值，例如正义与效率，有时是相互冲突的，因而无法同时实现，因此，中国政府对在何时首先实现哪种价值总要有所选择，其选择不仅要基于对正义的考虑，而且还要基于对其他价值和它所面临的各种问题的综合考虑，当某些其他价值的实现比正义的实现更有助于问题的解决时，正义不会成为首选。例如，在我国改革开放初期，由于那时迅速提高生产力是社会面临的最大问题，因此，那时的政府在价值的选择上是把效率放在第一位，把公平放在第二位，即"效率优先，兼顾公平"。此外，正义的实现不是想当然的，而是受其得以实现的物质条件所制约的。以当今中国的教育制度为例，让每一个孩子，无论是大、中城市的孩子还是边远山区的孩子，无论是"富二代"还是"穷二代"，享有同等的教育资源，

---

① 人文杂志，2016 (8)：25.
② 段忠桥．正义是社会制度的首要价值吗？哲学动态，2015 (9)：7-8.

无疑是正义的要求，但就当前我国经济和社会文化发展水平而言，做到这一点还不可能，因而，我国目前的教育制度还做不到完全实现公平正义。再以孔先生所讲的当今中国存在的私营经济和外资经济为例，我国在现阶段之所以鼓励它们发展，说到底是由我国生产力在现阶段的发展水平所决定的，而绝非因为它们的分配关系，用孔先生的话来讲是"资本所有者占有剩余价值，劳动力所有者获得劳动力价值的分配关系"是正义的。孔先生批评我的逻辑实际上是这样的：由于中国政府历来强调公平正义原则，力求构建和谐社会，因而，它必定只鼓励正义分配关系的形成和存在；由于同样存在资本所有者占有剩余价值，劳动力所有者获得劳动力价值的分配关系的私营经济、外资经济受到中国政府的鼓励，因而，它们的分配关系必定是正义的；因此，认为私营经济、外资经济分配关系是不正义的会使人们产生"困惑"，甚至带来"认为中国政府背离了自己倡导的公平正义原则"的思想混乱。前边表明，孔先生的批评的大前提就不成立，这样说来，它的小前提和结论还能成立吗？在我看来，孔先生的批评既与马克思的正义观念相悖，也与当前中国政府的政策相悖，因而，它才会带来"认为中国政府背离了自己倡导的公平正义原则"的思想混乱，这恐怕是孔先生"没有想到也不愿看到的"。

（六）

孔先生的第六个批评，针对的是我的"马克思认为社会主义按劳分配的弊病也是不正义的"观点。他说道："如果真是这样，那就给我们带来了一个困惑：在整个社会主义阶段，这两个弊病都是消除不了的，按劳分配岂不是就没有公平正义可言，我们就永远实现不了党的十八大提出的'以权利公平、机会公平、规则公平'为主要内容的公平正义了吗？而公平正义是中国特色社会主义的内在要求，是我们党和国家一切工作的出发点和落脚点；按劳分配又是我国现阶段分配方式的主体。难道我们只是把公平正义当做口号，而并非要真正落实吗？很显然，可能连段先生自己都不会接受这样的推论。"[①] 孔先生的这一批评也非学术意义上的，而是政治意义上的，即认为我的观点会有碍实现十八大报告提出的目标。但他的

---

① 人文杂志，2016（8）：25．

这一批评仍然不能成立，因为它是基于对我的观点和十八大报告的曲解。

首先，孔先生所讲的"在整个社会主义阶段，这两个弊病都是消除不了的，按劳分配岂不是就没有公平正义可言"是对我的观点的曲解。我在《马克思正义观的三个根本性问题》一文中明确指出："马克思之所以认为资本主义剥削是不正义的，是因为资本家无偿占有了本应属于工人的剩余产品，就此而言，按劳分配相对资本主义剥削是一种正义的分配原则，因为它使劳动者获得了他应得的与其劳动量相等的产品（当然是在作了各项必要的扣除以后）。然而，在讲完按劳分配消灭了剥削以后马克思又紧接着提出，按劳分配作为平等权利原则还存在两种'弊病'，一是它默认了因劳动者个人天赋不同导致的所得不平等，二是它使劳动者个人因家庭负担不同而实际所得不平等。我们知道，'弊病'这一概念本身的含义是'缺点、欠缺或不足'，那由此可以推断，马克思将它用在这里无疑含有这样的意思，即他认为上述两种情况都是'不应当'，即不正义的。"① 可见，我的观点是：按劳分配相对于资本主义剥削而言是正义的，按劳分配的不正义只是就它的两个弊病而言。孔先生却把我的观点说成是"按劳分配"没有公平正义可言，这不是明显的曲解吗？

其次，党的十八大报告提出，"逐步建立以权利公平、机会公平、规则公平为主要内容的社会公平保障体系"②，孔先生却把这句话修改为党的十八大提出"'以权利公平、机会公平、规则公平'为主要内容的公平正义"。我们知道，"社会保障体系"指的是国家通过立法而制定的社会保险、救助、补贴等一系列制度，那孔先生所讲的"公平正义"意指什么呢？显然，指的是与按劳分配相关的"公平正义"。这就引出一个问题：按劳分配属于初次分配，社会保障体系属于再分配，由此说来，孔先生实际上是把十八大报告所讲的在"再分配"中"逐步建立以权利公平、机会公平、规则公平为主要内容的社会公平保障体系"，说成是在"初次分配"即按劳分配中实现公平正义，这是对十八大报告的明显曲解。实际上，十八大报告对初次分配和再分配的公平问题有明确论述："初次分配和再分配都要兼顾效率和公平，再分配更加注重公平。"③ 这也就是说，无论初次分配还是再分配都不能只讲公平而不讲效率，只不过再分配要更加注重

---

① 段忠桥. 马克思正义观的三个根本性问题. 马克思主义与现实，2013（5）：6.
② 求是，2012（22）：8.
③ 同②17.

公平。如果说孔先生所讲的"党的十八大提出的'以权利公平、机会公平、规则公平'为主要内容的公平正义"是对十八大报告的曲解，那他以我认为"在整个社会主义阶段，这两个弊病都是消除不了的"为由，说我的观点会有碍实现十八大报告提出的目标就是没有意义的。

最后，孔先生说："公平正义是中国特色社会主义的内在要求，是我们党和国家一切工作的出发点和落脚点。"他的前半句话出自十八大报告的第二部分"夺取中国特色社会主义的新胜利"，原文是："公平正义是中国特色社会主义的内在要求。要在全体人民共同奋斗、经济社会发展的基础上，加紧建设对保障社会公平正义具有重大作用的制度，逐步建立以权利公平、机会公平、规则公平为主要内容的社会公平保障体系，努力营造公平的社会环境，保证人民平等参与、平等发展权利。"[①] 他的后半句话出自十八大报告的第一部分"过去五年的工作和十年的基本总结"，原文是："必须更加自觉地把以人为本作为深入贯彻落实科学发展观的核心立场，始终把实现好、维护好、发展好最广大人民根本利益作为党和国家一切工作的出发点和落脚点"[②]。孔先生通过对这两段话的删改和拼凑，将"始终把实现好、维护好、发展好最广大人民根本利益作为党和国家一切工作的出发点和落脚点"，说成是："公平正义"是"我们党和国家一切工作的出发点和落脚点"，这显然也是对十八大报告的曲解。前边表明，公平正义只是我国政府要实现的多种价值中的一种，就当前的情况而言，实现好、维护好、发展好最广大人民根本利益，是比公平正义更重要的一种价值，因而，它才是"党和国家一切工作的出发点和落脚点"。孔先生先把作为党和国家一切工作的出发点和落脚点的"实现好、维护好、发展好最广大人民根本利益"修改为"公平正义"，再进而以按劳分配是我国现阶段分配方式的主体为由，批评我"只是把公平正义当做口号，而并非要真正落实"，如果孔先生的批评是基于对十八大报告的曲解，那他的批评还能成立吗？

在提出上述批评后孔先生又进而提出两个批评："在把按劳分配的弊病就是分配不正义的推断强加给马克思后，段先生在'2016文'中说：'马克思的这一论述为我们看待今天存在的收入差距问题提供了启示'。什么启示呢？他在'2014文'中说得比较清楚：'基于马克思的这些论述去

---

① 求是，2012（22）：8.
② 同①6.

十、分配正义、剥削与按劳分配

认识当前我国存在的"贫富差距",其不正义就能得到有力的说明。'照此说法,似乎我国当前贫富差距的形成,主要是因按劳分配的弊病所致,贫富差距的'不正义'似乎要由按劳分配的'不正义'来加以说明。对此,我们感到不能理解。"① 简言之,孔先生认为,我的"2016 文"没把问题说清楚,"2014 文"虽把问题说清楚了,但又使他"感到不能理解"。在我看来,孔先生的这两个批评都是基于对我的相关论述的曲解。

在孔先生所讲的"2016 文",即我 2016 年 2 月 2 日发表在《人民日报》的《从分配正义看收入差距问题》一文中,我在讲"马克思的这一论述为我们看待今天存在的收入差距问题提供了启示"之前和之后各讲了一段话。在其之前讲的是:"仔细研究马克思和恩格斯的论著不难发现,分配正义虽然不是他们关注的主要问题,但他们在不少地方直接或间接地谈到过这一问题。例如,在《哥达纲领批判》中,马克思讲按劳分配存在两个'弊病':一是它默认因劳动者个人天赋不同导致的所得不平等,二是它默认因劳动者个人家庭负担不同导致的所得不平等。由此可以推断,马克思认为这两种情况都是'不应当'的,即不正义的。它们为什么是'不应当'的?虽然马克思没有作进一步说明,但可以推断,其原因是劳动者不同的个人天赋和不同的家庭负担都不是他们自己选择的,所以,由这些因素导致的劳动者所得不平等是不应当的。"② 在其之后讲的是:"收入差距产生的原因很多,其中包括不同的地域条件、生活环境、个人天赋等。比如,贫困人口中绝大部分是农村人口,他们在就业服务、社会保障、子女入学等方面还没有享受到与城市人口同等的待遇。又如,生活在自然环境优越、经济发达地区的人们,获得高收入的机会就多;生活在自然环境恶劣、经济相对落后地区的人们,获得高收入的机会就少。再如,不同的天赋差异也是导致收入差距的一个重要原因。这些收入差距与个人努力程度、风险担当等无关,依据马克思的观点,是不正义的。"③ 这样解释马克思在《哥达纲领批判》中的相关论述对我们的启示难道还不清楚吗?

在孔先生所讲的"2014 文",即我 2014 年 3 月 19 日发表在《光明日报》的《马克思主义哲学研究应关注分配正义问题》一文中,我先指出马克思、恩格斯在不少地方都直接或间接地谈到分配正义,"其中有些论述

---

① 人文杂志, 2016 (8): 26-27.
② 人民日报, 2016-02-02.
③ 同①.

对于我们认识当前我国社会存在的诸如贫富差距等分配不正义现象仍具有重要的指导意义",然后对马克思在《哥达纲领批判》中的相关论述做了分析,最后说道:"马克思在这里谈到按劳分配存在的两个'弊病',一是它默认了因劳动者个人天赋不同导致的所得不平等,二是它使劳动者个人因家庭负担不同而实际所得不平等。由此可以推断,马克思认为上述两种情况都是不正义的,但他没做进一步的明确说明。不过,从他讲的这两个'弊病'我们可以推断,其原因只能是劳动者不同的个人天赋和不同的家庭负担都是由偶然因素造成的,即不是由他们自己选择的,因而从道德上讲是不应得的。因此,由其导致的劳动者所得的不平等是不应当的。如果我们基于马克思的这些论述去认识当前我国存在的'贫富差距',其不正义就能得到有力的说明。"孔先生从我的这些论述中却得出了这样的结论:"照此说法,似乎我国当前贫富差距的形成,主要是因按劳分配的弊病所致,贫富差距的'不正义'似乎要由按劳分配的'不正义'来加以说明。"这显然是对我的观点的曲解。实际上,我对当前我国存在的贫富差距问题曾写过一篇两万多字的长文,即发表在《中国人民大学学报》2013年第1期的《当前中国的贫富差距为什么是不正义的?——基于马克思〈哥达纲领批判〉的相关论述》,孔先生肯定看过这篇文章,因为我在前边表明,他的段先生认同"科恩教授的'正义'是'给每个人以其应得'的定义"的说法就是来自这篇文章。既然看过,那孔先生为什么还要对我发表在《光明日报》上的这篇文章加以曲解呢?

  孔先生最后还批评我说:"段先生在'2016文'中说:'我们既不能因为一些收入差距是不正义的就要求立即消除它,也不能因为不能立即消除收入差距就认为它是正义的。'明明知道收入差距是不公平、不正义分配造成的,却不主张立即消除,恐怕这不应该是我们从马克思那里得到的启示。"[1] 对于孔先生的这个批评,由于我在本文的第五部分已做出回应,这里就不再重复了。在这里,我只建议孔先生再好好读一下马克思和恩格斯的相关论述,特别是恩格斯在《民主的泛斯拉夫主义》中的一段论述:"'正义'、'人道'、'自由'等等可以一千次地提出这种或那种要求,但是,如果某种事情无法实现,那它实际上就不会发生,因此无论如何它只能是一种'虚无飘渺的幻想'。"[2] 只要孔先生这样做了,那他就会得到启示。

---

[1] 人文杂志,2016 (8):27.
[2] 马克思恩格斯全集:第6卷. 北京:人民出版社,1961:325.

十一、马克思认为"正义是人民的鸦片"吗？
——答林进平

近十几年来，在我国的马克思主义哲学研究中，历史唯物主义与马克思正义观的关系成了一个既引起人们普遍关注又引起颇多争论的问题。对于这一问题，我在《哲学研究》2015年第7期发表的一篇题为《历史唯物主义与马克思的正义观念》（以下简称"《观念》"）的文章中提出："历史唯物主义与马克思的正义观念在内容上互不涉及、在来源上互不相干、在观点上互不否定。"[1] 对于我的这一见解，一些学者提出了不同意见，中央编译局研究员林进平就是其中的一个。他在《中国人民大学学报》2017年第3期发表了一篇题为《从宗教批判的视角看马克思对正义的批判——兼与段忠桥先生商榷》（以下简称"《商榷》"）的文章，文章的前一部分批评我的观点"不论是在立论的文本依据，还是在论证上都难以成立"[2]，文章的后一部分提出并论证了他自己的一种新观点，即马克思之所以批判、拒斥正义，是因为他"把正义视如宗教"[3]，认为"正义是人民的鸦片"[4]。本人非常赞赏林进平的勇于开展学术批评的做法，但对他的批评和他的新观点却不敢苟同。因为他的批评是基于偷换概念，让人难以接受；他的新观点是基于主观臆断，根本无法成立。

（一）

林进平在提出他的批评之前，先引用了我的《观念》一文的"摘要"：

---

[1] 哲学研究，2015（7）：3.
[2] 中国人民大学学报，2017（3）：28.
[3] 同②34.
[4] 同②34.

"依据马克思、恩格斯本人认可的相关论述,历史唯物主义是一种实证性的科学理论;马克思涉及正义问题的论述大体上可分为两类:一类是从历史唯物主义出发对各种资产阶级、小资产阶级的正义主张的批评,另一类则隐含在对资本主义剥削的谴责和对社会主义按劳分配的批评中。马克思的正义观念,指的只是隐含在第二类论述中的马克思对什么是正义的、什么是不正义的看法。马克思实际上持有两种不同的分配正义观念:一种是涉及资本主义剥削的正义观念,即资本主义剥削的不正义,说到底是因为资本家无偿占有了本应属于工人的剩余产品,另一种是涉及社会主义按劳分配弊病的正义观念,即由非选择的偶然因素所导致的人们实际所得的不平等是不正义的。历史唯物主义与马克思的正义观念在内容上互不涉及、在来源上互不相干、在观点上互不否定。"① 在他看来,我的这篇论文提出了一种有别于学界"成见"的观点,但我的论证却不足以令人信服,因为我不在"'显性论述'而在'隐性论述'中发现'马克思的正义观'"②,故此,我"发现的'马克思的正义观'缺乏依据"③。在我看来,林进平的这些批评不能成立,因为他在批评中所讲的"马克思的正义观",根本不是我在《观念》中所讲的"马克思的正义观念"。

在回应林进平的批评之前,我先谈谈我是如何提出与使用"马克思的正义观"和"马克思的正义观念"这两个概念的。我是在发表在《马克思主义与现实》2013 年第 5 期的一篇题为《马克思正义观的三个根本性问题》的论文中提出"马克思的正义观"的。我在这篇论文中指出:"我这里使用'马克思的正义观'而不使用'马克思的正义理论'的提法,是因为在我看来,马克思对正义问题没做过全面系统的阐释,而只有一些散见于不同时期论著、针对不同问题的相关论述。"④ 这些话表明,我是用"马克思的正义观"泛指马克思在其相关论述中涉及正义问题的各种看法。我还进而指出:"仔细研读一下马克思以及恩格斯的著作我们不难发现,他们有关正义的论述大多与分配方式相关,因而,我们对马克思正义观的探讨,应集中在他的分配正义观上。"⑤ 我提出"马克思的正义观念"则是在 2015 年发表的《观念》一文中。我在这篇论文中提出:"根据笔者对

---

① 中国人民大学学报,2017 (3):28.
② 同①30.
③ 同①29.
④ 马克思主义与现实,2013 (5):1.
⑤ 同④.

马克思著作的研读,他在创立历史唯物主义以后涉及正义的论述并不多,而且这些论述大多与分配问题相关"①,而马克思涉及分配正义问题的论述大体上可分为两类:"一类是从历史唯物主义出发对各种资产阶级、小资产阶级的正义主张的批评,另一类则隐含在对资本主义剥削的谴责和对社会主义按劳分配的批评中,我这里讲的'马克思的正义观念',指的只是隐含在第二类论述中的马克思对什么是正义的、什么是不正义的看法。"② 以上表明,我提出"马克思的正义观"在前,提出"马克思的正义观念"在后;我用"马克思的正义观"泛指包括分配正义观在内的"马克思在其相关论述中涉及正义问题的各种看法",我用"马克思的正义观念"特指"隐含在对资本主义剥削的谴责和对社会主义按劳分配的批评中"的马克思对什么是正义的、什么是不正义的看法,说得再具体一点,就是马克思认为资本主义剥削是不正义的,社会主义按劳分配的两个弊病也是不正义的。

那林进平在批评中所讲的"马克思的正义观"意指什么?让我们看看他的相关论述。在引用我的《观念》一文的"摘要"之后,他紧接着讲了两段话。第一段话:"段先生认为马克思关于正义问题的论述有两类:'一类是从历史唯物主义出发对各种资产阶级、小资产阶级的正义主张的批评,另一类则隐含在对资本主义剥削的谴责和对社会主义按劳分配的批评中。'对于前者,马克思有着明确的论述,也被很多学者认为是透露出'马克思的正义观'或'马克思主义正义观'的'显性论述';后者则是需要段先生独特的破解技巧才能为我们所知晓、被段先生认为隐藏有'马克思的正义观'的'隐性论述'。段先生认为'马克思的正义观'不存在于'显性论述'之中,而存在于'隐性论述'之中。"第二段话:"段先生的这一'论断'不免给人们留下了这样的存疑:'马克思的正义观'为何不是存在于'显性论述'之中,而偏偏是存在于'隐性论述'之中?难道是因为'显性论述'缺乏'可信的文本依据'?"③ 林进平在这两段话中先后四次使用"马克思的正义观",他所讲的"马克思的正义观"与我所讲的"马克思的正义观念"是同一概念吗?

先看他第一次使用的"马克思的正义观"。在表明我认为马克思关于

---

① 哲学研究,2015 (7):3.
② 同①6.
③ 中国人民大学学报,2017 (3):29.

正义问题的论述有两类："一类是从历史唯物主义出发对各种资产阶级、小资产阶级的正义主张的批评，另一类则隐含在对资本主义剥削的谴责和对社会主义按劳分配的批评中"之后，林进平说："对于前者，马克思有着明确的论述，也被很多学者认为是透露出'马克思的正义观'或'马克思主义正义观'的'显性论述'。"他这里所讲的"马克思的正义观"意指什么？从他的这些话中我们只能得知，它指的是被"很多学者"认可的"马克思的正义观"，并且是在马克思的第一类论述，即林进平所谓的"显性论述"中"透露出"的"马克思的正义观"。那"很多学者"指的是谁？对此，林进平没做任何说明。在我看来，他这里所讲的"很多学者"实际上并不存在，因为人们只要翻看一下近些年来学界有关"马克思的正义观"的文献就不难发现，没有一个学者像他所说的那样，认为我所讲的马克思关于正义问题的第一类论述，是透露出"马克思的正义观"的"显性论述"。由此说来，林进平所讲的"很多学者"实际上只是他自己，因为只有他认为我讲的马克思的第一类论述是透露出"马克思的正义观"的"显性论述"，并以此作为批评我的一个理由。那林进平认为在马克思的第一类论述中透露出来的"马克思的正义观"又意指什么？对此，林进平则不做任何说明。不过，尽管如此，我也可以断言，他所讲的"马克思的正义观"绝不是我所讲的"马克思的正义观念"，因为按照他的说法，前者是"很多学者"讲的，而后者是我讲的；前者是马克思的第一类论述"透露的"，后者则是在马克思的第二类论述中"隐含的"。

再看他第二次使用的"马克思的正义观"。在表明我认为马克思关于正义问题的论述有两类——"一类是从历史唯物主义出发对各种资产阶级、小资产阶级的正义主张的批评，另一类则隐含在对资本主义剥削的谴责和对社会主义按劳分配的批评中"之后，林进平说："后者则是需要段先生独特的破解技巧才能为我们所知晓、被段先生认为隐藏有'马克思的正义观'的'隐性论述'。"他这里所讲的"马克思的正义观"其含义又是什么？对此，林进平也不做任何说明。不过，依据形式逻辑的同一律，他这里所讲的"马克思的正义观"与他第一次使用的"马克思的正义观"是同一概念，只不过他是在嘲讽我的话语中再次使用这一概念："很多学者"都认为，马克思的第一类论述是透露出"马克思的正义观"的"显性论述"；我却认为，马克思的第二类论述是隐藏有"马克思的正义观"的"隐性论述"，而且是需要我独特的破解技巧才能为人们所知晓"隐性论述"。由此说来，林进平第二次使用的"马克思的正义观"，也不是我所讲的"马克思的正义观念"。

接着看他第三次使用的"马克思的正义观"。在指出马克思的第一类论述被很多学者认为是透露出"马克思的正义观"的"显性论述",马克思的第二类论述被我认为是隐藏有"马克思的正义观"的"隐性论述"之后,林进平进而断言:"段先生认为'马克思的正义观'不存在于'显性论述'之中,而存在于'隐性论述'之中。"他这里所讲的"马克思的正义观"又意指什么?对此,他仍没做任何说明,因此,我们只能认为,它与其前两次使用的"马克思的正义观"是同一概念,即也是指被"很多学者"认可,并且是在马克思的第一类论述中"透露出"的"马克思的正义观"。如此说来,林进平第三次使用的"马克思的正义观",也不是我所讲的"马克思的正义观念"。这里有必要指出,我在《观念》一文中对马克思的第一类论述曾做过这样的说明:这类论述"是从历史唯物主义出发,对各种资产阶级、小资产阶级的正义主张,例如,吉尔巴特的'自然正义'、蒲鲁东的'永恒公平的理想'、拉萨尔的'公平的分配'的批判,和对当时工人运动中出现的各种错误口号,例如,'做一天公平的工作,得一天公平的工资'的批评。在这一类论述中,马克思指出并论证了正义属于社会意识,是对一定经济关系的反映;正义是人们对现实分配关系与他们自身利益关系的一种价值判断,不同阶级和社会集团对同一分配关系是否正义往往持有不同的看法;正义虽然说到底是对现实经济关系与评价主体利益之间关系的反映,但它的直接来源却是法权观念和道德观念,是法权观念或道德观念的最抽象的表现;正义随着经济关系的变化而变化,永恒的正义是不存在的"[①]。从这些说明不难看出,我认为马克思的第一类论述表明了他基于历史唯物主义对分配正义的看法。我不知道林进平所讲的被"很多学者"认可,并且是在马克思的第一类论述中"透露出"的"马克思的正义观",其内容是否就是我所讲的马克思在第一类论述表明的基于历史唯物主义对分配正义的看法,如果是,那林进平断言"段先生认为'马克思的正义观'不存在于'显性论述'之中,而存在于'隐性论述'之中",就是没有道理的;如果不是,那林进平就要表明他所讲的"马克思的正义观"其内容到底是什么,仅说它是被"很多学者"认可,并且是在马克思的第一类论述中"透露出"的,是不能作为其断言的依据的。这里还有必要指出,对于隐含在马克思的第二类论述,即对资本主义

[①] 哲学研究,2015 (7):6.

剥削的谴责和对社会主义按劳分配的批评中的"马克思的正义观念",我也做过说明。关于对资本主义剥削的谴责,我指出,从马克思的论著中我们可以看到,他常常把资本家对工人的剥削说成是对工人的"抢劫"和"盗窃"。例如,在《经济学手稿(1857—1858年)》中,他明确指出"**现今财富的基础是盗窃他人的劳动时间**"①。在《资本论》第一卷中,他把剩余产品称作"资本家阶级每年从工人阶级那里夺取的贡品"②,把逐年都在增长的剩余产品说成是"从英国工人那里不付等价物而窃取的"③,把资本家无偿占有的剩余价值视为"从工人那里掠夺来的赃物"④。我还指出,对于马克思的这些谴责,"分析的马克思主义的创立者 G. A. 科恩教授曾做过这样的分析:马克思认为资本主义剥削是资本家对工人的'盗窃',而'盗窃'是不正当地拿了属于他者的东西,盗窃是做不正义的事情,而基于'盗窃'的体系就是基于不正义。……你能从某人那里盗窃的只能是完全属于那个人的东西,这样说来,马克思对资本主义剥削是不正义的谴责就'暗示着工人是他自己的劳动时间的正当的所有者'"⑤。科恩的分析是有道理的,因此可以断言,马克思之所以认为资本主义剥削不正义,说到底是因为资本家无偿占有了本应属于工人的剩余产品。关于对社会主义按劳分配的批评,我指出,马克思在《哥达纲领批判》中认为,按劳分配虽然消灭了资本主义剥削,但作为平等权利原则还存在两个弊病,一是它默认了因劳动者个人天赋不同导致的所得不平等,二是它使劳动者个人因家庭负担不同而实际所得不平等。由于"弊病"这一概念本身的含义是"缺点、欠缺或不足",那由此可以推断,马克思将它用在这里无疑含有批评的意思,即他认为上述两种情况都是"不应当的",即不正义的。由此可以认为,在马克思有关按劳分配的弊病的论述中隐含着一种不同于剥削是不正义的分配正义观念,即由偶然的天赋和负担的不同所导致的,进而言之,由非选择的偶然因素所导致的人们实际所得的不平等是不正义的。以上就是我对隐含在马克思第二类论述中的"马克思的正义观念"的说明。林进平断言:"段先生认为'马克思的正义观'不存在于'显性论述'之中,而存在于'隐性论述'之中。"如果他所讲的"马克思的正义观"

---

① 马克思恩格斯全集:第46卷下. 北京:人民出版社,1980:218.
② 资本论:第一卷. 北京:人民出版社,1975:638.
③ 同②671.
④ 同②654.
⑤ 段忠桥. 马克思正义观的三个根本性问题. 马克思主义与现实,2013(5):4.

指的是我所讲的在第二类论述中隐含的"马克思的正义观念",那他的这一断言显然不能成立;如果不是,那他也应表明他所讲的"马克思的正义观"其内容到底是什么,仅说它是被"很多学者"认可,并且是在马克思的第一类论述中"透露出"的,也不能作为其断言的依据。

最后看他第四次使用的"马克思的正义观"。在断言"段先生认为'马克思的正义观'不存在于'显性论述'之中,而存在于'隐性论述'之中"之后,林进平质疑说:"段先生的这一'论断'不免给人们留下了这样的存疑:'马克思的正义观'为何不是存在于'显性论述'之中,而偏偏是存在于'隐性论述'之中?"他这里所讲的"马克思的正义观"其含义是什么?对此,林进平还没做任何说明。因此,我们仍只能认为,它与林进平前三次使用的"马克思的正义观"是同一概念,即也是指被"很多学者"认可,并且是在马克思的第一类论述中透露出的"马克思的正义观"。由此说来,他这里所讲的"马克思的正义观"也不是我所讲的"马克思的正义观念",与此相应,他的质疑也不能成立。

我的《观念》一文论述的是历史唯物主义与"马克思的正义观念"的关系,我在文中对"马克思的正义观念"的含义做了明确的界定,按照形式逻辑的同一律,当林进平批评我所讲的"马克思的正义观念"时,他的批评对象应是我讲的"马克思的正义观念"。但他却不是这样。他在《商榷》一文中先将我所讲的"马克思的正义观念"偷换成他所讲的除了被"很多学者"认可,并且是在马克思的第一类论述中"透露出"以外再无任何规定性的"马克思的正义观",然后以我对他所讲的"马克思的正义观"的错误理解为由,对我提出多方面的批评:

> "隐性论述"因其在段先生看来尚且是"隐性"的,因而缺乏证据确凿的力度。而且,究竟是"隐性"还是根本就"没有",都很难下定论,毕竟"隐性"只是段先生的一种猜测,猜测其后面"隐藏"有段先生所需要的"马克思的正义观"。比如,在段先生所指认的潜藏着"马克思的正义观"的那些文字中,我就没看出有何正义观的"隐藏"。[1]
>
> 段先生用以支撑他所说的"马克思的正义观"的四个文本依据也是乏力的。[2]

---

[1] 中国人民大学学报,2017(3):29.
[2] 同[1]30.

马克思的正义观至少应该包括前历史唯物主义时期的正义观和历史唯物主义时期的正义观。段先生如果要使他的"马克思的正义观"与历史唯物主义互不相干,唯一的可能就是"马克思的正义观"指称的是前历史唯物主义时期的马克思的正义观,但仔细研读却发现,段先生所说的"马克思的正义观"却不是取自前历史唯物主义时期,而是取自历史唯物主义时期。①

即使段先生把最有可能透露出"马克思的正义观"的"显性论述"先行排除,也无法确保他从"隐性论述"中挖掘出来的"马克思的正义观"就不包含有历史唯物主义因素,因为马克思对"异化"、"剥削"、"所有权"的论述也是基于历史唯物主义视角的。②

段先生不在马克思关于正义的"显性论述"中阐发"马克思的正义观",也许是看到了时代对正义的需要,以及历史唯物主义与正义的紧张关系,意识到正义在历史唯物主义的审视之下,很难有自由主义哲学家赋予正义的那种地位(如马克思至少不会像罗尔斯那样说正义是社会的首要价值)。因而,为了使"正义"能够摆脱历史唯物主义的"约束"脱颖而出,很多学者都不同程度地采用了重构甚或放弃历史唯物主义的做法,像哈贝马斯和柯亨等人就采用这种做法。段先生在这方面也采取了他们的做法,而且比他们走得更远。应该说,段先生的做法的确有利于突显"正义",也使历史唯物主义与正义"井水不犯河水",但这样的做法无异于使历史唯物主义在正义问题上沉默,而这种放弃历史唯物主义的做法在实质上就是放弃了马克思关于正义最为卓越的看法。③

段先生之所以会以为历史唯物主义与"马克思的正义观"互不相干,是因为他过于主观地把历史唯物主义硬塞进他事先准备好的"事实判断"的框框中,把他挖掘的"马克思的正义观"塞进"价值判断"的框框中,然后按照休谟的事实判断与价值判断两分的逻辑,就可以判定二者互不相干了。④

如果林进平在这些批评中所讲的"马克思的正义观"都不是我在《观

---

① 中国人民大学学报,2017(3):31.
② 同①.
③ 同①32.
④ 同①32.

念》一文中所讲的"马克思的正义观念",那他的这些批评就要么是信口开河,要么是无中生有,要么是断章取义,要么是主观臆断。最让我不可思议的,是他对我的一个带有总结性的批评:"段先生所排除的恰恰是马克思最富有特色的东西,而他所'挖掘'的'马克思的正义观'却是马克思所批判的,试图划清界限的。看了段先生的文章之后,我甚至有一种不成熟的看法:段先生是想把马克思装扮为一个蒲鲁东主义者的马克思;是想'把马克思带进正义'(杰拉斯语),而不是'把正义带进马克思';是想'把马克思正义化',而不是想让马克思就'正义'谈看法。"① 对林进平的这一批评,我真不知道说什么好!受本文篇幅的限制,我这里不再对上述批评一一做出回应,而留给读者去判断吧!

(二)

在批评我的有别于学界"成见"的观点之后,林进平转而试图"从宗教批判的视角来进一步探讨马克思为何批判'正义',以丰富对'马克思的正义观'的理解"②。林进平早在其2009年出版的《马克思的"正义"解读》③一书中就提出马克思对正义持批判、拒斥态度,我对他的这种见解提出过质疑。④ 对于他在这里所讲的进一步探讨,我仍要提出质疑,因为他的探讨和他由其探讨得出的那些新理解,例如,马克思何以批判、拒绝正义是因为他"把正义视如宗教"⑤,马克思认为"正义是人民的鸦片"⑥,都只是基于对马克思一些论述的主观臆断,因而都不能成立。让我们看看他是怎样探讨的。

林进平的探讨是从引用马克思(恩格斯)⑦ 在《德意志意识形态》中的一段话开始的:

至于谈到权利,我们和其他许多人都曾强调指出了共产主义对政

---

① 中国人民大学学报,2017 (3): 32.
② 同①.
③ 北京: 社会科学文献出版社, 2009.
④ 段忠桥. 马克思恩格斯视野中的正义问题. 哲学动态, 2010 (11): 9-11.
⑤ 同①34.
⑥ 同①34.
⑦ 林进平在引用《德意志意识形态》中的论述时只讲马克思而不提恩格斯,这可能是他的一个疏忽,因为我们都知道,《德意志意识形态》是马克思和恩格斯合著的。

治权利、私人权利以及权利的最一般的形式即人权所采取的反对立场。请看一下"德法年鉴",那里指出特权、优先权符合于与等级相联系的私有制,而权利符合于竞争、自由私有制的状态(第 206 页及其他各页);指出人权本身就是特权,而私有制就是垄断。其次,那里对法〔权利〕的批判是与对德国哲学的批判联系在一起的,并且这种批判是从对宗教的批判中得出的结论。①

然后他断言,马克思的这段话"暗示"了一种解读马克思何以批判、拒斥正义的宗教视角。② 不过,他清楚地知道,马克思在这段话中只谈到"权利",而只字未提"正义",因此,为了让人相信马克思的这段话确实存在他所讲的那种"暗示",他给出了这样一种解释:"这是因为近代的'正义'与'权利'是不分家的。近代正义观的特色就是强调正义在于合乎人的基本权利,人的基本权利是裁断正义的基准。黑格尔法哲学(又称权利哲学)的一个核心范畴就是正义,因此,当马克思说他对德国哲学的批判是与宗教批判联系在一起时,也可以说他对正义的批判也是与宗教的批判联系在一起的。"③ 他的解释能让人接受吗?我看不能。

首先,林进平在他的解释中,进而言之,在他的整个《商榷》一文中,都没讲过马克思批判、拒斥的"正义"意指什么,也没给出能够表明这种"正义"含义的任何相关文献。如果不讲清这种"正义"意指什么,那他的断言,即马克思的这段话"暗示"了一种解读马克思何以批判、拒斥正义的宗教视角,又如何能让人接受呢?

其次,林进平在其解释中给出的三个理由,都不能证明他的"暗示"的断言是成立的。

先看他的第一个理由,即"近代的'正义'与'权利'是不分家的"。近代的"正义"意指什么?近代的"权利"意指什么?对此,林进平没做任何说明。我们姑且假定他所讲的近代的"正义"和近代的"权利"都是确有所指的,那由它们"是不分家的"也推论不出他所讲的那种"暗示"。我们知道,"分家"一词的原意是把一个家分成若干个家,其引申的意思包括彼此分离,各行其是。在日常用语中,"不分家"通常意指关系密切,彼此相通,例如,我们常说"文史哲不分家"。如果林进平是在这种意义

---

① 马克思恩格斯全集:第 3 卷. 北京:人民出版社,1960:228-229.
② 中国人民大学学报,2017 (3):33.
③ 同②.

上使用"不分家"的,那他以"近代的'正义'与'权利'是不分家的"为由,推论马克思那段谈"权利"话"暗示"了一种解读马克思何以批判、拒斥正义的"宗教视角",就是没有道理的。因为从"正义"和"权利"是不分家的我们至多只能推断马克思讲"权利"的那段话也会涉及"正义"问题,而推断不出那段话"暗示"了一种解读马克思何以批判、拒斥正义的"宗教视角"。

再看他的第二个理由,即"近代正义观的特色就是强调正义在于合乎人的基本权利"。我们知道,在近代思想史中,人们对何为"正义"有着种种不同的,甚至截然对立的看法。例如,霍布斯认为"正义的性质在于遵守有效的信约"[1],洛克认为"正义给予每个人以享受他的正直勤劳的成果和他的祖先传给他的正当所有物的权利"[2],休谟则认为"公共的效用是正义的唯一起源"[3]。如果说在近代思想史中并不存在一种为所有的人都认可的"正义观",那林进平这里所讲的"近代正义观",即其"特色就是强调正义在于合乎人的基本权利"的正义观,就只能是近代诸多正义观中的一种。这就引出一个问题:他这里所讲的"近代正义观",是马克思批判、拒斥的那种"正义(观)"吗?对此,林进平没做任何说明。不过,即使是马克思批判、拒斥的那种"正义(观)",那他的这一理由也不能证明马克思的那段话"暗示"了一种解读马克思何以批判、拒斥正义的"宗教视角",因为他这里所讲的"近代正义观"与宗教无涉。

最后看他的第三个理由,即"黑格尔法哲学(又称权利哲学)的一个核心范畴就是正义,因此,当马克思说他对德国哲学的批判是与宗教批判联系在一起时,也可以说他对正义的批判也是与宗教的批判联系在一起的"。这个理由更不能成立。第一,他把"正义"说成是黑格尔法哲学的核心范畴是没有依据的,因为"核心范畴"在这里指的只能是黑格尔有关法哲学的论述都是围绕它而展开的,而这个"核心范畴",按照学界的通常理解,是黑格尔其《法哲学》一书中所讲的"自由"或"意志自由"[4];第二,马克思所说的在《德法年鉴》时期对德国哲学的批判,指的不是对黑格尔法哲学中的"正义"范畴的批判,而是对在黑格尔的著作中得到了最系统、最丰富和最完整的阐述的"德国的国家哲学和法哲学"的批判,

---

[1] 霍布斯. 利维坦. 北京:商务印书馆,1985:109.
[2] 洛克. 政府论:上篇. 北京:商务印书馆,1982:36.
[3] 休谟. 道德原则研究. 北京:商务印书馆,2001:35.
[4] 贺麟. 黑格尔著《法哲学原理》一书评述//法哲学原理. 北京:商务印书馆,1961:7-8.

用马克思本人的话来讲就是:"对这种哲学的批判不但是对现代国家和对同它联系着的现实的批判性分析,而且也是对到目前为止的**德国政治意识和法意识的整个形式**的最彻底的否定,而这种意识的最主要、最普遍、升华为**科学**的表现就是**思辨的法哲学**本身。"① 如果说马克思批判的"德国哲学"指的是在黑格尔著作中得到最系统、最丰富和最完整的阐述的"思辨的法哲学",而不是林进平所讲的"正义",那他的推论,即"当马克思说他对德国哲学的批判是与宗教批判联系在一起时,也可以说他对正义的批判也是与宗教的批判联系在一起的",就是没有道理的。

如果林进平的三个理由都不能成立,那他的马克思的这段话"暗示"了一种解读马克思何以批判、拒斥正义的宗教视角的断言,就不能成立。

林进平接下来的探讨,是试图对马克思在其两封信中涉及"正义"的说法做一种新解读。一封是马克思1877年8月1日写给恩格斯的信,马克思在信中说:"事情是这样,这家伙(韦德)第一次到伦敦时,我用了'现代神话'这种说法来表述那些又风靡一时的关于'正义、自由、平等及其他'的女神,这对他产生了深刻的印象,因为他自己就曾为这些最高本质效过不少劳。"② 另一封是马克思1877年10月19日写过弗·阿·左尔格的信,马克思在信中说:"同拉萨尔分子的妥协已经导致同其他不彻底分子的妥协:在柏林(通过**莫斯特**)同杜林及其'崇拜者'妥协,此外,也同一帮不成熟的大学生和过分聪明的博士妥协,这些人想使社会主义有一个'更高的、理想的'转变,就是说,想用关于正义、自由、平等和博爱的女神的现代神话来代替它的唯物主义的基础(这种基础要求一个人在运用它以前认真地、客观地研究它)。"③ 在林进平看来,由于马克思在这两封信中都将"正义"称为"女神""现代神话",因而可以推断,马克思是将"'正义'视为一种类似宗教的东西"④。林进平的这种推断也不能成立。这是因为,仔细分析一下马克思的相关论述就不难发现,马克思在第一封信中所讲的"'正义、自由、平等及其他'的女神",以及在第二封信所讲的"自由、平等和博爱的女神",指的都是一帮不成熟的大学生和过分聪明的博士把"正义、自由、平等及其他"或"自由、平等和博爱"视为"女神",其中并不包含马克思本人将它们视为"女神"的意思;

---

① 马克思恩格斯全集:第1卷. 北京:人民出版社,1956:459-460.
② 马克思恩格斯全集:第34卷. 北京:人民出版社,1972:65.
③ 同②281.
④ 中国人民大学学报,2017(3):33.

十一、马克思认为"正义是人民的鸦片"吗？

马克思在这两封信中用"现代神话"这种说法来表述那些不成熟的大学生和过分聪明的博士把"正义、自由、平等及其他"或"自由、平等和博爱"视为"女神"，是对他们的嘲讽，即他们的做法是荒谬可笑的。可见，从马克思在这两封信中涉及"正义"的那些说法，根本推断不出马克思认为"正义"是一种类似"宗教"的东西。此外，如果按照林进平的推断，除了"正义"以外，马克思还将"自由、平等和博爱"也都视为类似宗教的东西，这样的推断能成立吗？

林进平大概也觉得他的推断过于牵强，为此，他又提供了两个他认为可以支持他的解读的依据。

第一个依据是："马克思曾经与青年黑格尔派，特别是费尔巴哈一样，将国家、法、哲学、道德和法视为类似于宗教的东西。"① 林进平先引用了马克思（恩格斯）② 在《德意志意识形态》中的一段话：

> 从施特劳斯到施蒂纳的整个德国哲学批判都局限于对**宗教**观念的批判。他们的出发点是现实的宗教和真正的神学。至于什么是宗教意识，什么是宗教观念，他们后来下的定义各有不同。其进步在于：所谓占统治地位的形而上学观念、政治观念、法律观念、道德观念以及其他观念也被归入宗教观念或神学观念的领域；还在于：政治意识、法律意识、道德意识被宣布为宗教意识或神学意识，而政治的、法律的、道德的人，总而言之，"**人**"，则被宣布为宗教的人。宗教的统治被当成了前提。一切占统治地位的关系逐渐地都被宣布为宗教的关系，继而被转化为迷信——对法的迷信，对国家的迷信等等。③

然后，他由此推论：由于马克思的这段话对青年黑格尔派的宗教批判的意义与局限性做了相当到位的概括，"因此，结合正义是黑格尔法哲学的核心范畴，是道德的重要概念来说，我们有理由推定，费尔巴哈等青年黑格尔派存在着以看待宗教的方式来看待正义的可能，将正义看为一个准宗教的范畴，或具有宗教特色的范畴，而这样一种看待正义的方式和对正义可能持有的观点至少是为马克思所了解，并在一定程度上为他所接受的"④。

---

① 中国人民大学学报，2017（3）：33.
② 林进平在这里也没提恩格斯。
③ 马克思恩格斯文集：第1卷. 北京：人民出版社，2009：514-515.
④ 同①.

接着，他又引用了马克思在《1844年经济学哲学手稿》中的一段话：

费尔巴哈是唯一对黑格尔辩证法采取**严肃的、批判的**态度的人……费尔巴哈的伟大功绩在于：(1) 证明了哲学不过是变成思想的并且通过思考加以阐述的宗教，不过是人的本质的异化的另一种形式和存在方式；从而，哲学同样应当受到谴责。①

然后，他由此推论，这段话表明，马克思在《德意志意识形态》之前曾在很大程度上对这种将哲学、政治、法律、道德都"宗教化"处理的方式持肯定的态度。接着他又进而推论："结合马克思对费尔巴哈的认可——费尔巴哈认为黑格尔法哲学也是一种宗教，是人的本质的异化——的认可，以及正义是黑格尔法哲学的核心范畴来看，我们大致可以推定，《德法年鉴》时期的马克思大概会认为正义如同宗教，或者会从宗教的视角来看待正义，而后来将正义斥之为'神话'、'现代女神'，正是将正义视如宗教的延续与表现。"②

在我看来，林进平的上述两个推论都不能成立，因为它们都明显存在推不出的问题。先说他的第一个推论。不难看出，马克思（恩格斯）在《德意志意识形态》中的那段话讲的只是从施特劳斯到施蒂纳的整个德国哲学批判都局限于对宗教观念的批判，即把"占统治地位的形而上学观念、政治观念、法律观念、道德观念以及其他观念"都被归入宗教观念或神学观念的领域，把"政治意识、法律意识、道德意识被宣布为宗教意识或神学意识"，把"政治的、法律的、道德的人，总而言之，'人'"，宣布为宗教的人，这其中只字未提"正义"。此外，前边表明，正义并不是黑格尔法哲学的核心范畴。因此，林进平的推论，即"费尔巴哈等青年黑格尔派存在着以看待宗教的方式来看待正义的可能，将正义看为一个准宗教的范畴，或具有宗教特色的范畴"，是不能成立的。如果这一推论不能成立，那他接下来的推论，即"这样一种看待正义的方式和对正义可能持有的观点至少是为马克思所了解，并在一定程度上为他所接受的"也就不能成立。再说他的第二个推论。从马克思在《1844年经济学哲学手稿》中的那段话不难看出，他对费尔巴哈的认可并未涉及"正义"问题。前边表明，正义并不是黑格尔法哲学的核心范畴。此外，我们知道，马克思在

---

① 马克思恩格斯全集：第42卷. 北京：人民出版社，1979：157-158.
② 中国人民大学学报，2017 (3)：34.

《德法年鉴》只发表过两篇文章,即《〈黑格尔法哲学批判〉导言》和《论犹太人问题》,在这两篇文章中都没出现过"正义"概念。这样说来,林进平的推论,即"《德法年鉴》时期的马克思大概会认为正义如同宗教,或者会从宗教的视角来看待正义,而后来将正义斥之为'神话'、'现代女神',正是将正义视如宗教的延续与表现",也是不能成立的。

第二个依据是,通过把马克思在《〈黑格尔法哲学批判〉导言》中关于"宗教"的论断转换成关于"正义"的论断,可以表明"马克思对正义的批判,存在着将正义视如宗教的一个维度的可能"。我们先看看他是怎样转换的。

(1) 马克思说:"反宗教的批判的根据是:**人创造了宗教**,而不是宗教创造人。就是说,宗教是还没有获得自身或已经再度丧失自身的人的自我意识和自我感觉。但是,人不是抽象的蛰居于世界之外的存在物。人就是**人的世界**,就是国家,社会。这个国家、这个社会产生了宗教,一种**颠倒的世界意识**,因为它们就是**颠倒的世界**。……反宗教的斗争间接地就是反对以宗教为精神**抚慰**的**那个世界**的斗争。"①

林进平认为,马克思的这一表述"可以转换为关于正义的表述:正义是人的自我意识的觉醒,但是,是一种虚幻的、扭曲的自我意识的觉醒;一个产生了正义的国家、社会是一个存在缺陷的国家、社会,批判正义就是间接地批判那个需要正义的世界,正是因其缺陷才产生了正义的需要"②。

(2) 马克思说:"**宗教里的苦难**既是现实的苦难的**表现**,又是对这种现实的苦难的**抗议**。宗教是被压迫生灵的叹息,是无情世界的情感,正像它是无精神活力的制度的精神一样。宗教是人民的**鸦片**。"③

林进平认为,马克思的这一表述"同样可以转换为:道德和法所关切的不正义既是现实不正义的表现,也是对现实存在的不正义的抗争。正义是弱者的呐喊,是冷漠世界的一道曙光,正像它是无精神活力的制度的精神一样。正义是人民的鸦片"④。

(3) 马克思说:"对宗教的批判使人不抱幻想,使人能够作为不抱幻想而具有理智的人来思考,来行动,来建立自己的现实;使他能够围绕着

---

① 马克思恩格斯文集:第1卷. 北京:人民出版社,2009:3.
② 中国人民大学学报,2017 (3):34.
③ 同①4.
④ 同②.

自身和自己现实的太阳转动。"①

林进平认为:"这段文字同样可以转换为:对正义的批判使人不抱幻想,使人能够作为不抱幻想而具有理智的人来思考,来行动,来建立自己的现实;使他能够围绕着自身和自己现实的太阳转动。"②

林进平做这样的转换其依据是什么? 前边指出,林进平在他的《商榷》一文中从未讲过马克思批判、拒斥的"正义"意指什么,也没给出能够表明这种"正义"含义的任何相关文献。换句话说,林进平没对他所讲的"正义"的含义做出任何界定和说明。如果拒不告诉人们他所讲的"正义"意指什么,那如何能表明他将马克思所讲的"宗教"转换为"正义"是合理的呢? 由此说来,林进平的转换只能是基于一种主观臆断,没有任何依据可言。如果他的转换不能成立,那他的第二个依据,即通过把马克思在《〈黑格尔法哲学批判〉导言》中关于"宗教"的论断转换成关于"正义"的论断,可以表明"马克思对正义的批判,存在着将正义视如宗教的一个维度的可能",自然也就不能成立。

马克思和恩格斯真的将正义视为宗教、视为人民的鸦片吗? 让我们看看以下三段论述。

马克思在《国际工人协会成立宣言》中说道:

> 欧洲的上层阶级只是以无耻的赞许、假装的同情或白痴般的漠不关心态度来观望俄罗斯怎样侵占高加索的山区要塞和宰割英勇的波兰;这个头在圣彼得堡而在欧洲各国内阁里有其爪牙的野蛮强国所从事的大规模的不曾遇到任何抵抗的侵略,给工人阶级指明了他们的责任,要他们洞悉国际政治的秘密,监督本国政府的外交活动,在必要时就用能用的一切办法反抗它;在不可能防止这种活动时就团结起来同时揭露它,努力做到使私人关系间应该遵循的那种简单的道德和正义的准则,成为国际关系中的至高无上的准则。
>
> 为这样一种对外政策而进行的斗争,是争取工人阶级解放的总斗争的一部分。③

马克思在《致美国总统阿伯拉罕·林肯》的信中写道:

---

① 马克思恩格斯文集:第1卷.北京:人民出版社,2009:4.
② 中国人民大学学报,2017 (3):35.
③ 马克思恩格斯全集:第16卷.北京:人民出版社,1964:14.

在大西洋彼岸进行的这一大规模的战争关系着劳动者的命运,关系着他们对未来的期望,甚至关系着他们已经获得的果实。因此,工人阶级到处耐心忍受着棉业危机带给他们的困苦,激烈反对有产者当局竭力想采取的有利于奴隶占有制的干涉行动,——而在欧洲的大多数国家里,工人阶级为了正义的事业已经献出了自己的鲜血。①

恩格斯在《总委员会告国际工人协会全体会员书》中说道:

用不着证明,在国际内存在这类秘密团体显然违反了我们的共同章程。我们的章程只承认有一种在权利和义务上都平等的国际会员;同盟却把他们分成两类,即亲信者和非亲信者,而且后者注定要由前者通过一个后者根本不知道的组织来领导。国际要求自己的会员承认真理、正义和道德是自己行为的准则;同盟却规定自己的拥护者把造谣、伪装和欺骗当做首要的义务,指使他们欺骗国际的非亲信的会员,向他们隐瞒秘密组织的存在,以及自己言行的动机和真实目的。②

在前两段论述中,马克思把"道德和正义原则"视为"国际关系中的至高无上的准则",把工人阶级的事业称为"正义的事业";在第三段论述中,恩格斯说国际工人协会"要求自己的会员承认真理、正义和道德是自己行为的准则"。如果林进平坚持认为马克思批判、拒斥"正义",并将"正义"视为"人民的鸦片",那他如何解释在这三段论述中出现的"正义"呢?

最让人难以理解的是,林进平在他文章的结尾还讲了这样一段话:"最后,需要指出的是,马克思虽然批判了'正义',却不妨碍我们今天追求'正义',构想马克思主义的正义观。"如果"正义"被马克思视为"宗教",被视为"人民的鸦片",那我们今天为什么还要追求"正义",还要去构想马克思主义的正义观呢?

---

① 马克思恩格斯全集:第16卷. 北京:人民出版社,1964:21.
② 马克思恩格斯全集:第18卷. 北京:人民出版社,1964:129-130.

十二、再谈"历史唯物主义与马克思的正义观念"
——答马拥军

我在《哲学研究》2015年第7期发表了一篇题为《历史唯物主义与马克思的正义观念》（以下简称"《观念》"）的文章，提出"历史唯物主义与马克思的正义观念在内容上互不涉及、在来源上互不相干、在观点上互不否定"。上海财经大学的马拥军教授在《哲学研究》2017年第6期发表了一篇题为《历史唯物主义的"实证"性质与马克思的正义观念》（以下简称"《实证》"）的文章，对我的看法提出批评："事实与价值的对立从而事实判断与价值判断、实证与规范的两歧一直困扰着近代以来的哲学研究。虽然这一问题经黑格尔到马克思已经得到了解决，但由于黑格尔的理论过于晦涩，马克思又是在解决其他问题时解决这一问题的，没有作专题性阐发，所以长期以来学者们仍然在前黑格尔的水平上进行讨论。近来有学者把历史唯物主义当成一种'实证性的科学理论'，把马克思的正义观念当作一种'规范的见解'，断定'历史唯物主义与马克思的正义观念在内容上互不涉及、在来源上互不相干、在观点上互不否定'（段忠桥），就是这种前黑格尔式见解的例证。"[①] 在马拥军看来，我的观点是"立足于实证和规范的对立，把'现实'即历史'事实'混同于近代自然科学的'事实'，把马克思的正义观念视为超历史的价值判断，必然陷入'自然主义的历史观'，从而排斥真正的'历史'即人类的实践活动"[②]。本人历来倡导开展学术批评，认为这是推进我国学术进步的关键所在，但对马拥军的这些批评却难以接受，因为它们不仅概念不清、逻辑混乱，而且大多是基于对马克思和恩格斯相关论述的错误理解。不过，马拥军的批评确实也涉及一些值得我做进一步澄清和说明的问题，这也是我对他的批评做出回

---

① 哲学研究，2017（6）：13.
② 同①.

应的一个原因。

（一）

马拥军首先批评的是我对"历史唯物主义"的看法。

我在《观念》一文中明确指出："我这里讲的历史唯物主义，是指作为马克思一生两大发现之一的、由他和恩格斯共同创立的历史唯物主义"[①]，并强调"对于历史唯物主义的理解和阐释必须依据马克思、恩格斯本人认可的相关论述"[②]。在我看来，马克思（以及恩格斯）对历史唯物主义最为集中且系统的论述主要有三处，一是在《德意志意识形态》的"费尔巴哈"章，二是在《〈政治经济学批判〉序言》，三是在《资本论》第一卷"第二版跋"。通过对他们在这三处的论述，以及对马克思《资本论》第一卷"第一版序言"和恩格斯《在马克思墓前的讲话》中相关论述的解读，我提出："历史唯物主义是一种实证性的科学理论，说得具体一点就是，一种从人的物质生产这一经验事实出发，通过对社会结构和历史发展的考察以揭示人类社会发展一般规律的理论。"[③] 我还进而指出："如果说历史唯物主义只是一种实证性的科学理论，马克思的正义观念只是一种规范性的见解，那对它们之间关系就要做一种与我国学术界的传统理解不同的新理解。"[④] 而这意味着，在我看来，历史唯物主义是由一系列事实判断构成的，因而，它不包含像"正义"这样的规范性见解，或者说规范性的价值判断。对于我的看法，马拥军提出三个批评。

第一个批评是："马克思的历史唯物主义并不是通常意义的实证主义科学理论，而是马克思和恩格斯所特指的'唯一的科学'即'历史科学'，从而本身就以扬弃的形态包容了价值判断。相比之下，同价值判断不相容的那种'实证性的科学理论'在马克思和恩格斯的语境中根本就不是'科学'，而是一种狭隘经验论。"[⑤] 由于马拥军的批评是针对我的看法而提出来的，因而，他这里所说的"价值判断"指的就是我所讲的"规范性的价

[①] 哲学研究，2015（7）：3.
[②] 同①6.
[③] 同①3.
[④] 同①9.
[⑤] 哲学研究，2017（6）：13.

值判断"。他的这一批评能成立吗？我认为不能。

　　从他的批评不难看出，马拥军认为历史唯物主义包容价值判断的理由，只是马克思和恩格斯以"'唯一的科学'即'历史科学'"特指历史唯物主义。我们知道，"'唯一的科学'即'历史科学'"出自在《德意志意识形态》中被马克思、恩格斯删去的一段话："我们仅仅知道一门唯一的科学，即历史科学。历史可以从两方面来考察，可以把它划分为自然史和人类史。但这两方面是不可分割的；只要有人存在，自然史和人类史就彼此相互制约。自然史，即所谓自然科学，我们在这里不谈；我们需要深入研究的是人类史，因为几乎整个意识形态不是曲解人类史，就是完全撇开人类史。意识形态本身只不过是这一历史的一个方面。"① 且不说这是一段被马克思、恩格斯删去的话，因而以其中的"唯一的科学，即历史科学"作为依据缺少可信性，仅就"唯一的科学，即历史科学"看来，它指的也不是历史唯物主义，而是一门既包括自然史又包括人类史的"历史科学"。对于什么是历史唯物主义，马克思和恩格斯有很多论述，但从未有过历史唯物主义就是"历史科学"的说法。实际上，对于什么是历史唯物主义，他们在《德意志意识形态》中就有一段明确的论述："这种历史观就在于：从直接生活的物质生产出发阐述现实的生产过程，把同这种生产方式相联系的、它所产生的交往形式即各个不同阶段上的市民社会理解为整个历史的基础，从市民社会作为国家的活动描述市民社会，同时从市民社会出发阐明意识的所有各种不同的理论产物和形式，如宗教、哲学、道德等等，而且追溯它们产生的过程。"② 这段论述表明，历史唯物主义只是一种研究社会结构及其历史发展的理论，这样说来，马拥军说马克思、恩格斯用一门既包括自然史又包括人类史的"历史科学"来特指"历史唯物主义"，是毫无根据的。更令人不可理解的是，马拥军接着又以"'唯一的科学'即'历史科学'"是特指历史唯物主义为由，推论这"本身就以扬弃的形态包容了价值判断"。他的推论显然存在推不出的问题，因为无论是从"'唯一的科学'即'历史科学'"这一表述来看，还是从这一表述出现的那段话来看，它们都不涉及与价值判断相关的内容，更不用说"以扬弃的形态包容了价值判断"。如果马拥军给出的历史唯物主义包容价值判断的理由是根本不能成立的，那他对我的批评，即"同价值判断不相容的

---

① 马克思恩格斯文集：第1卷. 北京：人民出版社，2009：516，519.
② 同①544.

那种'实证性的科学理论'在马克思和恩格斯的语境中根本就不是'科学',而是一种狭隘经验论",还能成立吗?

第二个批评是:"割裂自然史和人类史的关系,把自然观和世界观排除在历史唯物主义之外,把历史唯物主义仅仅理解为关于人类史的理论,是片面的,背离了马克思和恩格斯的观点"①。他的这一批评也不能成立。首先,他的批评与他在《实证》中的另一说法存在明显的冲突。在谈到被马克思、恩格斯删去的那段话时,马拥军讲了这样一段话:"从他们毕生坚持自然史与人类史的统一来看,马克思和恩格斯既在狭义上即人类史的意义上使用'历史唯物主义'概念,又在广义上即作为'自然史'和'人类史'之统一的意义上使用'历史唯物主义'概念,后者也就是作为'世界观'的历史唯物主义。"② 这段话表明,他承认并认可马克思、恩格斯在两种意义上使用历史唯物主义概念。这样说来,他批评我"把历史唯物主义仅仅理解为关于人类史的理论"就是没有道理的,因为既然马克思、恩格斯都可以在"在狭义上即人类史的意义上使用'历史唯物主义'概念",那为什么我把历史唯物主义视为一种揭示人类社会发展一般规律的理论,就要受到批评呢?其次,他虽然一再强调历史唯物主义在马克思、恩格斯那里指的是作为"世界观"的历史唯物主义,即作为在"自然史"和"人类史"之统一的意义上使用"历史唯物主义",但除了前边讲过的被马克思、恩格斯删去的那段话以外,他给不出任何文本依据。当然,他在武断地推论马克思、恩格斯"毕生坚持自然史与人类史的统一",以及把历史唯物主义视为包括"自然史"和"人类史"在内的"世界观"之后,曾用了不少篇幅阐释马克思和恩格斯在《德意志意识形态》批评费尔巴哈把人只看作是"感性对象"而不是"感性活动",以及恩格斯在《自然辩证法》中对"自然主义历史观"的批评,但如果马克思、恩格斯创立的历史唯物主义并不是他所讲的那种将"自然史"也包括在内的"世界观",那他不就是浪费笔墨吗?

第三个批评是,我对历史唯物主义的理解是一种"实证主义"的理解,即"只从肯定的方面理解事实,看不到事实在历史中的自我否定和自我扬弃"③。我不知道马拥军的这一批评是因何而提出来的。我在《观

---

① 哲学研究,2017 (6):15.
② 同①14.
③ 同①14.

念》一文说明历史唯物主义是实证性的科学时,曾引用了马克思在《资本论》第一卷"第二版跋"谈到《卡尔·马克思的政治经济学批判的观点》一文的作者伊·伊·考夫曼时的一大段话。① 在引用了这段话之后,我接着指出:"从得到马克思高度肯定的考夫曼的这段话我们可以看到,马克思明确认可他的'辩证方法',即他的历史唯物主义具有考夫曼描述的那些实证科学的基本特征:'通过准确的科学研究来证明一定的社会关系秩序的必然性,同时尽可能完善地指出那些作为他的出发点和根据的事实';'把社会运动看作受一定规律支配的自然历史过程,这些规律不仅不以人的意志、意识和意图为转移,反而决定人的意志、意识和意图';'批判将不是把事实和观念比较对照,而是把一种事实同另一种事实比较对照';'经济生活呈现出的现象,和生物学的其他领域的发展史颇相类似';'这种研究的科学价值在于阐明了支配着一定社会机体的产生、生存、发展和死亡以及为另一更高的机体所代替的特殊规律'。"② 如果这就是我理解的历史唯物主义的实证性科学的特征,那马拥军把我对历史唯物主义的理解说成一种"实证主义"的理解,即"只从肯定的方面理解事实,看不到事实在历史中的自我否定和自我扬弃",不就是凭空臆造吗?

说到这里,我还想指出马拥军的批评存在一个明显的问题,这就是,他虽然严厉批评我所讲的历史唯物主义,但却只字不提他认可的"历史唯物主义"其内容是什么。他在《实证》一文对什么是历史唯物主义只有这样两段论述:"从马克思和恩格斯的文本看,他们的确把历史唯物主义视为'一种实证性的科学理论',但这并不等于认可实证主义。"③ "马克思和恩格斯既在狭义上即人类史的意义上使用'历史唯物主义'概念,又在广义上即作为'自然史'和'人类史'之统一的意义上使用'历史唯物主义'概念,后者也就是作为'世界观'的历史唯物主义。"④ 从这两段话我们能知道他认可的历史唯物主义是什么吗?如果不表明自己认可的历史唯物主义是什么,那怎能表明别人所讲的历史唯物主义是错误的呢?

---

① 资本论:第一卷. 北京:人民出版社,1975:20-23.
② 哲学研究,2015(7):6.
③ 同②14.
④ 同②.

（二）

马拥军接下来批评了我对"马克思的正义观念"的看法。

我在《观念》一文中提出："根据笔者对马克思著作的研读，他在创立历史唯物主义以后涉及正义的论述并不多，而且这些论述大多与分配问题相关。"① 马克思涉及正义问题的论述大体上可分为两类。一类是从历史唯物主义出发对各种资产阶级、小资产阶级的正义主张批评，在这类论述中，"马克思指出并论证了正义属于社会意识，是对一定经济关系的反映；正义是人们对现实分配关系与他们自身利益关系的一种价值判断，不同阶级和社会集团对同一分配关系是否正义往往持有不同的看法；正义虽然说到底是对现实经济关系与评价主体利益之间关系的反映，但它的直接来源却是法权观念和道德观念，是法权观念或道德观念的最抽象的表现；正义随着经济关系的变化而变化，永恒的正义是不存在的"②。另一类则隐含在对资本主义剥削的谴责和对社会主义按劳分配的批评中，说得具体一点就是，马克思认为资本主义剥削是不正义的，因为资本家无偿占有了本应属于工人的剩余产品，社会主义按劳分配的两个弊病也是不正义的，因为由偶然的天赋和负担的不同所导致的，进而言之，由非选择的偶然因素所导致的人们实际所得的不平等是不应当的。而"我这里讲的'马克思的正义观念'，指的只是隐含在第二类论述中的马克思对什么是正义的、什么是不正义的看法"③。我还明确指出，"马克思的正义观念只是一种规范性的见解"④，因为它们涉及的只是"应当"的问题。

马拥军认为，我把"马克思的正义观念"当作一种"规范的见解"是错误的。对此，他是这样论证的：马克思从来没有把他本人视为超历史或非历史的存在物，当然也不会把他自己的正义观念视为永恒的或绝对的价值判断，因此，"我们很难设想，马克思会对其他人采取批判态度而对自己采取非批判的态度，或者认定别人的正义观念都是历史的产物，唯独他自己的正义观念'是一种规范性的见解'，从而与他所处的历史阶段无关，

---

① 哲学研究，2015（7）：7.
② 同①6.
③ 同①6.
④ 同①9.

能够凭空制造出来"①。简言之，我把"马克思的正义观念"当作一种"规范的见解"，就是把其"视为永恒的或绝对的价值判断"。马拥军的这一批评是毫无根据的。因为对于"马克思的正义观念"，我在《观念》一文中有一段清楚的论述："马克思实际上持有两种不同的分配正义观念，一种是针对资本主义剥削的正义观念，另一种是针对社会主义按劳分配的正义观念。对此也许有人会问，马克思是否还持有一种超越这两种分配正义观念的终极意义上的分配正义观念？我认为没有，因为他和恩格斯从来就不相信有什么'永恒的、不以时间和现实变化为转移的'终极正义。"②如果我在《观念》一文中是这样讲的，那马拥军有什么理由批评我把"马克思的正义观念"当作一种"规范的见解"，就是把其"视为永恒的或绝对的价值判断"呢？

在批评了我讲的"马克思的正义观念"的错误之后，马拥军进而提出了他对"马克思的正义观念"的看法。他先引用了马克思在《资本论》第三卷中的一段话：

> 生产当事人之间进行的交易的正义性在于：这种交易是从生产关系中作为自然结果产生出来的。这种经济交易作为当事人的意志行为，作为他们的共同意志的表示，作为可以由国家强加给立约双方的契约，表现在法律形式上，这些法律形式作为单纯的形式，是不能决定这个内容本身的。这些形式只是表示这个内容。这个内容，只要与生产方式相适应，相一致，就是正义的；只要与生产方式相矛盾，就是非正义的。③

然后，通过对这段话的解读，他提出了下述两个看法：

第一个看法是："'生产方式即谋生的方式'，人们首先必须活下去，然后才能讨论'正义'与否。在这一意义上，凡是能够让人们更好地活下去的，就是正义的；凡是妨碍人们更好地活下去的，就是非正义的。"④

---

① 哲学研究，2017（6）：17.
② 哲学研究，2015（7）：8.
③ 马克思恩格斯文集：第7卷. 北京：人民出版社，2009：379. 这里需要指出，我在《马克思主义与现实》2010年第6期发表的一篇题为《马克思认为"与生产方式相适应，相一致就是正义的"吗？——对中央编译局〈资本论〉第三卷一段译文的质疑与重译》的论文中，曾指出并论证了中央编译局的这段译文存在误译的问题。马拥军肯定看过这篇论文，但他在《实证》一文中却只字不提这篇论文，而径直把中央编译局的译文作为其文本依据，从学术研究的角度来看，他的这种做法是不严谨的。不过，这个问题在这里可以暂且不论，因为即使以中央编译局的译文为文本依据，那也得不出马拥军的那些看法。
④ 同①.

他的这一看法不能成立。首先，马克思在这段话中所讲的"生产方式"，指的是相对以"生产当事人之间进行的交易"体现出来的生产关系而言的，体现着一定生产力水平的"生产方式"①，由于它不涉及与"正义"相关的任何内容，因此，由它根本推论不出"人们首先必须活下去，然后才能讨论'正义'与否"。不错，马克思在《哲学的贫困》中确实讲过："社会关系和生产力密切相联。随着新生产力的获得，人们改变自己的生产方式，随着生产方式即谋生的方式的改变，人们也就会改变自己的一切社会关系。"② 就此而言，马拥军说"生产方式即谋生的方式"并无问题。但是，即便如此，从"生产方式即谋生的方式"也推论不出"人们首先必须活下去，然后才能讨论'正义'与否"，因为它也不涉及与"正义"相关的任何内容。其次，由"人们首先必须活下去，然后才能讨论'正义'与否"，也推论不出"在这一意义上，凡是能够让人们更好地活下去的，就是正义的；凡是妨碍人们更好地活下去的，就是非正义的"。因为"在这一意义上"，指的只是"人们首先必须活下去，然后才能讨论'正义'与否"，这其中并不含有"凡是能够让人们更好地活下去的，就是正义的；凡是妨碍人们更好地活下去的，就是非正义的"的意思。再次，在马克思这段话中，"正义的"，指的是"这个内容"（即生产当事人之间进行的经济交易）"与生产方式相适应，相一致"的情况，"非正义的"指的是"这个内容""与生产方式相矛盾"的情况，而"相适应，相一致"并不含有"能够让人们更好地活下去"的意思，"相矛盾"也不含有"妨碍人们更好地活下去"的意思。最后，"凡是能够让人们更好地活下去的，就是正义的；凡是妨碍人们更好地活下去的，就是非正义的"这一表述存在含义模糊的问题：这其中的"凡是"指什么？是指马克思所讲的"生产当事人之间进行的交易"，还是生产当事人之间进行的经济交易"与生产方式相适应，相一致"或"相矛盾"的情况？这其中的"人们"指谁？是指市场经济中的受剥削的穷人，还是剥削人的富人，还是所有的人？这其中的"更好地活下去"指什么？是指物质生活的改善，还是指生活质量的全面提升？

---

① 我们知道，马克思在其著作中对"生产力"、"生产关系"和"生产方式"三个概念的使用很灵活，因此，对它们的含义的理解要基于它们出现的具体语境。关于这个问题，可参见我的论文《对生产力、生产方式和生产关系概念的再考察》［马克思主义研究，1995（3）］。
② 马克思恩格斯选集：第1卷. 北京：人民出版社，1995：141-142.

第二个看法是:"马克思在这里所说的"是"正义事实"而不是"他的正义观念","正义事实与正义观念不是一回事。正义事实决定正义观念,正义观念必须反映正义事实"①。他这种看法也不能成立。

我们先来看看他所讲的"正义事实"和"正义观念"的含义是什么。由于这两个概念在马克思这段话中都没有出现,而且据我所知,它们也没在马克思和恩格斯的其他论著中出现过。② 这样说来,它们都是马拥军自己创造的。不过,马拥军在《实证》一文中虽然多次使用它们,但对它们的含义却从不做任何说明。他只是在讲到马克思是把实践当作检验人们的正义观念的真理性的标准时,顺便讲了一段多少涉及这两个概念含义的话:"能够行得通的正义观念即对正义的正确认识一定是对作为特定历史真实的正义'事实'的反映。至于那些行不通的正义观念,则只能停留于人们的想象中,它们可能基于人们的愿望即'应当',但在当时的历史条件下却无法普遍实现出来从而无法成为'事实',所谓事实与价值的对立就是这么来的。"③ 这其中的"正义'事实'"意指什么?从"能够行得通的正义观念即对正义的正确认识一定是对作为特定历史真实的正义'事实'的反映"来看,"正义"与"正义'事实'"是同义语,因为"能够行得通的正义观念即对正义的正确认识",而对正义的正确认识"一定是对作为特定历史真实的正义'事实'的反映"。从"正义'事实'"中的"事实"带有引号的来看,"正义'事实'"中的"正义"是一个形容词,一个修饰"事实"的定语。由此说来,他所说的"正义'事实'",实际上就是"正义的事实"。那作为"正义'事实'"同义语的"正义"的含义是什么?作为"事实"的定语的"正义"的含义又是什么?由于马拥军对它们的含义从不做任何说明,因此,他所讲的"正义事实"实际上是一个让人根本无从把握其含义的概念。这其中的"正义观念"意指什么?马拥军在这段话中不讲"正义观念"本身的含义是什么,而只讲"行得通的正义观念"和"行不通的正义观念"区别。从他讲的"行得通的正义观念"来看,其中的"正义观念"指的是对"正义"的认识,也即对"正义'事实'"的反映;从他所讲的"行不通的正义观念"来看,"正义观念"指的是"(可能)基于人们的愿望即'应当'"。从他的这些论述我们能知道他所讲的

---

① 哲学研究,2017 (6):17.
② 而且据我所知,在马克思和恩格斯的著作中从未出现过"正义事实"的概念和与"正义事实"连在一起使用的"正义观念"的概念。
③ 同①16.

十二、再谈"历史唯物主义与马克思的正义观念" · 189 ·

"正义观念"其含义到底是什么吗？

我们再来看看他所讲的"马克思在这里所说的"是"正义事实"而不是"他的正义观念"。他所讲的"马克思在这里所说的"，指的只能是在马克思这段话中出现的那句话，即"这个内容，只要与生产方式相适应，相一致，就是正义的"。从这句话能推出马克思在这里所讲的是"正义事实"，而不是他的"正义观念"吗？显然不能。因为在这句话中出现的"正义的"，是马克思本人对"这个内容，只要与生产方式相适应，相一致"所做的一种判断，换句话说，是马克思认为，"这个内容，只要与生产方式相适应，相一致"就是"正义的"。由此说来，由于"正义的"是马克思本人做出的一种判断，因而我们也可以说，"这个内容，只要与生产方式相适应，相一致，就是正义的"就是马克思的"正义观念"。可见，马拥军的说法，即"马克思在这里所说的"只是"正义事实"而非"正义观念"，是不能成立的，如果他的这一说法不能成立，那他由此进而提出的"正义事实与正义观念不是一回事。正义事实决定正义观念，正义观念必须反映正义事实"显然就是无稽之谈。

（三）

马拥军最后批评的是我对"历史唯物主义"与"马克思的正义观念"的关系的看法，即"历史唯物主义与马克思的正义观念在内容上互不涉及、在来源上互不相干、在观点上互不否定"。他认为我的看法是一种"前黑格尔式见解"，并论证说："'实证科学'与'规范见解'的二分法，与从休谟到康德的关于自然界与人类社会、必然与自由、理论理性与实践理性、实证科学与规范科学的二分法一脉相承。问题是黑格尔通过'实体即主体'已经超越了这种对立。马克思的见解并不是以休谟或康德的二分法，而是以黑格尔对二分法的扬弃作为自己方法论上的出发点的。"[①] 在回应马拥军的这一批评之前，让我先对我的看法做一说明。

我在《观念》一文中谈到"历史唯物主义"与"马克思的正义观念"的关系时，只是提出它们"在内容上互不涉及、在来源上互不相干、在观点上互不否定"，而没有把它们之间的关系上升为"事实判断"与"价值

---

① 哲学研究，2017（6）：19.

判断"的关系,更没有从这种意义上对它们之间的关系做任何说明。既然马拥军把我的看法说成是"'实证科学'与'规范见解'的二分法",那我在这里就有必要从"事实判断"与"价值判断"角度对"历史唯物主义"与"马克思的正义观念"的关系再做些说明。我们知道,自休谟、康德以来,人们通常认为事实判断是一种描述性判断,价值判断是一种规范性判断,前者以"是"为系词,后者以"应当"为系词。我在这里就是从在这种意义上使用"事实判断"与"价值判断"的。① 在我看来,历史唯物主义是一种具有"事实判断"特征的描述性理论,因为它涉及的只是人类社会发展的一般规律"是什么"的问题,这集中体现在它是由一系列事实判断构成的,例如,人类社会的发展是一个自然历史过程,生产力决定生产关系,经济基础决定上层建筑,社会意识是社会存在的反映并反作用于社会存在,等等。相对历史唯物主义而言,"马克思的正义观念"则是具有"价值判断"特征的规范性见解,因为它们涉及的只是资本主义剥削和社会主义按劳分配的弊病是否"应当"的问题。对此,我在《观念》一文中曾做过说明。关于资本主义剥削,马克思在他的论著中常常把资本家对工人的剥削说成是对工人的"盗窃"②,而"盗窃"意味着不正当地拿了属于他人的东西。由于能从某人那里盗窃的只能是完全属于那个人的东西,因此,马克思对资本主义剥削的谴责就暗示着工人是他自己的劳动时间的正当的所有者,由此可以推断,马克思之所以认为资本主义剥削不正义,说到底是因为资本家无偿占有了本应属于工人的剩余产品。关于社会主义按劳分配,马克思指出,按劳分配虽然消灭了剥削,但作为平等权利原则还存在两个弊病,一是它默认了因劳动者个人天赋不同导致的所得不平等,二是它使劳动者个人因家庭负担不同而实际所得不平等。由于"弊病"这一概念本身的含义是"缺点、欠缺或不足",那由此可以推断,马克思将它用在这里无疑含有批评这两个弊病的意思。从他所讲的第一个弊病,即"它默认,劳动者的不同等的个人天赋,从而不同等工作能力,是

---

① 当然,对于何为事实判断、何为价值判断人们还有不同的理解。例如,我国学者孙伟平认为,价值判断又可区分为评价判断和规范判断,所谓评价判断,就是主体关于一定客体有无价值、有什么价值、有多大价值的判断;所谓规范判断,则是对人的行为给以某种规定、约束或命令的价值判断。(孙伟平. 事实与价值. 北京:中国社会科学出版社,2000:146-147)受本文篇幅的限制,我在这里不对各种理解做出评价,而只表明我是在哪种意义上使用这两个概念的。

② 马克思恩格斯全集:第46卷上. 北京:人民出版社,1979:460. 资本论:第一卷. 北京:人民出版社,1975:671.

十二、再谈"历史唯物主义与马克思的正义观念"

天然特权"①,我们可以推断,马克思将这称为弊病其原因只能是劳动者的不同等的个人天赋是由偶然因素造成的,即不是由他们自己选择的,因而从道德上讲是不应得的,因此,由其导致的劳动者所得的不平等是不应当的。从他所讲的第二个弊病,即"一个劳动者已经结婚,另一个则没有;一个劳动者的子女较多,另一个的子女较少,如此等等。因此,在提供的劳动相同、从而由社会消费基金中分得的份额相同的条件下,某一个人事实上所得到的比另一个人多些,也就比另一个人富些,如此等等"②来看,马克思将这称为弊病,其原因只能是劳动者不同的家庭负担也是由各种偶然因素造成的,即不是他们自己有意选择的,因而从道德上讲是都不应得的,因此,由其导致的劳动者实际所得的不平等也是不应当的。如果将历史唯物主义视为一种具有"事实判断"特征的描述性理论,将"马克思的正义观念"视为一种具有"价值判断"特征的规范性见解,那它们之间的关系在我看来就仍是"在内容上互不涉及、在来源上互不相干、在观点上互不否定"。

马拥军在他的批评中,把我所讲的"历史唯物主义"与"马克思的正义观念"的关系,说成是"'实证科学'与'规范见解'的二分法",并说这"与从休谟到康德的关于自然界与人类社会、必然与自由、理论理性与实践理性、实证科学与规范科学的二分法一脉相承"。他的这种说法显然是对我的看法的曲解!我所讲的"历史唯物主义"与"马克思的正义观念"的关系,是他所讲的"自然界与人类社会""必然与自由""理论理性与实践理性""实证科学与规范科学"等的关系吗?我在这里不想对他的这些曲解做出反驳,因为它们不值得一驳,而只想就他所讲的"事实与价值"的关系做一分析。

马拥军对我所讲的"历史唯物主义"与"马克思的正义观念"的关系的批评,实际上都是基于他对"事实与价值"的关系的理解。那他所讲的"事实"意指什么?"价值"又意指什么?他对这些问题也没做过直接的回答,但有以下三段相关论述。

> 恩格斯指出:"历史**不过是**追求着自己目的的人的活动而已。"既然人和环境都是历史即人类实践活动的产物,由实践活动的目的性决定了,人类所面对的任何事实都必然包含了价值,只不过有的人意识

---

① 马克思恩格斯选集:第3卷.北京:人民出版社,1995:305.
② 同①.

到这一点，有的人没有意识到而已。①

对于马克思和恩格斯来说，无论是感性的人，还是人的感性世界，都是人的实践活动的产物，因而无论是事实，还是价值，都只是特定历史时代的事实和价值，它们都通过人的实践活动统一于历史。②

事实和价值，对于马克思和恩格斯来说原就是同一个现实的不可分的两个方面，正如硬币的两面一样。人为地把事实与价值、实证科学与规范意见分开，只看到它们的对立，看不到它们的同一，表明由于不懂辩证法，人们对"历史唯物主义"的理解离马克思和恩格斯还远得很。③

从他的这三段论述可以看出，他认为对马克思和恩格斯而言，"事实"和"价值"都是人类实践活动的产物，它们都通过人的实践活动统一于历史；"事实"和"价值"都只是特定历史时代的事实和价值；"事实"和"价值"是同一个现实的不可分的两个方面。我这里且不说他对"事实"和"价值"的理解是否符合马克思和恩格斯的原意，而只指出他理解的"事实"和"价值"与我所讲的历史唯物主义和"马克思的正义观念"，进而言之，与我所讲的"事实判断"和"价值判断"完全是两回事。这样说来，他以"事实和价值的两歧"经黑格尔到马克思已经得到了解决为由，批评我对历史唯物主义与马克思正义观念的关系的看法是一种"前黑格尔式见解"就是信口开河，是根本站不住脚的。

以上是我对马拥军在《实证》一文提出的批评的回应。众所周知，在当前我国的马克思主义哲学研究中，历史唯物主义与马克思正义观念的关系既是一个十分重要问题，又是一个引起激烈争论的问题，希望我的回应能对这一问题的解决有所贡献。

---

① 哲学研究，2017（6）：14.
② 同①15.
③ 同①20.

十三、历史唯物主义是在"政治哲学思想运演中推导出来"的吗？
——质疑李佃来教授的一个新见解

近些年来，随着政治哲学研究在我国升温，不少从事马克思主义研究的学者开始思考如何建构马克思主义政治哲学的问题。他们当中的一些人认为，造成政治哲学在我国马克思主义哲学中缺失的一个重要原因，是长期占主导地位的传统观点错误地将历史唯物主义说成一种实证性科学。由此出发，他们纷纷提出与传统观点不同的各种新理解，其中一种颇具代表性的新见解是武汉大学李佃来教授在一篇题为《马克思主义政治哲学研究的两个前提性问题》的论文中提出的，以下是他的两段相关论述：

> 恩格斯在评价《关于费尔巴哈的提纲》时，认为它是"包含新世界观的天才萌芽的第一个文件"。如果恩格斯所说的"新世界观"就是立足于"改变世界"的新唯物主义（即历史唯物主义），那么《提纲》第十条的论述是值得我们高度重视的："旧唯物主义的立脚点是市民社会，新唯物主义的立脚点则是人类社会或社会的人类。"由这一句话我们可以初步推知，历史唯物主义作为一种"新世界观"，与马克思对市民社会、人类社会的批判和预设是不无相关的，或者更进一步说，这种"新世界观"就是在市民社会、人类社会的思想语式中开发出来的，它的内容就体现在这样的语式当中。①
>
> 既然马克思在《关于费尔巴哈的提纲》中直截了当地将旧唯物主义和新唯物主义的区别还原为市民社会和人类社会的区别，说明历史唯物主义的确是接着政治哲学来讲的，历史唯物主义宣指的那些关系、规律与基本范畴，原来就是在政治哲学的思想运演中推导出来并

---

① 李佃来. 马克思主义政治哲学研究的两个前提性问题//马克思主义哲学研究（2010）. 武汉：湖北人民出版社，2010：250.

加以厘定的。①

简言之，历史唯物主义是从政治哲学的思想运演中推导出来的。本人十分赞赏李佃来教授近几年来对建构马克思主义政治哲学的不懈探索，但却不能认同他的新见解，因为它显然是基于对马克思《关于费尔巴哈的提纲》（以下简称"《提纲》"）和恩格斯对《提纲》的评价的曲解，因而是对历史唯物主义的曲解。为此，本文对李佃来教授的新见解提出四点质疑。

（一）

从李佃来教授的两段论述不难看出，其新见解的文本依据只是马克思写于 1845 年春的《提纲》的第十条："旧唯物主义的立脚点是市民社会，新唯物主义的立脚点则是人类社会或社会的人类。"② 对历史唯物主义的理解能仅仅依据《提纲》第十条吗？这是我的第一点质疑。

我们知道，历史唯物主义是马克思一生的两个伟大发现之一，马克思和恩格斯生前在诸多论著中对它有过大量的论述，其中最为集中也最为权威的是马克思在《〈政治经济学批判〉序言》中的那段著名论述。此外，马克思和恩格斯还明确指出他们的哪些论著可以作为理解历史唯物主义的文本依据：

> 自从弗里德里希·恩格斯批判经济学范畴的天才大纲（在《德法年鉴》上）发表以后，我同他不断通信交换意见，他从另一条道路（参看他的《英国工人阶级状况》）得出同我一样的结果，当 1845 年春他也住在布鲁塞尔时，我们决定共同阐明我们的见解与德国哲学的意识形态的见解的对立，实际上是把我们从前的哲学信仰清算一下。……在我们当时从这方面或那方面向公众表达我们见解的各种著作中，我只提出恩格斯与我合著的《共产党宣言》和我自己发表的《关于自由贸易问题的演说》。我们见解中有决定意义的论点，在我的

---

① 李佃来. 马克思主义政治哲学研究的两个前提性问题//马克思主义哲学研究（2010）. 武汉：湖北人民出版社，2010：252. 李佃来教授在这段论述中使用了两个生僻的概念：一是"宣指"，我在《现代汉语词典》（第7版）和"百度"中都没有查到这个词，不过，从上下文看，其基本含义可理解为"所讲"；二是"思想运演"，我只知道"运演"是一个心理学的概念，指的是心理过程的逻辑思维，还知道皮亚杰在其著作中使用过这一概念，但没见过"思想运演"这一说法，不过，从与其相关的论述来看，其含义应是"理论逻辑"。

② 马克思恩格斯选集：第 1 卷. 北京：人民出版社，1995：57.

十三、历史唯物主义是在"政治哲学思想运演中推导出来"的吗?

1847年出版的为反对蒲鲁东而写的著作《哲学的贫困》中第一次作了科学的、虽然只是论战性的概述。①

当德国的资产阶级、学究和官僚把英法经济学的初步原理当作不可侵犯的教条死记硬背,力求多少有些了解的时候,德国无产阶级的政党出现了。它的全部理论内容来自对政治经济学的研究,它一出现,科学的、独立的、**德国的经济学**也就产生了。这种德国的经济学本质上是建立在**唯物主义历史观**的基础上的,后者的要点,在本书的序言中已经作了扼要的阐述。②

我请您根据原著来研究这个理论,而不要根据第二手的材料来进行研究——这的确要容易得多。马克思所写的文章,几乎没有一篇不是由这个理论起了作用的。特别是《**路易·波拿巴的雾月十八日**》,这本书是运用这个理论的十分出色的例子。《**资本论**》中的许多提示也是这样。再者,我也可以向您指出我的《欧根·杜林先生在科学中实行的变革》和《路德维希·费尔巴哈和德国古典哲学的终结》,我在这两部书里对历史唯物主义作了就我所知是目前最为详细的阐述。③

在我看来,正确理解历史唯物主义至少应以马克思、恩格斯明确提到的这些论著为依据,这是毫无疑义的。然而,李佃来教授在提出和论证他的新见解时却只字不提这些论著,甚至只字不提马克思的《〈政治经济学批判〉序言》,而仅以《提纲》第十条为文本依据,这样理解历史唯物主义能不让人质疑吗?

李佃来教授或许也考虑到这一问题,故此,他在把《提纲》第十条作为理解历史唯物主义的文本依据时强调,恩格斯评价《提纲》是"包含着新世界观的天才萌芽的第一个文件"④。然而,无论我们对恩格斯的评价做何种理解,从中都得不出能够仅仅以《提纲》作为理解历史唯物主义的文本依据的结论。恩格斯所说的"新世界观"意指什么?从他提出这一概念的《路德维希·费尔巴哈和德国古典哲学的终结》"1888年单行本序

---

① 马克思恩格斯选集:第2卷. 北京:人民出版社,1995:33-34. 马克思这里说的"我们见解",指的就是历史唯物主义。
② 马克思恩格斯选集:第2卷. 北京:人民出版社,1995:37-38. 恩格斯这里说的"序言",指的就是马克思的《〈政治经济学批判〉序言》。
③ 马克思恩格斯选集:第4卷. 北京:人民出版社,1995:697-698.
④ 同③213.

言"中的上下文来看,他首先指出:"马克思在《政治经济学批判》(1859年柏林版)的序言中说,1845年我们两人在布鲁塞尔着手'共同阐明我们的见解'——主要由马克思制定的唯物主义历史观——'与德国哲学的意识形态的见解的对立,实际上是把我们从前的哲学信仰清算一下。'"① 然后又指出:"从那时起已经过了四十多年,马克思也已逝世,而我们两人谁也没有机会回到这个题目上来。……这期间,马克思的世界观远在德国和欧洲境界以外,在世界一切文明语言中都找到了拥护者。"② 最后谈到马克思的关于费尔巴哈的提纲是"包含着新世界观的天才萌芽的第一个文件"③。不难看出,恩格斯这里所说的"新世界观"指的就是"马克思的世界观",而"马克思的世界观"指的就是"主要由马克思制定的唯物主义历史观",即历史唯物主义。那么,作为"新世界观"的历史唯物主义意指什么?对此,恩格斯在1859年发表的《卡尔·马克思〈政治经济学批判。第一分册〉》一文中,在重述了《〈政治经济学批判〉序言》中那段关于历史唯物主义的经典表述之后讲过这样一段话:"人们的意识决定于人们的存在而不是相反,这个原理看来很简单,但是仔细考察一下也会立即发现,这个原理的最初结论就给一切唯心主义,甚至给最隐蔽的唯心主义当头一棒。关于一切历史性的东西的全部传统的和习惯的观点都被这个原理否定了。政治论证的全部传统方式崩溃了;爱国的义勇精神愤慨地起来反对这种无礼的观点。因此,新的世界观不仅必然遭到资产阶级代表人物的反对,而且也必然会遭到一群想靠**自由、平等、博爱**的符咒来翻转世界的法国社会主义者的反对。这种世界观激起了德国庸俗的民主主义空想家极大的愤怒。"④ 恩格斯的这段话表明,作为"新世界观"的历史唯物主义指的是其基本原理是"人们的意识决定于人们的存在而不是相反"的历史唯物主义。那么,恩格斯所讲的《提纲》中包含的"新世界观的天才萌芽"又意指什么?对此,恩格斯没做进一步的解释,但由于"萌芽"这一用语的含义无疑是"新出现的、尚未成熟的",因而,如果说"新世界观"指的是历史唯物主义,而历史唯物主义的原理是"人们的意识决定于人们的存在而不是相反",那《提纲》中包含的"新世界观的天才萌芽",指的就是"人们的意识决定于人们的存在而不是相反"这一历史唯

---

① 马克思恩格斯选集:第4卷. 北京:人民出版社,1995:211.
② 同①211-212.
③ 同①213.
④ 马克思恩格斯选集:第2卷. 北京:人民出版社,1995:39.

物主义原理的萌芽。由此说来，如果仅以《提纲》作为理解历史唯物主义的文本依据，那至多只能达到对处于"萌芽"状态的历史唯物主义的理解。

此外，仔细研究一下《提纲》，我们还可以发现，除了第十条以外，历史唯物主义的原理即"人们的意识决定于人们的存在而不是相反"的萌芽还出现在第四、第六和第七条中：

> 四 费尔巴哈是从宗教上的自我异化，从世界被二重化为宗教世界和世俗世界这一事实出发的。他做的工作是把宗教世界归结于它的世俗基础。但是，世俗基础使自己从自身中分离出去，并在云霄中固定为一个独立王国，这只能用这个世俗基础的自我分裂和自我矛盾来说明。因此，对于这个世俗基础本身应当在自身中、从它的矛盾中去理解，并在实践中使之革命化。因此，例如，自从发现神圣家族的秘密在于世俗家庭之后，世俗家庭本身就应当在理论上和实践中被消灭。①

> 六 费尔巴哈把宗教的本质归结于**人的**本质。但是，人的本质不是单个人所固有的抽象物，在其现实性上，它是一切社会关系的总和。费尔巴哈没有对这种现实的本质进行批判，因此他不得不：（1）撇开历史的进程，把宗教感情固定为独立的东西，并假定有一种抽象的——**孤立的**——人的个体。（2）因此，本质只能被理解为"类"，理解为一种内在的、无声的、把许多个人**自然地**联系起来的普遍性。②

> 七 因此，费尔巴哈没有看到，"宗教感情"本身是社会的产物，而他所分析的抽象的个人，是属于一定的社会形式的。③

在上述三条中虽然都没有出现"人们的社会存在"和"人们的意识"这样的术语，但出现在第四条中的"世俗基础"、第六条中的"一切社会关系的总和"和第七条中的"一定的社会形式"，却无疑可以被视为"人们的社会存在"这一术语的萌芽，而出现在第四条中的"宗教世界"和第六、第七条中的"宗教感情"，则无疑可以被视为"人们的意识"这一术语的萌芽。马克思在这三条中强调的一个主要思想是："世俗基础使自己

---

① 马克思恩格斯选集：第1卷. 北京：人民出版社，1995：55.
② 同①56.
③ 同①56.

从自身中分离出去，并在云霄中固定为一个独立王国，这只能用这个世俗基础的自我分裂和自我矛盾来说明。"而这无疑可被视为"人们的意识决定于人们的存在而不是相反"这一原理的萌芽。由此说来，如果仅以《提纲》第十条作为理解历史唯物主义的依据，那就无法达到对处于"萌芽"状态的历史唯物主义的全面理解。

（二）

  李佃来教授在其新见解中认为，恩格斯所说的"新世界观"就是马克思在《提纲》第十条中所讲的"新唯物主义"，这种"新唯物主义"立足于"改变世界"，因而也就是"历史唯物主义"。他的这种理解体现在他的第一段论述中：在引用了恩格斯对《提纲》的评价，即它是"包含着新世界观的天才萌芽的第一个文件"之后，他紧接着说："如果恩格斯所说的'新世界观'就是立足于'改变世界'的新唯物主义（即历史唯物主义），那么《提纲》第十条的论述是值得我们高度重视的：'旧唯物主义的立脚点是市民社会，新唯物主义的立脚点则是人类社会或社会的人类'。"从这段论述还可以看出，他的这种理解直接来自对恩格斯的评价的推断，只不过他没对其推断做出任何说明，而仅以"如果"这个在这里看似"假设"但实际"肯定"的连词一带而过，从而给人一种其推断是理所当然、无须多说的感觉。李佃来教授的这一推断能成立吗？这是我的第二点质疑。
  首先，从恩格斯的评价推不出"新世界观"就是"新唯物主义"。李佃来教授这里所讲的"新唯物主义"，无疑是指马克思在《提纲》第十条中所讲的"新唯物主义"，因为它只在《提纲》第十条中出现过一次。前边表明，恩格斯所讲的"新世界观"指的是主要由马克思创立的历史唯物主义，"新世界观"的天才萌芽指的是《提纲》第四、第六、第七及第十条中那些体现"人们的意识决定于人们的存在而不是相反"的表述。马克思所讲的"新唯物主义"指的是什么？对此，除了"新唯物主义的立脚点则是人类社会或社会的人类"以外，马克思没做任何说明。不过，从《提纲》的第九条，即"直观的唯物主义，即不是把感性理解为实践活动的唯物主义"① 我们可以推断，"新唯物主义"指的是"把感性理解为实践活

---

  ① 马克思恩格斯选集：第1卷. 北京：人民出版社，1995：60.

动的唯物主义"，这是因为，"直观的唯物主义"也就是马克思所讲的"旧唯物主义"，"新唯物主义"是相对于"旧唯物主义"而言，因而，其含义应是"把感性理解为实践活动的唯物主义"。如果"新唯物主义"的含义是这样，那接下来的问题就是："新唯物主义"，即"把感性理解为实践活动的唯物主义"就是恩格斯所讲的"新世界观"即历史唯物主义吗？我认为还不是，这是因为，无论我们对"新唯物主义"做何理解，它都尚未涉及"人们的意识决定于人们的存在而不是相反"这一历史唯物主义的原理。因此，不能认为恩格斯所讲的"新世界观"就是马克思所讲的"新唯物主义"。

其次，从恩格斯的评价推不出"新世界观"就是立足于"改变世界"的"新唯物主义"。我们知道，马克思在《提纲》中只讲过"新唯物主义的立脚点则是人类社会或社会的人类"，而没讲过"立足于'改变世界'的新唯物主义"。那么，李佃来教授的"立足于'改变世界'的新唯物主义"的说法从何而来？仔细读一下《提纲》可以发现，他的这一说法来自对《提纲》第十条和第十一条部分内容的删改和拼凑。《提纲》第十条讲的是："旧唯物主义的立脚点是市民社会，新唯物主义的立脚点则是人类社会或社会的人类。"① 第十一条讲的是："哲学家们只是用不同的方式**解释**世界，问题在于**改变**世界。"② 李佃来教授先将第十条的内容删改为"新唯物主义立足于"，然后将删改后的"新唯物主义立足于"与第十一条中的"改变世界"对接，进而拼凑出一个"立足于'改变世界'的新唯物主义"。经过这样一番删改和拼凑，马克思所讲的"新唯物主义的立脚点则是人类社会或社会的人类"，就被李佃来教授说成是"立足于'改变世界'的新唯物主义"。李佃来教授的这种做法存在明显的偷换概念的问题：《提纲》第十条中的"人类社会或社会的人类"与第九条中的"改变世界"是两个在内涵和外延都截然不同的概念，它们能作为同义语而互相替代吗？换句话说，我们能把《提纲》第十条说成"旧唯物主义的立脚点是市民社会，新唯物主义的立脚点则是改变世界"，把《提纲》第十一条说成"哲学家们只是用不同的方式解释世界，问题在于人类社会或社会的人类"吗？显然不能！如果不能，那李佃来教授所讲的"立足于'改变世界'的新唯物主义"就不仅不是马克思讲的，而且还与马克思所讲的"新唯物主

---

① 马克思恩格斯选集：第1卷. 北京：人民出版社，1995：57.
② 同①.

义的立脚点则是人类社会或社会的人类"相悖。恩格斯的评价无疑只是对马克思在《提纲》中所讲的相关内容的评价,由此说来,从他的评价怎能推出"新世界观"指的是李佃来教授拼凑的"立足于'改变世界'的新唯物主义"呢?

最后,从恩格斯的评价推不出"立足于'改变世界'的新唯物主义"就是历史唯物主义。李佃来教授为什么要拼凑出一个"立足于'改变世界'的新唯物主义"?其目的显然是想把《提纲》第十条所讲的"新唯物主义"说成是历史唯物主义,这清楚地体现在他在"立足于'改变世界'的新唯物主义"后面特意添加了"(即历史唯物主义)"这样一个补充说明。前边表明,《提纲》第十条所讲的"新唯物主义"指的只是"把感性理解为实践活动的唯物主义",而马克思在《提纲》第十条中只讲了"新唯物主义的立脚点则是人类社会或社会的人类"。李佃来教授大概也觉得从马克思的这些论述推断出"新唯物主义"就是历史唯物主义有些牵强,故此,他把马克思所讲的"新唯物主义的立脚点则是人类社会或社会的人类"修改为"立足于'改变世界'的新唯物主义",并以新唯物主义是立足于"改变世界"为由,将其说成是历史唯物主义。立足于"改变世界"的"新唯物主义"就是历史唯物主义吗?前边指出,李佃来教授这里所讲的"改变世界"取自《提纲》的第十一条:"哲学家们只是用不同的方式**解释**世界,问题在于**改变**世界。"不难看出,第十一条所讲的只是对以费尔巴哈为代表的哲学家们的一个批评,即他们只局限于用不同的方式"**解释**世界",而无视"**改变**世界"这一更重要的问题。换句话说,哲学家们不应只停留在用不同方式"**解释**世界",而更应重视"**改变**世界"。由此说来,李佃来教授所讲的"立足于'改变世界'的新唯物主义",指的无非是重视"改变世界"的"新唯物主义"。前边表明,恩格斯所讲的"新世界观"指的是其原理为"人们的意识决定于人们的存在而不是相反"的历史唯物主义,《提纲》第十条所讲的"新唯物主义"指的是"把感性理解为实践活动的唯物主义",这种唯物主义能因其立足于"改变世界"就是历史唯物主义吗?我看不能,因为即使立足于"改变世界",新唯物主义也还未涉及"人们的意识决定于人们的存在而不是相反"这一历史唯物主义的原理,因而从恩格斯的评价推不出它因为立足于"改变世界"就是历史唯物主义。

（三）

在把恩格斯所讲的"新世界观"说成是"立足于'改变世界'的新唯物主义（即历史唯物主义）"之后，李佃来教授进而提出，从《提纲》第十条"旧唯物主义的立脚点是市民社会，新唯物主义的立脚点则是人类社会或社会的人类"可以推知，"历史唯物主义作为一种'新世界观'，与马克思对市民社会、人类社会的批判和预设是不无相关的"。这一推知能够成立吗？这是我的第三点质疑。

李佃来教授这里所讲的作为一种"新世界观"的历史唯物主义，指的无非是我们前边分析过的"立足于'改变世界'的新唯物主义"。他这里讲的"马克思对市民社会、人类社会的批判和预设"意指什么？从他的相关论述来看，他对这一问题的说明是基于对马克思在《论犹太人问题》中的三段论述的解读。他首先指出，马克思通过研习黑格尔的市民社会概念认识到："在这个社会（指市民社会。——引者注）中，人作为**私人**进行活动，把他人看做工具，把自己也降为工具，并成为异己力量的玩物。"①"任何一种所谓的人权都没有超出利己的人，没有超出作为市民社会成员的人，即没有超出封闭于自身、封闭于自己的私人利益和自己的私人任意行为、脱离共同体的个体。在这些权利中，人绝对不是类存在物，相反，类生活本身，即社会，显现为诸个体的外部框架，显现为他们原有的独立性的限制。"② 他接着指出，然而马克思没有将普遍性的理论诉求锁定在黑格尔的理性国家上，而是将思想路径指向了"人类解放"和"人类社会"："只有当现实的个人同时把抽象的公民复归于自身，并且作为个人，在自己的经验生活、自己的个体劳动、自己的个体关系中间，成为**类存在物**的时候，只有当人认识到自身'固有的力量'是**社会**力量，并把这种力量组织起来因而不再把社会力量以**政治**力量的形式同自身分离的时候，只有到了那个时候，人的解放才能完成。"③ 由此他进而推论，马克思这里所说的"人的解放"，已经超越了市民社会解放那狭隘的含义，它是在

---

① 马克思恩格斯文集：第1卷. 北京：人民出版社，2009：30. 其中的"（指市民社会。——引者注）"是李佃来教授添加的。

② 同①42.

③ 同①46.

"人类"的思想制高点上把真正人的世界和人的关系还给人自己,因而本质上就是"人类解放",而"人类解放"在结果上则就意味着"人类社会"即"共产主义社会"这样一种规范性制度模式的提出。① 简言之,李佃来教授讲的"市民社会",指的是"人作为**私人**进行活动,把他人看做工具,把自己也降为工具,并成为异己力量的玩物"的资本主义社会,"人类社会"指的是人类将获得解放的共产主义社会,"马克思对市民社会、人类社会的批判和预设"指的是马克思没有将普遍性的理论诉求锁定在黑格尔的理性国家上,而是将思想路径指向了"人类解放"和人类社会。

从《提纲》第十条,即"旧唯物主义的立脚点是市民社会,新唯物主义的立脚点则是人类社会或社会的人类",能够推知李佃来教授讲的"历史唯物主义作为一种'新世界观',与马克思对市民社会、人类社会的批判和预设是不无相关的"吗?我认为根本不能。为了表明这一点,让我们先来分析一下《提纲》第十条讲的是什么。

前边表明,马克思在《提纲》第十条中讲的"旧唯物主义"指的是"直观的唯物主义,即不是把感性理解为实践活动的唯物主义","新唯物主义"指的是"把感性理解为实践活动的唯物主义"。那么,马克思在《提纲》第十条中讲的"市民社会"其含义是什么?对此马克思没做任何说明。马克思在《提纲》第十条中讲的"人类社会或社会的人类"其含义是什么?对此马克思也没做任何说明。此外,马克思对《提纲》第十条讲的"立脚点"的含义也没做任何说明。由于马克思对"市民社会"、"人类社会或社会的人类"和"立脚点"这三个概念的含义没做任何说明②,这就引出了一个问题:我们依据什么来理解它们?进而言之,《提纲》第十条讲的是什么?在我看来,如果我们以恩格斯对《提纲》的评价依据,进而言之,如果我们认同恩格斯讲的《提纲》是"包含着新世界观的天才萌芽的第一个文件",认同恩格斯讲的"新世界观"指的是以"人们的意识决定于人们的存在而不是相反"为原理的历史唯物主义,并由此出发来理解《提纲》第十条,那无论对"市民社会"和"人类社会和社会的人类"做何种理解,它们的基本含义都是使作为社会意识形态的"旧唯物主义"和"新唯物主义"得以产生和存在的社会物质关系,说得具体一点,就是

---

① 李佃来. 马克思主义政治哲学研究的两个前提性问题//马克思主义哲学研究(2010). 武汉:湖北人民出版社,2010:251—252.

② 马克思之所以没做说明,其原因恩格斯讲得很清楚,即《提纲》只是供马克思本人今后研究的笔记。

"市民社会"指的是体现资产阶级社会的物质关系,"人类社会和社会的人类"指的是体现共产主义社会的物质关系。与此相应,"立脚点"的含义是使"旧唯物主义"和"新唯物主义"得以产生和存在的基础。这样说来,《提纲》第十条讲的是:使"旧唯物主义"得以产生和存在的基础是体现资产阶级社会的物质关系,使"新唯物主义"得以产生和存在的基础是体现共产主义社会的物质关系。

如果以上分析是正确的,那李佃来教授的推知就存在明显的推不出的问题。从《提纲》第十条推不出李佃来教授讲的作为一种"新世界观"的历史唯物主义,因为它只讲了使"旧唯物主义"得以产生和存在的基础是体现资产阶级社会的物质关系,使"新唯物主义"得以产生和存在的基础是体现共产主义社会的物质关系。从《提纲》第十条也推不出李佃来教授讲的"马克思对市民社会、人类社会的批判和预设",因为它只讲了"市民社会"是使"旧唯物主义"得以产生和存在的基础,"人类社会或社会的人类"是使"新唯物主义"得以产生和存在的基础。如果从《提纲》第十条既推不出作为一种"新世界观"的历史唯物主义,也推不出"马克思对市民社会、人类社会的批判和预设",那就更推不出李佃来教授讲的"历史唯物主义作为一种'新世界观',与马克思对市民社会、人类社会的批判和预设是不无相关的"了。

(四)

在从《提纲》第十条推知"历史唯物主义作为一种'新世界观',与马克思对市民社会、人类社会的批判和预设是不无相关的"之后,李佃来教授进而提出:"既然马克思在《关于费尔巴哈的提纲》中直截了当地将旧唯物主义和新唯物主义的区别还原为市民社会和人类社会的区别,说明历史唯物主义的确是接着政治哲学来讲的,历史唯物主义宣指的那些关系、规律与基本范畴,原来就是在政治哲学的思想运演中推导出来并加以厘定的。"他的这一推论能成立吗?这是我的第四点质疑。

李佃来教授讲的"马克思在《关于费尔巴哈的提纲》中直截了当地将旧唯物主义和新唯物主义的区别还原为市民社会和人类社会的区别"意指什么?让我们先来看看他讲的"旧唯物主义和新唯物主义的区别"意指什么。仔细读一下李佃来教授的论文可以发现,他虽然多次谈到旧唯物主义和新唯物主义，但却没有对它们的含义做任何说明，因此，我们可以认为，他认可马克思本人在《提纲》中的相关论述："旧唯物主义"指的是"直观的唯物主义，即不是把感性理解为实践活动的唯物主义"，"新唯物主义"指的是"把感性理解为实践活动的唯物主义"。由此说来，他讲的旧唯物主义和新唯物主义的区别指的就只能是作为社会意识形态的两种哲学之间的区别，这一区别用马克思本人的话来讲就是，旧唯物主义"对对象、现实、感性，只是从**客体**的或者直观的形式去理解，而不是把它们当**作感性的人的活动**，当作**实践**去理解，不是从主体方面去理解"[①]。前边指出，马克思在《提纲》中没有对"市民社会"和"人类社会和社会的人类"这两个概念做任何说明，而如果依据恩格斯对《提纲》的评价来理解它们，那"市民社会"指的是使旧唯物主义得以产生和存在的体现资本主义的社会物质关系，"人类社会和社会的人类"指的是使新唯物主义得以产生和存在的体现共产主义的社会物质关系。但李佃来教授对《提纲》中讲的市民社会和人类社会却提出了另一种理解。他通过对马克思在《论犹太人问题》中的两段论述的解读，认为"市民社会"指的是"人作为**私人**进行活动，把他人看做工具，把自己也降为工具，并成为异己力量的玩物"的资本主义社会，"人类社会"指的是人类将获得解放的共产主义社会。[②] 由此出发，他认为市民社会和人类社会的区别意指资本主义社会与共产主义社会的区别。那么，李佃来教授讲的"还原"意指什么，对此他没做任何说明，而按照人们通常的理解，"还原"意指事物恢复到原来的状况。以上表明，李佃来教授讲的"马克思在《关于费尔巴哈的提纲》中直截了当地将旧唯物主义和新唯物主义的区别还原为市民社会和人类社会的区别"，实际上意指的是马克思在《提纲》中将旧唯物主义和新唯物主义的区别恢复到其原来的状况，即恢复到资本主义和共产主义的区别。在我看来，李佃来教授的这一说法根本不能成立。

首先，把《提纲》第十条讲的"市民社会"理解为资本主义社会，是对马克思相关论述的断章取义。李佃来教授对"市民社会"的理解，直接源自他对马克思在《论犹太人问题》中的那段话，即"在这个社会中，人作为**私人**进行活动，把他人看做工具，把自己也降为工具，并成为异己力量的玩物"的解读。马克思的那段话讲的是"市民社会"的含义吗？让我

[①] 马克思恩格斯选集：第1卷. 北京：人民出版社，1995：54.
[②] 由于本文的第三部分对此已有论述，这里就不再赘述了。

们看看那段话出现于其中的马克思本人相关论述：

> 完成了的政治国家，按其本质来说，是人的同自己物质生活**相对立**的**类生活**。这种利己生活的一切前提继续存在于国家范围**以外**，存在于**市民社会**之中，然而是作为市民社会的特性存在的。在政治国家真正形成的地方，人不仅在思想中，在意识中，而且在**现实**中，在**生活**中，都过着双重的生活——天国的生活和尘世的生活。前一种是**政治共同体**中的生活，在这个共同体中，人把自己看做**社会存在物**；后一种是**市民社会**中的生活，在这个社会中，人作为**私人**进行活动，把他人看做工具，把自己也降为工具，并成为异己力量的玩物。政治国家对市民社会的关系，正像天国对尘世的关系一样，也是唯灵论的。政治国家与市民社会也处于同样的对立之中，它用以克服后者的方式也同宗教克服尘世局限性的方式相同，即它同样不得不重新承认市民社会，恢复市民社会，服从市民社会的统治。①

马克思首先指出，政治国家的本质是"人的同自己物质生活**相对立**的**类生活**"，这表明国家的本质是与人的物质生活相对立的。他接着指出，这种利己生活即物质生活的"一切前提继续存在于国家范围**以外**，存在于**市民社会**之中，然而是作为市民社会的特性存在的"，这表明物质生活不是与国家而是与市民社会相联系的。他然后指出："在政治国家真正形成的地方，人不仅在思想中，在意识中，而且在**现实**中，在**生活**中，都过着双重的生活——天国的生活和尘世的生活。前一种是**政治共同体**中的生活，在这个共同体中，人把自己看做**社会存在物**；后一种是**市民社会**中的生活，在这个社会中，人作为**私人**进行活动，把他人看做工具，把自己也降为工具，并成为异己力量的玩物。"由于马克思在这里把人们在政治共同体中的生活比喻为"天国的生活"，把人们在市民社会中的生活比喻为"尘世的生活"，因而市民社会在这里意指的是与人的物质生活相联系的领域。马克思最后还把政治国家对市民社会的关系类比为天国对尘世的关系，指出："政治国家与市民社会也处于同样的对立之中，它用以克服后者的方式也同宗教克服尘世局限性的方式相同，即它同样不得不重新承认市民社会，恢复市民社会，服从市民社会的统治。"这表明政治国家是"根源于物质的生活关系"的。不难看出，马克思这里讲的"市民社会"，

---

① 马克思恩格斯文集：第1卷.北京：人民出版社，2009：30-31.

指的是与政治国家相对立的社会物质生活关系。李佃来教授只从中抽取一段话，即"在这个社会中，人作为**私人**进行活动，把他人看做工具，把自己也降为工具，并成为异己力量的玩物"，然后把它解读为马克思对他在《提纲》第十条中讲的"市民社会"的说明，并进而将"市民社会"说成是资本主义社会，这显然是断章取义。

其次，说《提纲》第十条讲的"人类社会"就是共产主义社会，是对马克思相关论述的武断推论。对于"人类社会"意指什么，李佃来教授是这样推论的：他先引用了马克思在《论犹太人问题》中的一段话："只有当现实的个人把抽象的公民复归于自身，并且作为个人，在自己的经验生活、自己的个体劳动、自己的个体关系中间，成为**类存在物**的时候，只有当人认识到自身'固有的力量'是**社会**力量，并把这种力量组织起来因而不再把社会力量以**政治**力量的形式同自身分离的时候，只有到了那个时候，人的解放才能完成。"① 然后推论，马克思在这里所说的"人的解放"，已经超越了市民社会解放那狭隘的含义，它是在"人类"的思想制高点上把真正人的世界和人的关系还给人自己，因而本质上就是"人类解放"；而"人类解放"在过程上就意味着阶级、革命这样一些政治哲学要素在马克思思想视域中的出场，在结果上则就意味着"人类社会"即"共产主义社会"这样一种规范性制度模式的提出。因此可以认为，"共产主义社会"也就是马克思在《提纲》第十条中讲的"人类社会"。在我看来，李佃来教授的这种推论显然过于武断了，且不说从马克思讲的"人类解放"能否推出他讲的两个"意味着"，即使能够推出，那从"人类解放"其结果意味着"人类社会"即"共产主义社会"的提出，也推不出马克思在《提纲》中讲的作为新唯物主义立脚点的"人类社会"，就是作为"人类解放"结果的"共产主义社会"。

最后，说马克思在《提纲》中直截了当地将旧唯物主义和新唯物主义的区别"还原"为市民社会和人类社会的区别，是对马克思在《提纲》第十条中讲的"立脚点"的曲解。我们知道，马克思谈及旧唯物主义和新唯物主义只是在《提纲》第十条，即"旧唯物主义的立脚点是市民社会，新唯物主义的立脚点则是人类社会或社会的人类"，因而，李佃来教授讲的"还原"只能是基于对其中的"立脚点"的理解。前边表明，《提纲》第十条中的"立脚点"的含义是"基础"，而"还原"的含义是事物恢复到原

---

① 马克思恩格斯文集：第 1 卷. 北京：人民出版社，2009：46.

来的状况，如果说"立脚点"和"还原"是两个截然不同的概念，那有什么理由非把"立脚点"说成是"还原"呢？此外，按照李佃来教授的"还原"的说法，马克思《提纲》第十条讲的"旧唯物主义的立脚点是市民社会，新唯物主义的立脚点则是人类社会或社会的人类"就会被说成是，旧唯物主义和新唯物主义的区别原本是市民社会和人类社会，即资本主义社会和共产主义社会的区别，这符合马克思的原意吗？

从"既然马克思在《关于费尔巴哈的提纲》中直截了当地将旧唯物主义和新唯物主义的区别还原为市民社会和人类社会的区别"这一根本不能成立的前提出发，李佃来教授进而推论，这"说明历史唯物主义的确是接着政治哲学来讲的，历史唯物主义宣指的那些关系、规律与基本范畴，原来就是在政治哲学的思想运演中推导出来并加以厘定的"。如果他的前提不能成立，那他的结论自然也不能成立。不过，为了进一步表明李佃来教授的推论不能成立，让我们对他的结论再做一分析。

李佃来教授这里讲的政治哲学意指什么？对于这个问题，他在其论文中没给出直接的回答，而是通过对政治哲学史的考察间接地表明了这一点。他指出："考察政治哲学的历史会发现，对个体权利和个体自由之合法性进行辩护，一直是近代政治哲学的主导性理论向度。"[①] 以洛克为代表的政治自由主义和以古典经济学为代表的经济自由主义，都在对社会与国家、权利与权力、经济与政治之间的关系进行历史性的反转与重新说明中（都强调社会大于国家、权利大于权力、经济大于政治），确立起个体权利、个体自由等正义和道德的理念。与此同时，一些近代哲学家又意识到如何消解个体权利和个体自由的张扬造成的个人与社会、特殊与普遍之间的紧张与冲突，是一个比辩护个体权利和个体自由更高的理论向度，卢梭、黑格尔都是这样认为的。"这一问题到了马克思这里没有戛然而止，马克思沿着黑格尔市民社会概念所进行的批判，以新的理论方式和思想论域说明了特殊性与普遍性之间的矛盾如何呈现以及这一矛盾如何根解等等，市民社会与人类社会、解释世界与改造世界之间的张力，皆从马克思的说明当中彰显出来。"[②] 从李佃来教授的这些说明不难看出，他虽然没有明确地指出什么是政治哲学，但认为"对个体权利和个体自由之合法性

[①] 李佃来. 马克思主义政治哲学研究的两个前提性问题//马克思主义哲学研究（2010）. 武汉：湖北人民出版社，2010：250.

[②] 同[①]251.

进行辩护,一直是近代政治哲学的主导性理论向度"。他还指出,"市民社会"与"人类社会"正是马克思早期政治哲学的关键之词,马克思对它们的思想内涵的考察与指认,正是在一种政治哲学的理论逻辑中进行的,这种理论逻辑甚至可以向前推进到近代西方哲学特别是黑格尔哲学的问题式中,这折射出近现代哲学家对资本主义和现代性历史进程中那些最根本政治哲学问题的认识和处理。说得具体一点,就是从市民社会到人类社会的论证,不论马克思在什么样的视点上超越了近代政治哲学家,他解决的问题与卢梭、康德、黑格尔一直竭尽全力去解决的问题是一致的,"这种政治哲学的思想运演,在马克思早期学术实践中的地位是毋庸置疑的"①。那他讲的"历史唯物主义的确是接着政治哲学来讲的,历史唯物主义宣指的那些关系、规律与基本范畴,原来就是在政治哲学的思想运演中推导出来并加以厘定的"意指什么？从他的相关论述不难看出,它们意指的是,马克思是先研究了"对个体权利和个体自由之合法性进行辩护"这个政治哲学的问题,或者说,先对"市民社会"与"人类社会"这两个马克思早期政治哲学的关键之词的思想内涵做了考察与指认,然后才创立了历史唯物主义的,因而历史唯物主义所讲的那些关系、规律与基本范畴,都是在政治哲学的理论逻辑中推导出来并加以整理制定的。在我看来,他的结论所讲的这些东西都是毫无根据的。让我们看看马克思和恩格斯是怎样讲述历史唯物主义的创立的。

马克思在《〈政治经济学批判〉序言》中指出：

> 我学的专业本来是法律,但我只是把它排在哲学和历史之次当作辅助学科来研究。1842—1843年间,我作为《莱茵报》的编辑,第一次遇到要对所谓物质利益发表意见的难事。莱茵省议会关于林木盗窃和地产析分的讨论,当时的莱茵省总督冯·沙培尔先生就摩塞尔农民状况同《莱茵报》展开的官方论战,最后,关于自由贸易和保护关税的辩论,是促使我去研究经济问题的最初动因。另一方面,在善良的"前进"愿望大大超过实际的知识的时候,在《莱茵报》上可以听到法国社会主义和共产主义的带着微弱哲学色彩的回声。我曾经表示反对这种肤浅言论,但是同时在和《奥格斯堡总汇报》的一次争论中坦率承认,我以往的研究还不容许我对法兰西思潮的内容本身妄加评

---

① 李佃来. 马克思主义政治哲学研究的两个前提性问题//马克思主义哲学研究（2010）. 武汉：湖北人民出版社,2010：252.

十三、历史唯物主义是在"政治哲学思想运演中推导出来"的吗?

判。我倒非常乐意利用《莱茵报》发行人以为把报纸的态度放温和些就可以使那已经落在该报头上的死刑判决撤销的幻想,以便从社会舞台退回书房。

为了解决使我苦恼的疑问,我写的第一部著作是对黑格尔法哲学的批判性分析,这部著作的导言曾发表在1844年巴黎出版的《德法年鉴》上。我的研究得出这样一个结果:法的关系正像国家的形式一样,既不能从它们本身来理解,也不能从所谓人类精神的一般发展来理解,相反,它们根源于物质的生活关系,这种物质的生活关系的总和,黑格尔按照18世纪的英国人和法国人的先例,概括为"市民社会",而对市民社会的解剖应该到政治经济学中去寻找。①

恩格斯在《关于共产主义者同盟的历史》一文中指出:

> 我在曼彻斯特时异常清晰地观察到,迄今为止在历史著作中根本不起作用或者只起极小作用的经济事实,至少在现代世界中是一个决定性的历史力量;这些经济事实形成了现代阶级对立所由产生的基础;这些阶级对立,在它们因大工业而得到充分发展的国家里,因而特别是在英国,又是政党形成的基础,党派斗争的基础,因而也是全部政治历史的基础。马克思不仅得出同样的看法,并且在"德法年鉴"(1844年)里已经把这些看法概括成如下的意思:决不是国家制约和决定市民社会,而是市民社会制约和决定国家,因而应该从经济关系及其发展中来解释政治及其历史,而不是相反。当我1844年夏天在巴黎拜访马克思时,我们在一切理论领域中都显出意见完全一致,从此就开始了我们共同的工作。当我们1845年春天在布鲁塞尔再次会见时,马克思已经从上述基本原理出发大致完成了发挥他的唯物主义历史理论的工作,于是我们就着手在各个极为不同的方面详细制定这些新观点了。②

马克思和恩格斯的这两段论述,是为人们公认的关于历史唯物主义起源的权威论述。从他们的论述不难看出,历史唯物主义的创立是基于他们对"物质的生活关系"或"经济事实"在社会历史中的决定作用的认识,而不是基于李佃来教授讲的"对个体权利和个体自由之合法性进行辩护"

---

① 马克思恩格斯选集:第2卷. 北京:人民出版社,1995:31-32.
② 马克思恩格斯全集:第21卷. 北京:人民出版社,1965:247-248.

的研究，更不是基于对"市民社会"与"人类社会"这两个概念的政治哲学研究。因而，说历史唯物主义是"接着政治哲学来讲的"明显与马克思和恩格斯的论述相悖。此外，历史唯物主义所讲的那些范畴，如生产力、生产关系、经济基础、上层建筑、阶级、国家，和历史唯物主义所讲的那些规律，如生产力决定生产关系、经济基础决定上层建筑、人类社会的发展表现为三大社会形态的依次更替，又有哪一个"是在政治哲学的思想运演中推导出来并加以厘定的"？如有，请李佃来教授予以说明，但我确信，他是绝对给不出任何说明的。

以上是对李佃来教授的新见解，即历史唯物主义是在"政治哲学思想运演中推导出来"的四点质疑，希望李佃来教授能对它们做出回应，以促进马克思主义政治哲学在中国的建构和发展。

十四、对"伍德命题"文本依据的辨析与回应

在学界关于马克思与正义的研究中，美国印第安纳大学教授艾伦·伍德的主张，尤其是他在20世纪七八十年代英美马克思主义者关于"马克思与正义"那场大讨论中提出的著名论断——"马克思并不认为资本主义是不正义的"[1]，不仅曾在英美学界引起激烈争论，而且对我国学者当下的研究也产生了很大影响。从近些年来我国学者发表和出版的关于马克思与正义问题的论著不难看出，很多人都直接或间接地谈到伍德的这一论断。因此，从伍德的相关论著出发，全面准确地把握此论断，并对其做出有说服力的回应，对于推进我国学者对马克思正义观的研究具有重要意义。

伍德是在1972年发表的论文《马克思对正义的批判》中提出"马克思并不认为资本主义是不正义的"这一论断的，并在1979年发表的论文《马克思论权利和正义：对胡萨米的回复》中对其做了进一步的解释和辩护。仔细研读这两篇论文可以发现，伍德的论断实际上是基于这样三个理由：（1）在马克思的论述中，正义概念是从司法角度对社会事实的合理性的最高表示；（2）对马克思来说，一种经济交易或社会制度如果与生产方式相适应就是正义的，否则就是不正义的；（3）根据马克思的说法，资本占有剩余价值不包含不平等或不正义的交换。伍德不但详细论证了这三个理由，而且还明确给出它们各自的文本依据，即恩格斯在《论住宅问题》中的一段论述、马克思在《资本论》第三卷中的一段论述和在《资本论》第一卷中的一段论述。在我看来，伍德将这三段论述作为其理由的文本依

---

[1] Allen W. Wood. The Marxian Critique of Justice. Philosophy and Public Affairs, Vol. 1, No. 3 (Spring, 1972): 245. 本文引用的伍德的这篇论文和他的另一篇论文"Marx on Right and Justice: A Reply to Husami"都已有中译文，收录在李惠斌、李义天编的《马克思与正义理论》（北京：中国人民大学出版社，2010）一书中。由于本人对这两篇中译文的一些译法持有不同意见，故对它们做了重译。

据是不能成立，因为他对它们的解读都是错误的，而如果其理由的文本依据都不能成立，那他的那个论断自然也不能成立。

（一）

为了论证"马克思并不认为资本主义是不正义的"，伍德先对正义（Justice）概念在马克思和恩格斯著作中的含义做了说明。

伍德认为，在阅读马克思在《资本论》和其他著作中对资本主义生产方式的描述时，我们都会直觉地感到，马克思描述的是一个不正义的社会制度。然而，一旦我们探究马克思和恩格斯在他们的著作中对资本主义是不正义的具体描述，我们会立即发现，他们不仅没有试图论证资本主义是不正义的，甚至没有明确讲过资本主义是不正义的或不公平的。不过，虽然早就有人指出马克思并不认为资本主义是不正义的[1]，但马克思为什么持有这种观点，这种观点又依赖怎样的"正义"概念，这些却很少被人理解。无疑，马克思和恩格斯在他们的论著中确实很少谈论社会或经济正义可能实现的方式，但他们"确实认真对待了'正义'概念，并且确实在他们的社会和社会实践观念中为它留有一席之地"[2]。

那正义概念在马克思和恩格斯的著作中意指什么？对此，伍德给出的回答是：正如恩格斯曾指出的，无论对于哲学家还是对于普通人，正义常常显现为"各社会的……基本原则……用来衡量一切人间事物的标准……在每一冲突下人们所诉诸的最高裁判官"[3]。那为什么正义概念被人们赋予如此的重要性？伍德说，这是因为，"根据马克思和恩格斯的观点，从根本上讲，'正义'（Gerechtigkeit）乃是一个法律或法权（Rechtlich）的概念，一个与法律（Recht）和人们在它之下拥有的权利（Rechte）相关的概念。对他们来说，权利概念和正义概念是可从司法角度判断法律、社

---

[1] 例如罗伯特·塔克（Robert C. Tucker）的 *The Marxian Revolutionary Idea*（New-York, 1969: 37-48）. *Philosophy and Myth in Karl Marx*（Cambridge, Eng., 1961: 18-20, 222f）。

[2] Allen W. Wood. The Marxian Critique of Justice. *Philosophy and Public Affairs*, Vol. 1, No. 3 (Spring, 1972): 245.

[3] 伍德这里引用的是恩格斯在《论住宅问题》中的相关论述（马克思恩格斯文集：第3卷. 北京：人民出版社，2009: 319）。

会制度和人类行为合理性的最高标准"①。当然，这不是说传统的西方的"社会"概念从根本上讲是一个法权概念，而是说，根据该传统，社会整体是一个"国家"或"政体"，在这一构架内，人们的行为是受法律和政治程序制约的。为了使人们准确把握马克思的正义概念，伍德进而指出："虽然马克思从未试图明确告诉我们这类法权的范围有多大，但很明显，所有这些概念的核心作用都与政治或司法（法律）制度相关，这些制度的功能就在于通过某种社会强加的制裁——无论是民事的、刑事的还是道德性质的——规范个体或群体的行为。这些制度包括那些颁布、应用或执行法律的制度，能在其中制订或执行集体政治决定的制度，以及通过普遍接受的行为规则而规范个体的行为和实践的制度。当某事被称作'不正义的'，或是宣称某个行为侵犯了某人的'权利'时，某种诉求就会向司法制度提出，即要求这些制度以它们通常的做法，或如果它们要履行其应有的社会功能所应采取的做法去行事。"② 简言之，"在马克思的论述中，正义概念是从司法角度对社会事实的合理性的最高表示"③。

在伍德看来，由于在马克思的论述中"正义"是从司法角度对社会事实的合理性的最高表示，而依据马克思的历史唯物主义，司法属于上层建筑，是由占支配地位的生产方式所决定的，因此，资本主义社会的正义概念，自然不具有资本主义是不正义的含义。他还明确提出："任何提议把剩余价值从资本中清除并停止剥削工人的资本主义生产的'改革'，本身就是一种最直接、最明确的不正义。它们将会以最明显的方式侵犯那些源于资本主义生产方式的基本财产权，并将一种与之完全不相容的分配制度强加给它。很难想象，一旦这种'正义的'分配方案被确立，那些好心肠的改革者会怎样使其得以实施。"④

伍德将马克思论述中的正义概念说成是从司法角度对社会事实的合理性的最高表示的文本依据是什么？对此，他没给出马克思本人的任何论述，而只是在《马克思对正义的批判》一文的一个注释⑤中，让人们参见恩格斯在《论住宅问题》中的一段话：

---

① Allen W. Wood. The Marxian Critique of Justice. Philosophy and Public Affairs, Vol. 1, No. 3 (Spring, 1972): 246.
② 同①267-268.
③ 同①254.
④ 同①268-269.
⑤ 同①246，注释3.

在社会发展的某个很早的阶段,产生了这样一种需要:把每天重复着的产品生产、分配和交换用一个共同规则约束起来,借以使个人服从生产和交换的共同条件。这个规则首先表现为习惯,不久便成了**法律**。随着法律的产生,就必然产生出以维护法律为职责的机关——公共权力,即国家。随着社会的进一步的发展,法律进一步发展为或多或少广泛的立法。这种立法越复杂,它的表现方式也就越远离社会日常经济生活条件所借以表现的方式。立法就显得好像是一个独立的因素,这个因素似乎不是从经济关系中,而是从自身的内在根据中,可以说,从"意志概念"中,获得它存在的理由和继续发展的根据。人们忘记他们的法起源于他们的经济生活条件,正如他们忘记他们自己起源于动物界一样。随着立法进一步发展为复杂和广泛的整体,出现了新的社会分工的必要性:一个职业法学家阶层形成了,同时也就产生了法学。法学在其进一步发展中把各民族和各时代的法的体系互相加以比较,不是把它们视为相应经济关系的反映,而是把它们视为自身包含自我根据的体系。比较是以共同点为前提的:法学家把所有这些法的体系中的多少相同的东西统称为**自然法**,这样便有了共同点。而衡量什么算自然法和什么不算自然法的尺度,则是法本身的最抽象的表现,即**公平**。于是,从此以后,在法学家和盲目相信他们的人们眼中,法的发展就只不过是使获得法的表现的人类生活状态一再接近于公平理想,即接近于永恒公平。而这个公平则始终只是现存经济关系的或者反映其保守方面,或者反映其革命方面的观念化的神圣化的表现。希腊人和罗马人的公平认为奴隶制度是公平的;1789年资产者的公平要求废除封建制度,因为据说它不公平。在普鲁士的容克看来,甚至可怜的专区法也是对永恒公平的破坏。所以,关于永恒公平的观念不仅因时因地而变,甚至也因人而异,这种东西正如米尔伯格正确说过的那样,"一个人有一个人的理解"。[①]

如果伍德把恩格斯的这段话作为他的论断的一个理由,即"在马克思的论述中,正义概念是从司法角度对社会事实的合理性的最高表示"的文本依据,那肯定会使人们产生疑问,因为恩格斯在这段话中有关"正义"

[①] 马克思恩格斯文集:第3卷.北京:人民出版社,2009:322-323.

(justice)① 概念的论述，与伍德的解读显然不是同一个意思。

首先，在恩格斯的论述中，"正义"不是从"司法角度"对社会事实的合理性的最高表示，而只是法本身的最抽象的表现，是法学家们用来衡量什么算自然法和什么不算自然法的尺度。恩格斯这里讲的"自然法"，是相对于"实在法"即各民族和各时代的法的体系而言，它既不涉及某一民族或某一时代法律的特殊内容，也不涉及人们在某一法律下拥有的各种权利，而只涉及法学家对各民族和各时代的法的体系中多少相同的东西的认识。当然，法学家们对什么算自然法和什么不算自然法存在种种不同理解，但无论在哪种理解中，自然法意指的都是"所有这些法的体系中的多少相同的东西"。由于人们对什么算自然法和什么不算自然法存在不同理解，因而就需要一个衡量什么算自然法和什么不算自然法的尺度，而这个尺度，就是作为"法本身的最抽象的表现"的正义。由此可见，恩格斯讲的正义绝非伍德解读的正义，因为前者涉及的是各民族和各时代的法的体系中的多少相同的东西，后者涉及的则是现实的司法制度；前者是衡量什么算自然法和什么不算自然法的尺度，而后者是从"司法角度"衡量社会事实的合理性的尺度；前者是法本身的最抽象的表现，而后者是对社会事实的合理性的最高表示。

其次，在恩格斯的论述中，"正义"不是从司法角度"对社会事实的合理性"的最高表示，而只是现存经济关系的或者反映其保守方面，或者反映其革命方面的观念化的神圣化的表现。在恩格斯看来，正义虽是法本身的最抽象的表现，但作为一种意识形态，从归根到底的意义上讲它也是现存经济关系的反映。然而，由于正义只是法本身的最抽象的表现，即衡量什么算自然法和什么不算自然法的尺度，因此，它作为对现存经济关系的观念化的神圣化的表现，就既可反映现存经济关系的保守方面，即其束缚生产力发展的方面，也可反映现存经济关系的革命方面，即其促进生产力发展的方面。换句话说，当现存经济关系束缚生产力的发展时说它是正义的，是将其保守方面观念化和神圣化；当现存经济关系促进生产力发展时说它是正义的，是将其革命方面观念化和神圣化。但伍德讲的正义却与此相去甚远。按照他的解读，正义只是从司法角度对"社会事实的合理性"

---

① 在伍德引用的英译本，即 *Karl Marx and Friedrich Engels, Selected Works* I (Moscow, 1951) 第 564—565 页中，在上述中译文中被译为"公平"的英文原文是"justice"。故此，我把中译文中出现的"公平"，视为伍德讲的"正义"。

的最高表示，而"社会事实的合理性"意指的只是与生产方式的发展相适合，即恩格斯讲的"现存经济关系的革命方面"，因而，正义只能反映"现存经济关系的革命方面"，而不能反映"现存经济关系的保守方面"。

最后，在恩格斯的论述中，正义不是从司法角度对社会事实的合理性的"最高表述"，相反，由于不同阶级或社会集团对同一生产方式是否正义往往持有不同的甚至根本相反的看法，因而，人们对正义的理解"不仅因时因地而变，甚至也因人而异"。在恩格斯看来，自原始社会解体后出现了在生产方式中处于不同地位的社会集团，而同一生产方式又往往为不同的社会集团带来不同的利益，因此，不同的社会集团总是从自身利益出发提出各自衡量正义与否的尺度。由于每一社会集团都是以自己的正义尺度去衡量现存的生产方式，因而，对于同一生产方式，一些人认为是正义的，另一些人则认为是不正义的。这样说来，"正义"就不是对现存生产方式"是怎样的"的事实判断，而只是对现存生产方式"应当怎样的"的价值判断。当人们说现存的生产方式是正义的时候，其说法意味着他们认为它应当继续存在，反之，当人们说现存的生产方式是不正义的时候，其说法意味着他们认为它不应当继续存在。也正是为了表明这一点，恩格斯才说："希腊人和罗马人的公平认为奴隶制度是公平的；1789年资产者的公平要求废除封建制度，因为据说它不公平。在普鲁士的容克看来，甚至可怜的专区法也是对永恒公平的破坏。"如果恩格斯认为关于正义"一个人有一个人的理解"，那伍德说正义是从司法角度对社会事实的合理性的"最高表述"，而"最高表述"只能是唯一的，显然也违背恩格斯的原意。

伍德的"在马克思的论述中，正义概念是从司法角度对社会事实的合理性的最高表示"的说法不但有悖于恩格斯那段话的原意，而且也与马克思的相关论述明显矛盾。下面是被伍德在《马克思对正义的批判》一文中引用的马克思在《哥达纲领批判》中批评拉萨尔时讲的一段话：

> 什么是"公平的"分配呢？难道资产者不是断言今天的分配是"公平的"吗？难道它事实上不是在现今的生产方式基础上唯一"公平的"分配吗？……难道各种社会主义宗派分子关于"公平的"分配不是也有各种极不相同的观念吗？①

---

① 马克思恩格斯选集：第3卷.北京：人民出版社，1995：302. 在伍德引用的英译本，即 Karl Marx and Friedrich Engels, Selected Works II (Moscow, 1951) 第20页中，在中译文中被译为"公平"的英文原文是"justice"，也即伍德讲的"正义"。

不难看出，马克思在回应"什么是'公平的'分配？"这一问题时，接连三次使用了"公平（的）"概念。他每次使用的"公平（的）"概念都具有伍德讲的"正义是从司法角度对社会事实的合理性的最高表述"含义吗？

第一次显然不具有。在"难道资产者不是断言今天的分配是'公平的'吗？"这句话中，"今天的分配"无疑指的是资本主义分配，而"'公平的'分配"无疑意指"不偏不倚的"分配。由于只是资产者断言资本主义分配是"'公平的'分配"，而其他阶级或社会集团的人，如无产者，或马克思在这段话中讲的"各种社会主义宗派分子"并不认为资本主义分配是"'公平的'分配"，因而，资产者断言的"'公平的'分配"就只是资产者做出的一种价值判断，而不是"从司法角度对社会事实的合理性的最高表述"。

第三次显然也不具有。在"难道各种社会主义宗派分子关于'公平的'分配不是也有各种极不相同的观念吗？"这句话中，"'公平的'分配"无疑指的不是资本主义分配，尽管"公平的"含义无疑也是"不偏不倚的"。由于各种社会主义宗派分子对"'公平的'分配"即"不偏不倚的"分配有各种极不相同的观念，因而，他们讲的"'公平的'分配"也是一种价值判断，而不是"从司法角度对社会事实的合理性的最高表述"。

第二次具有吗？我认为也不具有。在"难道它事实上不是在现今的生产方式基础上唯一'公平的'分配吗？"这句话中，"它"指的也是资本主义分配方式，而"'公平的'分配"指的却不是"不偏不倚的"分配。这是因为，马克思第一次使用的"'公平的'分配"，指的是资本家断言的"'公平的'分配"；第三次使用的"'公平的'分配"，指的是各种社会主义宗派分子认为的"'公平的'分配"；而第二次使用的"'公平的'分配"，则是马克思自己断言的"'公平的'分配"。马克思可能断言资本主义分配方式也是"不偏不倚的"吗？显然不可能！那马克思第二次使用的"'公平的'分配"其含义是什么？我认为，其含义只是事实判断意义上的"相适合的"分配，用历史唯物主义的话语表述就是"具有历史必然性的"分配。因为马克思在这句话中讲的"它"，指的是资本主义分配，"在现今的生产方式基础上"，指的是资本主义分配基于资本主义生产方式，由此说来，对"难道它事实上不是在现今的生产方式基础上唯一'公平的'分配吗？"这句话只能做一种历史唯物主义的理解，即马克思认为资本主义分配事实上是在现今的生产方式基础上唯一"相适合的"，即"具有历史必然性的"分配。对我的这种理解人们也许会提出疑问：马克思在这里为什么不使用"相适合的"，而非要使用"公平的"这一看上去与他第一、第三次使用的"公平的"完全相同的表述呢？我认为，马克思这样做大概是基于三个考虑：第一，他使用的"公平的"概念，其德文原文是"gerecht"，而"gerecht"本身的含义有多种，其中既包括"不偏不倚的"，也包括"相适合的"；第二，他将三次使用的"公平的"都加上引号，已表明对它们各自的含义要基于各自的语境做特殊的理解；第三，"公平的"是《哥达纲领》中的用语，马克思沿用它既有行文上的考虑，也是为了表示讥讽。当然，我的理解也许存在这样或那样的问题，但不管怎样讲，马克思第二次讲的"'公平的'分配"，也不是"从司法角度对社会事实的合理性的最高表述"。

以上表明，无论是从伍德让人们参见的恩格斯在《论住宅问题》中的那段话，还是从他自己引用的马克思在《哥达纲领批判》中的那段话，都推论不出"在马克思的论述中，正义概念是从司法角度对社会事实的合理性的最高表示"。因此，他把恩格斯那段话作为其第一个理由的文本依据是不能成立的。

（二）

在提出"在马克思的论述中，正义概念是从司法角度对社会事实的合理性的最高表示"之后，伍德接着指出，虽然我们在马克思的著作中"没有发现他真的试图提供一种清楚而积极的权利或正义观念……但是，也不能认为马克思从来没有把正义作为合理的社会标准"[①]，因为马克思在《资本论》第三卷中讲过这样一段话：

> 这种生产当事人之间进行的交易的正义性基于这一事实：这些交易是从生产关系中作为自然结果产生出来的。这些经济交易作为当事人的意志行为，作为他们的共同意志的表示，作为可以由国家强加给立约双方的契约，表现在法律形式上，这些法律形式作为单纯的形式，是不能决定这个内容本身的。这些形式只是表示这个内容。这个

[①] Allen W. Wood. The Marxian Critique of Justice. Philosophy and Public Affairs, Vol. 1, No. 3 (Spring, 1972): 255.

内容是正义的,只是在它与生产方式相符合,相适宜时。这个内容是非正义的,只是在它与生产方式相矛盾时。基于资本主义生产方式的奴隶般的劳动是非正义的,在商品质量上弄虚作假也是非正义的。[1]

伍德认为,这段话并不等于对马克思"正义理论"的清晰说明,但它非常具有启发性。虽然马克思在这段话中仅提到"交易"的正义性,但他的论述却足以应用于"行为、社会制度甚至法律和政治结构"[2],因为他所说的交易的正义性确实表明了与正义概念及其在社会理论和实践中应有的作用相关的几个重要命题:(1)要根据正义在特定生产方式中的作用来看待正义概念;(2)正义是每种生产方式衡量自身的标准;(3)正义取决于受历史条件制约的生产方式所提出的具体要求;(4)行为或制度的正义性不依赖于结果或效果。[3] 简言之,"对马克思来说,一种经济交易或社会制度的正义与否取决于它与流行的生产方式的关系。一种交易如果与生产方式相适应,它就是正义的,如果与生产方式相矛盾,它就是不正义的"[4]。

正是基于上述解读,伍德提出,由于资本主义制度是同资本主义生产方式相适应的,至少在后者走向不稳定和最终瓦解之前是这样,因而马克思并不认为资本主义是不正义的。他还论证说:"在资本主义生产中,交易的正义性依赖于这一事实,即它们产生于资本主义生产关系,并且对于作为一个整体的资本主义生产方式而言,它们是充分适合的。……如果没有剩余价值,如果工人没有进行无偿劳动,没有受剥削,那资本主义的生产方式也就没有可能。在资本主义条件下,对剩余价值的占有不仅是正义的,而且,任何阻止资本占有剩余价值的尝试都是绝对不正义的。"[5]

伍德对马克思《资本论》第三卷中的这段话的解读正确吗?对此,不少学者都提出了质疑。[6] 受本文篇幅限制,我这里不对他们的质疑做出评

---

[1] Allen W. Wood. The Marxian Critique of Justice. Philosophy and Public Affairs, Vol. 1, No. 3 (Spring, 1972): 255. 伍德说这段话是他根据马克思的德文原文翻译的。这里的中译文是本文作者依据伍德的英译文并参照马克思的德文原文翻译的。
[2] 同[1]。
[3] 同[1]255-259。
[4] Allen W. Wood. Marx on Right and Justice: A Reply to Husami. Philosophy and Public Affairs, Vol. 8, No. 3 (Spring, 1979): 268.
[5] 同[1]265。
[6] 例如齐亚德·胡萨米 [Ziyad I. Husami. Marx on Distributive Justice. Philosophy and Public Affairs, Vol. 8, No. 1 (Autumn, 1978): 36-37]。

价，而只依据我对那段话的解读来表明伍德的解读是错误的。

伍德引用的那段话出自马克思《资本论》第三卷第二十一章"生息资本"。将伍德的引文与马克思的德文原文[1]加以对照，我们不难发现，马克思那段话由七句话构成，其中的第一句话还含有一个注释，而伍德在引用马克思的那段话时却略去了第一句话及其注释，也就是说，他的引文是从马克思那段话的第二句开始的。在我看来，这是导致伍德解读错误的一个重要原因。下面是我对那段话的逐句解读。

第一句："在这里，像吉尔巴特那样（见注）说什么天然正义是荒谬的。"这句话中的注释是："一个用借款来牟取利润的人，应该把一部分利润付给贷放人，这是不证自明的天然正义的原则。"

这句话中的"在这里"指什么？由于马克思在那段话之前先讲了这样一段话："很清楚，100镑的所有权，使其所有者有权把利息，把他的资本生产的利润的一定部分据为己有。如果他不把这100镑交给另一个人，后者就不能生产利润，也就根本不能用这100镑来执行资本家的职能。"[2]由此我们可以推断，"在这里"指的是在谈论产业资本家或商业资本家为

---

[1] 马克思这段话的德文原文是："Mit Gilbart (siehe Note) von natürlicher Gerechtigkeit hier zu reden, ist Unsinn. Die Gerechtigkeit der Transaktionen, die zwischen den Produktionsagenten vorgehn, beruht darauf, daß diese Transaktionen aus den Produktionsverhältnissen als natürliche Konsequenz entspringen. Die juristischen Formen, worin diese okonomischen Transaktionen als Willenshandlungen der Beteiligten, als Außerungen ihres gemeinsamen Willens und als der Einzelpartei gegenüber von Staats wegen erzwingbare Kontrakte erscheinen, konnen als bloße Formen diesen Inhalt selbst nicht bestimmen. Sie drücken ihn nur aus. Dieser Inhalt ist gerecht, sobald er der Produktionsweise entspricht, ihr adaquat ist. Er ist ungerecht, sobald er ihr widerspricht. Sklaverei, auf Basis der kapitalistischen Produktionsweise, ist ungerecht; ebenso der Betrug auf die Qualität der Ware."(Karl Marx Friedrich Engels: Band 25. Berlin: Dietz Verlag, 1959: 351-352) 中央编译局将这段话译为："生产当事人之间进行的交易的正义性在于：这种交易是从生产关系中作为自然结果产生出来的。这种经济交易作为当事人的意志行为，作为他们的共同意志的表示，作为可以由国家强加给立约双方的契约，表现在法律形式上，这些法律形式作为单纯的形式，是不能决定这个内容本身的。这些形式只是表示这个内容。这个内容，只要与生产方式相适应，相一致，就是正义的；只要与生产方式相矛盾，就是非正义的。在资本主义生产方式的基础上，奴隶制是非正义的；在商品质量上弄虚作假也是非正义的。"（马克思恩格斯全集：第25卷. 北京：人民出版社，1974：379）我认为中央编译局的译文存在误译的问题，参见我的论文《马克思认为"与生产方式相适应，相一致就是正义的"吗？——对中央编译局〈资本论〉第三卷一段译文的质疑与重译》[马克思主义与现实，2010 (6)]. 故此，本文涉及这段话的中译文，都是我依据德文原文译出的。

[2] 马克思恩格斯全集：第46卷. 北京：人民出版社，2003：379.

什么要把一部分利润付给货币资本家这一问题时。那"像吉尔巴特那样（见注）说什么天然正义"指什么？从"注释"不难看出，它指的是吉尔巴特认为："一个用借款来牟取利润的人，应该把一部分利润付给贷放人，这是不证自明的天然正义的原则。"这样说来，第一句话讲的是：马克思认为，在谈论产业资本家或商业资本家为什么要把一部分利润付给货币资本家这一问题时，像吉尔巴特那样说"一个用借款来牟取利润的人，应该把一部分利润付给贷放人，这是不证自明的天然正义的原则"，是荒谬的。

第二句："这种生产当事人之间进行的交易的正义性基于这一事实：这些交易是从生产关系中作为自然结果产生出来的。"

这句话中的"这种生产当事人之间进行的交易的正义性"指什么？联系第一句话不难看出，"这种生产当事人之间进行的交易"，指的是吉尔巴特所说的用借款来牟取利润的人和贷放人之间进行的前者把一部分利润付给后者的交易，而"正义性"指的是前者把一部分利润付给后者是"应该的"。那"这些交易是从生产关系中作为自然结果产生出来的"指什么？联系马克思前边的论述，这其中的"这些交易"，指的仍是用借款来牟取利润的人和贷放人之间进行的前者把一部分利润付给后者的交易，与此相应，这其中的"生产关系"指的是资本主义生产关系。这样说来，第二句话讲的是：马克思认为，吉尔巴特所讲的用借款来牟取利润的人和贷放人之间进行的交易的正义性，即前者"应该"把一部分利润付给后者，是基于这些交易是从资本主义生产关系中作为自然结果产生出来的事实。

第三、四句："这些经济交易作为当事人的意志行为，作为他们的共同意志的表示，作为可以由国家强加给立约双方的契约，表现在法律形式上，这些法律形式作为单纯的形式，是不能决定这个内容本身的。这些形式只是表示这个内容。"

联系前两句话来理解，这里出现的"这些经济交易"，指的仍是吉尔巴特所说的用借款来牟取利润的人和贷放人之间进行的前者把一部分利润付给后者的交易，而马克思所以要在这里出现的"交易"前面加上形容词"经济的"，是因为他接下来要强调这些交易具有的"经济"特征。这里出现的"这个内容"是"这些经济交易"的同义语。这里出现的"法律形式"是相对"这个内容"而言的，因此，它指的是吉尔巴特所说的那种交易在法律形式上的表现。马克思为什么在第二句话之后，即在指出"这些交易是从生产关系中作为自然结果产生出来的"之后，进而论述这些"经济交易"即"这个内容"和它的"法律形式"的关系？我认为，这是因为吉尔巴特所说的"天然正义原则"，意指的只是一个用借款来牟取利润的人应该把一部分利润付给贷放人，进而言之，它只涉及法律手续上的"资本贷出"和"资本偿还"，而不涉及这中间的资本的现实运动，即用借款来牟取利润的人把从贷放人那里得到的作为货币资本的贷款投入现实的生产过程——把货币支付出去购买生产资料（如果是产业资本）或购买商品（如果是商业资本）并获得利润，从而使人觉得他们之间的交易不是"从生产关系中作为自然结果产生出来的"，而是由他们之间交易的法律形式所决定的。这是马克思要进而论述这些"经济交易"即"这个内容"和它的"法律形式"关系的原因所在。在马克思看来，吉尔巴特所说的用借款来牟取利润的人和贷放人之间进行的前者把一部分利润付给后者的交易，从根本上讲是经济交易，因为前者要把从后者得到的作为货币资本的贷款投入现实的生产过程并获得利润，然后才能把获得的一部分利润付给后者。因此，这些经济交易虽然"作为当事人的意志行为，作为他们的共同意志的表示，作为可以由国家强加给立约双方的契约，表现在法律形式上"，但这些"法律形式"只是表示而不能决定"这个内容"，因为"这个内容"，即"这些经济交易"是从生产关系中作为自然结果产生出来的。为了证实我的这些解读，我这里愿再引用马克思讲完那段话之后讲的两段话。第一段话是："第一次支出，使资本由贷出者手中转到借入者手中，这是一个法律上的交易手续，它与资本的现实的再生产过程无关，只是为这个再生产过程作了准备。资本的偿还，使流回的资本再由借入者手中转到贷出者手中，这是第二个法律上的交易手续，是第一个交易手续的补充。一个是为现实过程作了准备，另一个则是发生在现实过程之后的补充行为。因此，借贷资本的出发点和复归点，它的放出和收回，都表现为任意的、以法律上的交易为中介的运动，它们发生在资本现实运动的前面和后面，同这个现实运动本身无关。"[①] 这段话表明，吉尔巴特所说的用借款来牟取利润的人和贷放人之间进行的前者把一部分利润付给后者的交易，虽然要以法律上的交易手续为中介，但这"发生在资本现实运动的前面和后面，同这个现实运动本身无关"。第二段话是："货币作为资本贷放——以在一定时期以后流回为条件而放出货币——要有一个前提：货币实际上会当作资本使用，实际上会流回到它的起点。因此，货币作为资本

[①] 马克思恩格斯全集：第46卷．北京：人民出版社，2003：389.

进行的现实的循环运动，就是借入者必须把货币偿还给贷出者的那种法律上的交易的前提。"① 这段话表明，吉尔巴特所说的用借款来牟取利润的人和贷放人之间进行的前者把一部分利润付给后者的交易，是以货币实际上会当作资本使用为前提的。从这两段话可以推断，马克思之所以要在第三句话讲的"交易"前面加上"经济的"形容词，并进而论述这些经济交易的"法律形式"是不能决定"这个内容"的，目的就是为了对第二句话讲的"这些交易是从生产关系中作为自然结果产生出来的"做进一步说明。简言之，第三、四句讲的是：马克思认为，吉尔巴特所说的那些经济交易作为当事人的意志行为，表现在法律形式上，但这些法律形式是不能决定这个内容即经济交易本身的，它们只是表示这个内容。

第五句："这个内容是正义的，只是在它与生产方式相符合，相适宜时"。

前边表明，在第三、四句话出现的"这个内容"，指的是吉尔巴特所说的用借款来牟取利润的人和贷放人之间进行的前者把一部分利润付给后者的交易，这样，从逻辑上讲，在第五句出现的"这个内容"与第三、四句出现的"这个内容"是同一概念，指的也是吉尔巴特所说的那种交易。与此相应，这里出现的"生产方式"，指的则是资本主义生产方式，因为它是相对吉尔巴特所说的那种交易而言。而这里出现的"相符合，相适宜"，指的则是这个内容即吉尔巴特所说的那种交易，是从生产方式即资本主义生产方式中"作为自然结果产生出来的"。我这样解读是因为，前边指出，马克思的第二句话是要表明，吉尔巴特所说的那种交易的正义性不是"天然的"，因为那种交易是从特定的生产关系，即资本主义生产关系中作为自然结果产生出来。马克思的第三、四句话是对第二句话的进一步说明，即这个内容也即吉尔巴特所说的那种交易，虽然通过法律形式表现出来，但这些法律形式不能决定这个内容。如果联系第二、第三和第四句话来理解，那我们可以做这样的推论：由于第五句话讲的"这个内容"也就是第二句话讲的"这些交易"，第五句话讲的"生产方式"与第二句话讲的"生产关系"是同义语②，因此，第五句话讲的这个内容与生产方式

---

① 马克思恩格斯全集：第46卷. 北京：人民出版社，2003：391.
② 我们知道，在马克思的著作中，"生产关系"和"生产方式"这两个概念在含义上存在差别（关于这一问题，我在《马克思主义研究》1995年第3期发表的一篇题为《对生产力、生产方式和生产关系概念的再考察》的论文中曾有论述），但就它们在这里出现的语境而言，即就它们在这里都是作为使吉尔巴特所说的那些交易得以产生的"基础"而言，它们可被视为同义语。

"相符合，相适宜"，不过是对第二句话讲的这些交易是从生产关系中"作为自然结果产生出来的"的另一种表述。那"正义的"指的又是什么？前边表明，在注释中出现的"正义"、在第一句话出现的"正义"和在第二句话出现的"正义"，指的都是吉尔巴特所说的"正义"，即那些用借款来牟取利润的人"应该"把一部分利润付给贷放人。这样说来，由于在第五句中出现的"正义的"不过是在前边几句话出现的"正义"的形容词形式，因此，其含义也是吉巴特所说的"正义的"，即那些用借款来牟取利润的人把一部分利润付给贷放人是"应该的"。这样说来，第五句话讲的是：马克思认为，吉尔巴特说这个内容（那些用借款来牟取利润的人把一部分利润付给贷放人）是正义的（应该的），只是在它与（资本主义）生产方式相符合、相适宜时（是从生产关系中"作为自然结果产生出来的"）。

第六句讲的是："这个内容是非正义的，只是在它与生产方式相矛盾时。"

联系第五句来理解第六句话，这里出现的"这个内容"指的也是吉尔巴特所说的那种交易。这里出现的"生产方式"，指的也是资本主义生产方式。这里出现的"非正义"，指的则是"不应该"。而这里出现的"相矛盾"，指的则是与第五句讲的"相符合、相适宜"的情况相反，即"这个内容"也即吉尔巴特所说的那种交易，不是从生产方式即资本主义生产方式中"作为自然结果产生出来的"。这样说来，这句话讲的是：马克思认为，吉尔巴特说这个内容（那些用借款来牟取利润的人把一部分利润付给贷放人）是非正义的（不应该），只是在它与（资本主义）生产方式相矛盾时（不是从生产关系中"作为自然结果产生出来的"）。

第七句："基于资本主义生产方式的奴隶般的劳动是非正义的，在商品质量上弄虚作假也是非正义的。"

这句话中的"非正义的"与第六句话中的"非正义的"是同一概念，因而可以认为，第七句话是对第六句话的进一步说明，即为第六句话提供两个例证。这样说来，第七句话讲的是：基于资本主义生产方式的奴隶般的劳动是非正义的（不应该），在商品质量上弄虚作假也是非正义的（不应该），因为它们都不是从资本主义生产关系中作为自然结果产生出来的。

以上是我对马克思《资本论》第三卷那段话的详细解读。不难看出，由于伍德略去了那段话的第一句及其注释，他对那段话的解读与我的解读是大相径庭的。按照我的解读，马克思那段话只是对吉尔巴特所谓的"天然正义的原则"的批判，说得具体一点，就是由于吉尔巴特所说的交易只是从资本主义生产关系中作为自然结果产生出来的，离开了资本主义生产关系，就不会有那些交易，而没有那些交易，也就不会有他所说的"天然正义的原则"，因此，他所说的"天然正义的原则"并不是"天然"的，而是历史的，即以资本主义生产关系为基础的。而按照伍德的解读，马克思那段话不是在批判吉尔巴特的天然正义的原则，而是在提出自己对正义的看法，即任何交易，只要与生产方式相符合，相适宜，就是正义的；只要与生产方式相矛盾，就是非正义的。

在我看来，伍德的解读显然是错误的，因为它与马克思那段话的原意明显相悖。如果伍德对马克思的那段话的解读是错误的，那他把它作为其第二个理由的文本依据就是不能成立的。

（三）

在提出"在马克思的论述中，正义概念是从司法角度对社会事实的合理性的最高表示"和"对马克思来说，一种经济交易或社会制度的正义与否取决于它与流行的生产方式的关系"之后，伍德转向"依靠资本占有剩余价值对马克思来讲是否不正义的问题"①，并进而为他的"马克思并不认为资本主义是不正义的"的论断提出了第三个理由：根据马克思的说法，"资本占有剩余价值不包含不平等或不正义的交换"②。

伍德论证说，马克思认为，资本家付给工人的工资通常是其劳动力的全部价值，因而，依据商品交换的最严格规律，即"用等价物交换等价物"③，这是一种正义的交换，而且是资本家和工人之间的唯一交换；资本家是占有了剩余价值而没付等价物，但这与用工资交换劳动力无关，因为后者早在销售所生产的商品并实现其剩余价值的问题出现之前就已结束；资本家购买了一个商品（劳动力）并支付了它的全部价值，通过使用、利用这种商品，他现在创造出比他支付工资的价值更大的价值，这个剩余价值属于他，而不属于其他任何人；用马克思的话来讲就是，"这种

---

① Allen W. Wood. The Marxian Critique of Justice. Philosophy and Public Affairs, Vol. 1, No. 3（Spring, 1972）：260.
② 同①263.
③ 资本论：第一卷. 北京：人民出版社，1975：199.

情况对买者是一种特别的幸运,对卖者也绝不是不公平"①,因此,资本占有剩余价值不包含不平等或不正义的交换。②

伍德的全部论证显然都是以马克思的一句话,即"这种情况对买者是一种特别的幸运,对卖者也绝不是不公平"为文本依据的。在判断马克思的那句话能否作为伍德的文本依据之前,让我们先来看看马克思这句话的含义。这句话出自马克思的《资本论》第一卷第五章"劳动过程和价值增殖过程",是马克思讲的一大段话的最后一句:

> 劳动力的日价值是3先令,因为在劳动力本身中物化着半个工作日,就是说,因为每天生产劳动力所必需的生活资料要费半个工作日。但是,包含在劳动力中的过去劳动和劳动力所能提供的活劳动,劳动力一天的维持费和劳动力一天的耗费,是两个完全不同的量。前者决定它的交换价值,后者构成它的使用价值。假定,维持一个工人24小时的生活只需要半个工作日,但这种情况并不妨碍工人劳动一整天。因此,劳动力的价值和劳动力在劳动过程中的价值增殖,是两个不同的量。资本家购买劳动力时,正是看中了这个价值差额。劳动力能制造棉纱或皮靴的有用属性,只是一个必要条件,因为劳动必须以有用的形式耗费,才能形成价值。但是,具有决定意义的,是这个商品独特的使用价值,即它是价值的源泉,并且是大于它自身的价值的源泉。这就是资本家希望劳动力提供的独特的服务。在这里,他是按照商品交换的各个永恒规律行事的。事实上,劳动力的卖者,和任何别的商品的卖者一样,实现劳动力的交换价值而让渡劳动力的使用价值。他不交出后者,就不能取得前者。劳动力的使用价值即劳动本身不归它的卖者所有,正如已经卖出的油的使用价值不归油商所有一样。货币所有者支付了劳动力的日价值,因此,劳动力一天的使用即一天的劳动就归他所有。劳动力维持一天只费半个工作日,而劳动力却能劳动一整天,因此,劳动力使用一天所创造的价值比劳动力自身一天的价值大一倍。这种情况对买者是一种特别的幸运,对卖者也绝不是不公平。③

---

① 资本论:第一卷. 北京:人民出版社,1975:219.
② Allen W. Wood. The Marxian Critique of Justice. Philosophy and Public Affairs, Vol. 1, No. 3 (Spring, 1972):262-263.
③ 同①.

不难看出，马克思的这段话旨在表明，劳动力的价值和劳动力在劳动过程中的价值增殖是两个不同的量，而资本家购买劳动力时，正是看中了这个价值差额。由于资本家支付了劳动力的日价值，因此，劳动力一天的使用即一天的劳动就归他所有。但劳动力维持一天只费半个工作日，而劳动力却能劳动一整天，因此，劳动力使用一天所创造的价值比劳动力自身一天的价值大一倍。由此我们可以推断，马克思在这段话最后讲的"这种情况对买者是一种特别的幸运"，指的是资本家幸运地在市场上发现了劳动力这种特殊的商品，它的使用价值是价值的源泉，并且是大于它自身的价值的源泉；"对卖者也绝不是不公平"，指的是由于资本家支付了劳动力的价值，因而依照商品经济的等价交换原则，对卖者即工人也绝不是不公平的。

在我看来，如果伍德的论证仅要表明，马克思认为，由于资本家付给工人的工资是其劳动力的全部价值，因而，根据商品经济的等价交换原则，这不是不公平的，那他把马克思那句话作为文本依据是可以成立的。然而，伍德的论证实际上却还要表明，马克思认为：用工资交换劳动力是资本家和工人之间的唯一交换，资本家占有剩余价值与用工资交换劳动力无关，剩余价值是资本家利用他购买的劳动力创造的，资本占有剩余价值不包含不平等或不正义的交换。这样一来，他把马克思那句话作为文本依据就是不能成立的，因为他要进而表明的马克思持有的那些观点，不但与马克思的那句话毫不相干，而且还与马克思本人的相关论述明显相悖。

第一，马克思并不认为，用工资交换劳动力是资本家和工人之间的唯一交换，因为"资本和劳动的交换"不同于"简单交换"。从伍德的论证不难看出，当他说"用工资交换劳动力是资本家和工人之间的唯一交换"时，他讲的"用工资交换劳动力"，指的只是资本家在流通领域中付给工人工资以换取工人劳动力的等价物与等价物的交换。马克思认为这是资本家和工人之间的"唯一交换"吗？只要读一下马克思的相关论述就不难发现，他不这样认为。马克思在《经济学手稿（1857—1858年）》指出，资本家支付给工人的工资不是一般意义的货币，而是作为资本的货币，即能够带来剩余价值的货币，与此相应，工人出卖给资本家的劳动力也不是一般意义的商品，而是能创造出比自身价值更大的商品，即作为使用价值的劳动。因此，"当我们考察资本和劳动的交换时，我们看到，这种交换分解为两个不仅在形式上而且在性质上不同的、甚至是相互对立的过程：(1) 工人拿自己的商品，即作为使用价值的劳动（它作为商品同其他一切商品一样也有**价格**），同资本出让给他的一定数额的交换价值，即一定数额的货币相交换。（2）资本家换来劳动本身，这种劳动是创造价值的活动，是生产劳动；也就是说，资本家换来这样一种生产力，这种生产力使资本得以保持和增殖，从而变成了资本的生产力和再生产力，一种属于资本本身的力"①。在简单交换中不发生这种二重的过程：如果商品 a 同货币 b 相交换，而后者又同供消费用的商品 c（它是 a 本来交换的对象）相交换，那么商品 c 的使用即消费，完全是在流通以外进行的。进而言之，对商品 c 使用不但与这种交换关系的形式毫无关联，而且还是纯粹物质方面的事情，它只表示具有自然属性的个人 A 同他的个别需要之间的关系。简言之，在简单交换中，对于商品 c 如何处理，这是属于经济关系以外的问题。在资本和劳动的交换中，"**用货币换来的东西的使用价值表现为特殊的经济关系，用货币换来的东西的一定用途构成两个过程的最终目的。因此，这一点已经在形式上把资本和劳动间的交换同简单交换区别开了，这是两个不同的过程**"②。资本和劳动的交换同简单交换的区别不是通过外表上的对照或比较而产生的，而是在资本和劳动相交换的过程的总体中产生的。而第二个过程，即资本占有劳动的特殊过程与第一个过程的区别，"恰恰是资本和劳动间的交换同以货币为媒介的商品交换的区别"③。从这些论述不难看出，马克思把"资本和劳动的交换"视为一个总体，它包括两个过程，一是资本家以一定数额的货币即工资同工人的劳动力相交换，二是资本家用换来的工人的劳动力使资本得以保持和增殖。如果说这就是马克思讲的资本和劳动的交换，那伍德说"用工资交换劳动力是资本家和工人之间的唯一交换"，显然就与马克思的论述相悖。

第二，马克思认为，资本家占有剩余价值与用工资交换劳动力密切相关，因为后者是前者的必不可少的前提和组成部分。在伍德看来，由于用工资交换劳动力早在销售所生产的商品并实现其剩余价值的问题出现之前就已结束，因而，尽管资本家占有了剩余价值而没付等价物，但这与用工资交换劳动力无关。但马克思却不这样认为。马克思在《资本论》第一卷第四章"货币转化为资本"中指出，剩余价值既不能从流通中产生，又不能不从流通中产生。这是因为，资本家要占有剩余价值，"就必须幸运地

---

① 马克思恩格斯全集：第 46 卷上．北京：人民出版社，1979：231.
② 同①232.
③ 同①232.

在流通领域内即在市场上发现这样一种商品，它的使用价值本身具有成为价值源泉的特殊属性，因此，它的实际使用本身就是劳动的物化，从而是价值的创造"①。这种特殊的商品就是劳动力。同任何其他商品的价值一样，劳动力的价值在它进入流通以前就已确定，因为在劳动力的生产上已经消费了一定量的社会劳动，但它的使用价值却只是在以后的力的表现中才实现。这也就是说，力的让渡和力的实际表现即力作为使用价值的存在，在时间上是互相分开的。商品是由他的买者使用的，因此，劳动力的所有者从进入资本家的工厂时起，他的劳动力的使用价值，即劳动力的使用，劳动，就属于资本家了。马克思的这些论述表明，资本家之所以能够占有剩余价值，就在于他用工资交换工人劳动力，从而获得了使用后者的劳动力的权力，即迫使后者生产出超出自身劳动力价值的价值——剩余价值的权力。可见，离开了用工资交换工人劳动力，资本家就不可能占有剩余价值。由此说来，虽然资本家用工资交换工人劳动力"早在销售所生产的商品并实现其剩余价值的问题出现之前就已结束"，但没有前者，就不会有后者，所以，伍德认为资本家占有剩余价值与用工资交换劳动力无关，也是与马克思的论述相悖的。

第三，马克思明确指出，剩余价值不是资本家创造的，因为它只是工人的剩余劳动时间的凝结。伍德说："资本家购买了一个商品（劳动力）并支付了它的全部价值，通过使用、利用这种商品，他现在创造出比他支付工资的价值更大的价值。"伍德这里讲的"他"，无疑指的是资本家；"使用、利用这种商品"，无疑指的是资本家使用、利用他所购买的劳动力商品，即让工人从事劳动；而"创造出比他支付工资的价值更大的价值"，无疑指的是创造出比资本家支付的劳动力价值更大的价值，即马克思所说的"剩余价值"。简言之，伍德认为，剩余价值是资本家通过消费他所购买的劳动力商品而创造的。马克思显然不这样认为。马克思指出，"每个商品的价值都是由物化在它的使用价值中的劳动量决定的"②，而"把价值看作只是劳动时间的凝结，只是物化的劳动，这对于认识价值本身具有决定性的意义，同样，把剩余价值看作只是剩余劳动时间的凝结，只是物化的剩余劳动，这对于认识剩余价值也具有决定性的意义"③。由此说来，

---

① 资本论：第一卷．北京：人民出版社，1975：190．
② 同①211．
③ 同①243-244．

伍德讲的资本家通过消费他所购买的劳动力商品而创造的剩余价值,说到底也是一定劳动时间的凝结。那是谁的劳动时间的凝结?按照伍德的说法似乎是资本家的劳动时间,因为伍德说"他"即资本家现在"创造出"比他支付工资的价值更大的价值。但在马克思看来,剩余价值只是"工人超出必要劳动的界限做工的时间"①,即工人的剩余劳动时间的凝结。当然,伍德也许会说,对劳动力的使用、利用不是也要付出劳动吗?这种劳动不创造价值吗?对此,马克思曾清楚地指出:"资本家例如支付劳动力一天的价值。于是,在这一天内,劳动力就象出租一天的任何其他商品(例如一匹马)一样,归资本家使用。商品由它的买者使用;劳动力的所有者提供他的劳动,实际上只是提供他已卖出的使用价值。"② 这就表明,虽然资本家使用、利用了劳动力,但提供劳动的却只是劳动力的所有者,即工人,因而,剩余价值只能是工人的剩余劳动时间的凝结。换句话说,资本家是使用、利用了劳动力,但他并没提供任何创造价值的劳动。因此,伍德以资本家使用和利用了工人的劳动力为由,将工人创造的剩余价值说成是资本家创造的剩余价值,这显然也与马克思的论述相悖。

第四,马克思认为,资本占有剩余价值包含不平等的交换,因为剩余价值总是超出等价物的价值。伍德论证说,由于资本家付给工人的工资通常是其劳动力的全部价值,因而,资本占有剩余价值不包含不平等交换。但马克思却不这样认为。马克思指出,资本占有剩余价值,"这种情况只有当物化在劳动价格中的劳动小于用这种物化劳动所购买的活劳动时间时才是可能的"③。换句话说,只有当资本家购买的劳动力的价值小于劳动力实际创造的价值时,资本才能占有剩余价值。如果维持工人一个工作日的生存需要一个工作日,那么,资本就不存在,因为这样就等于工作日和它自己的产品相交换,从而资本就不能作为资本而增殖。如果维持工人一个工作日的生存只需要半个工作日,那么,产品中的剩余价值就自然产生出来了,因为资本家在劳动价格中只支付了半个工作日,而在产品中得到的却是整个物化的工作日,也就是说,他在交换中对后半个工作日什么也没有支付。可见,在后一种情况中,资本家实际上没付任何等价物就白白获得了剩余价值。这种情况表明:"由于资本同作为等价物的劳动能力相

---

① 资本论:第一卷. 北京: 人民出版社, 1975: 243.

② 同①210.

③ 马克思恩格斯全集:第46卷上. 北京: 人民出版社, 1979: 282.

交换，资本就不付等价物而获得了劳动时间（因为这个时间超过了包含在劳动能力中的时间）；资本借助交换的**形式**，**不经交换**就占有了他人的劳动时间。"① 如果这就是马克思讲的资本对剩余价值的占有，那伍德所讲的，由于资本家付给工人的工资通常是其劳动力的全部价值，因而资本占有剩余价值不包含不平等交换，就是与马克思的论述相悖的。

第五，资本占有剩余价值包含不正义的交换，因为资本家无偿占有了本应属于工人的剩余价值。伍德认为，由于资本占有剩余价值不包含不平等交换，因而也就不包含不正义的交换。而马克思则认为，由于资本占有剩余价值包含不平等的交换，而后者说到底是对工人创造的剩余价值的无偿占有，因而资本占有剩余价值也包含不正义的交换。当然，马克思对此并无明确的表述，而只是通过他在相关论著中多次把资本占有剩余价值说成是对工人的"盗窃"和"抢劫"间接地表明了他的看法。例如，在《经济学手稿（1857—1858 年）》中他明确指出，"**现今财富的基础是盗窃他人的劳动时间**"②。在《资本论》中，他把剩余产品视为"资本家阶级每年从工人阶级那里夺取的贡品"③，把逐年增长的剩余产品称作"从英国工人那里不付等价物而窃取的"④，把资本家无偿占有的剩余价值看作"从工人那里掠夺来的赃物"⑤。对于马克思的这些说法，当代西方左翼学者、牛津大学的 G. A. 科恩教授曾做过这样的推论：在马克思看来，资本占有剩余价值是资本家对工人的"盗窃"，而盗窃就"是不正当地拿了属于他者的东西，盗窃是做不正义的事情，而基于'盗窃'的体系就是基于不正义"⑥。他进而推论，你能从某人那里盗窃的东西，只能是完全属于那个人的东西，因此可以认为，马克思之所以认为资本占有剩余价值是不正义的，实际上"暗示着工人是他自己的劳动时间的正当的所有者"⑦。在我看来，科恩的推论是有道理的，而且这可以从马克思的一段话得到验证："认识到产品是劳动能力自己的产品，并断定劳动同自己的实现条件的分离是不公平的、强制的，这是了不起的觉悟，这种觉悟是以资本为基

---

① 马克思恩格斯全集：第 46 卷下. 北京：人民出版社，1980：187.
② 同①218.
③ 资本论：第一卷. 北京：人民出版社，1975：638.
④ 同③671.
⑤ 同③654.
⑥ 李惠斌，李义天. 马克思与正义理论. 北京：中国人民大学出版社，2010：158.
⑦ G. A. Cohen. Self-Ownership, Freedom, and Equality. Cambridge University Press, 1995：146.

础的生产方式的产物,而且也正是为这种生产方式送葬的丧钟,就像当奴隶觉悟到他**不能作第三者的财产**,觉悟到他是一个人的时候,奴隶制度就只能人为地苟延残喘,而不能继续作为生产的基础一样。"① 如果说马克思认为资本在同劳动的交换中不付任何等价物就白白获得了剩余价值,并认为资本占有剩余价值是对工人的"盗窃"和"抢劫",那伍德说马克思认为资本占有剩余价值不包含不正义的交换,也与马克思的论述相悖。

总之,伍德的论断——"马克思并不认为资本主义是不正义的"——基于三个理由:马克思认为正义概念是从司法角度对社会事实的合理性的最高表示,一种经济交易或社会制度如果与生产方式相适应就是正义的,资本占有剩余价值不包含不平等或不正义的交换。由于他对作为其三个理由的文本依据,即对马克思和恩格斯的三段论述的解读都是错误的,因此,他的三个理由都是不能成立的。如果他的三个理由都不能成立,那他的论断自然也不能成立。

---

① 马克思恩格斯全集:第46卷上.北京:人民出版社,1979:460.

附录一：马克思主义哲学研究应关注分配正义问题

当前，分配正义不但已成为上至党和政府、下至普通百姓经常谈论的话题，而且也成为学术界关注的热点问题。然而，对这一问题进行深入探讨的，多是从事当代西方政治哲学研究的学者，而少有从事马克思主义哲学研究的学者。之所以会出现这种状况，在我看来，这与不少人对马克思、恩格斯有关正义的论述存在错误理解有关，尤其存在下述两种错误理解。

一种错误理解是马克思、恩格斯拒斥和批判正义，其依据是他们曾多次严厉批评各种资产阶级和小资产阶级的正义主张。这种理解不能成立。第一，从字面上讲，"正义"的含义是"给每个人以其应得"，因此，从逻辑上讲，任何人都不会拒斥和批判正义。当然，对于"应得"意指什么，处于不同历史时期的不同阶级或社会集团的人们，往往持有不同的甚至截然相反的看法。尽管如此，却没有一个阶级或社会集团的人们会反对"给每个人以其应得"的正义本身，相反，他们都把正义作为维护自身利益的口号。如果说"正义"的含义就是"给每个人以其应得"，那说马克思、恩格斯拒斥和批判正义在逻辑上显然就讲不通。第二，马克思、恩格斯虽然多次批判过资产阶级、小资产阶级的正义主张，但也明确肯定过无产阶级的正义要求。在马克思和恩格斯的相关论述中，正义是人们对现存分配关系与他们自身利益关系的一种价值判断。由于自原始社会解体后出现了在生产关系中处于不同地位的阶级或社会集团，而同一生产关系往往为他们带来不同的利益，因此，不同的阶级或社会集团总会从自身利益出发提出各自的正义要求。在资本主义社会中，虽然资产阶级的正义要求占据主导地位，但无产阶级也有自己的正义要求。正因为如此，马克思在1864年为国际工人协会起草的《协会临时章程》中写道："这个国际协会以及加入协会的一切团体和个人，承认真理、正义和道德是他们彼此间和对一切人的关系的基础，而不分肤色、信仰或民族。"① 恩格斯在 1887 年对《英国北方社会主义联盟纲领的修正》中也指出："我们的目的是要建立社会主义制度，这种制度将给所有的人提供健康而有益的工作，给所有的人提供充裕的物质生活和闲暇时间，给所有的人提供真正的充分的自由。请所有的人在这个伟大的事业中给予社会主义联盟以协助。赞同者应该承认他们彼此之间以及他们同所有的人之间的关系的基础是真理、正义和道德。"② 如果马克思和恩格斯都明确肯定无产阶级也有自己的正义要求，那说马克思、恩格斯拒斥和批判正义就是不能成立的。第三，马克思和恩格斯虽然严厉批判过工人运动中出现的错误的正义要求，但也高度评价过工人阶级的正确的正义要求。针对当时工人运动中一度流行的"做一天公平的工作，得一天公平的工资"的口号，马克思指出："他们应当屏弃'**做一天公平的工作，得一天公平的工资！**'这种保守的格言，要在自己的旗帜上写上革命的口号：'**消灭雇佣劳动制度！**'"③ 不难看出，马克思这里批评的只是那种无视所有制关系的改变，而把工人阶级的斗争只局限在分配领域的口号。实际上，马克思曾高度赞扬过工人阶级超出分配的局限而直指所有制关系的正义要求。例如，他在分析劳动和资本的关系时明确指出："认识到产品是劳动能力自己的产品，并断定劳动同自己的实现条件的分离是不公平的、强制的，这是了不起的觉悟，这种觉悟是以资本为基础的生产方式的产物，而且也正是为这种生产方式送葬的丧钟，就象当奴隶觉悟到他**不能作第三者的财产**，觉悟到他是一个人的时候，奴隶制度就只能人为地苟延残喘，而不能继续作为生产的基础一样。"④

另一种错误理解是认为马克思主张只要与生产方式相适应、相一致就是正义的，只要与生产方式相矛盾就是非正义的，其依据是中央编译局翻译的马克思在《资本论》第三卷第二十一章关于"生息资本"中的一段话。按照这种理解，正义在马克思那里不是一种价值判断，而是一种事实判断，即正义与非正义只在于与生产方式是相一致还是相矛盾。但这种理解也是不能成立的，与马克思、恩格斯涉及正义问题的论述存在明显矛盾。马克思、恩格斯在其著作中曾多次谈到正义问题，他们将之视为一种价值判断，即不同阶级或社会集团的人们对于什么是正义的往往持有不同

---

① 马克思恩格斯全集：第 16 卷. 北京：人民出版社，1964：16.
② 马克思恩格斯全集：第 21 卷. 北京：人民出版社，1965：570.
③ 马克思恩格斯选集：第 2 卷. 北京：人民出版社，1995：97.
④ 马克思恩格斯全集：第 30 卷. 北京：人民出版社，1995：455.

看法。马克思在谈到拉萨尔主张的"公平的分配"时说:"什么是'公平的'分配呢?难道资产者不是断言今天的分配是'公平的'吗?……难道各种社会主义宗派分子关于'公平的'分配不是也有各种极不相同的观念吗?"① 恩格斯在批判蒲鲁东的法权观时也指出:"希腊人和罗马人的公平观认为奴隶制度是公平的;1789年资产者阶级的公平观则要求废除被宣布为不公平的封建制度。在普鲁士的容克看来,甚至可怜的专区法也是破坏永恒公平的。所以,关于永恒公平的观念不仅是因时因地而变,甚至也因人而异,它是如米尔伯格正确说过的那样'一个人有一个理解'。"② 可见,正义在马克思和恩格斯那里只是价值判断,而不是事实判断。同时,这种理解混淆了"正义"与"历史正当性"的不同含义。马克思在批评"做一天公平的工作,得一天公平的工资"的口号时还强调指出:"在雇佣劳动制度的基础上要求**平等的或仅仅是公平的报酬**,就犹如在奴隶制的基础上要求**自由**一样。你们认为公道和公平的东西,与问题毫无关系。问题就在于:一定的生产制度所必需的和不可避免的东西是什么?"③ 这里讲的"你们认为公道和公平的东西",是与正义相关的东西,而这里讲的"一定的生产制度所必需的和不可避免的东西"则是与"历史的正当性"相关的东西。关于"历史的正当性",恩格斯在谈到马克思对剥削的看法时有一段极为明确的论述:"马克思了解古代奴隶主,中世纪封建主等等的历史必然性,因而了解他们的历史正当性,承认他们在一定限度的历史时期内是人类发展的杠杆;因而马克思也承认剥削,即占有他人劳动产品的暂时的历史正当性"④。这里的剥削的"历史正当性",其含义是剥削的历史必然性,即剥削在人类社会一定历史时期是不可避免的。由此不难看出,认为马克思主张"只要与生产方式相适应、相一致就是正义的,只要与生产方式相矛盾就是非正义的",其错误就在于将作为价值判断的"正义"等同于作为事实判断的"历史正当性"了。

在我看来,分配正义虽然不是马克思、恩格斯关注的主要问题,但他们在不少地方都直接或间接地谈到这一问题,其中有些论述对于我们认识当前我国社会存在的诸如贫富差距等分配不正义现象仍具有重要的指导意义。我在此简要谈谈马克思在《哥达纲领批判》中的相关论述。在讲完按

---

① 马克思恩格斯选集:第3卷. 北京:人民出版社,1995:302.
② 马克思恩格斯全集:第18卷. 北京:人民出版社,1964:310.
③ 马克思恩格斯选集:第2卷. 北京:人民出版社,1995:76.
④ 马克思恩格斯全集:第21卷. 北京:人民出版社,1965:557-558.

劳分配消灭了资本主义剥削以后,马克思接着指出:"虽然有这种进步,但这个**平等的**权利总还是被限制在一个资产阶级的框框里。生产者的权利是同他们提供的劳动**成比例的**;平等就在于以同一尺度——劳动——来计量。但是,一个人在体力或智力上胜过另一个人,因此在同一时间内提供较多的劳动,或者能够劳动较长的时间;而劳动,要当作尺度来用,就必须按照它的时间或强度来确定,不然它就不成其为尺度了。这种**平等的**权利,对不同等的劳动来说是不平等的权利。它不承认任何阶级差别,因为每个人都像其他人一样只是劳动者;但是它默认,劳动者的不同等的个人天赋,从而不同等的工作能力,是天然特权。……其次,一个劳动者已经结婚,另一个则没有;一个劳动者的子女较多,另一个的子女较少,如此等等。因此,在提供的劳动相同、从而由社会消费基金中分得的份额相同的条件下,某一个人事实上所得到的比另一个人多些,也就比另一个人富些,如此等等。要避免所有这些弊病,权利就不应当是平等的,而应当是不平等的。"① 马克思在这里谈到按劳分配存在的两个弊病,一是它默认了因劳动者个人天赋不同导致的所得不平等,二是它使劳动者个人因家庭负担不同而实际所得不平等。由此可以推断,马克思认为上述两种情况都是不正义的,但他没做进一步的明确说明。不过,从他讲的这两个弊病我们可以推断,其原因只能是劳动者不同的个人天赋和不同的家庭负担都是由偶然因素造成的,即不是由他们自己选择的,因而从道德上讲是不应得的。因此,由其导致的劳动者所得的不平等是不应当的。如果我们基于马克思的这些论述去认识当前我国存在的贫富差距,其不正义就能得到有力的说明。

---

① 马克思恩格斯选集:第 3 卷. 北京:人民出版社,1995:304-305.

附录二：平等是正义的表现
——读恩格斯的《反杜林论》

恩格斯写于1876—1877年的《反杜林论》是为人们熟知的马克思主义经典著作。在这本书的第一编第十章"道德和法。平等"中，恩格斯在严厉批判杜林基于"两个人的意志平等"的永恒正义观之后，还对作为正义表现的平等观念本身做了深刻的论述，并进而提出"无产阶级平等要求的实际内容都是**消灭阶级的要求**"[①]这一著名论断。鉴于我国学界对恩格斯的论述和论断的解读虽然数不胜数，但大都过于简单和武断[②]，以及在研讨马克思主义的平等观时常常更关注马克思而忽略恩格斯，重温恩格斯在《反杜林论》及《〈反杜林论〉的准备材料》[③]中的相关论述对我们是大有裨益的。

（一）

恩格斯对平等观念的论述是从批判杜林的基于"两个人的意志平等"的永恒正义观开始的。杜林是这样论证他的正义观的：" '两个人的意志，就其本身而言，是彼此**完全平等**的，而且一方不能一开始就向另一方提出

[①] 马克思恩格斯选集：第3卷. 北京：人民出版社，1995：448.

[②] 根据"中国知网"统计，21世纪以来，国内学者发表的涉及解读《反杜林论》第一编第十章"道德和法。平等"的论文已逾千篇。

[③] 本文涉及的《〈反杜林论〉的准备材料》中的相关论述，指的是恩格斯为了写作《反杜林论》第一编哲学中的第十部分"道德和法。平等"而写的一个被标记为"第十章，第112-118页"的札记，它被收录在《马克思恩格斯全集》中文1版第20卷第668-671页。由于这一札记包含恩格斯对平等与正义关系的论述，而且这些论述后来没有完全用在《反杜林论》正文中，因此，它对于我们理解恩格斯关于平等的思想具有重要价值。

任何肯定的要求。'因此，'道德上的正义的基本形式就被表述出来了'；同样，法上的正义的基本形式也被表述出来了，因为'为了阐发法的基本概念，我们只要有**两个人**的十分简单的和基本的关系就够了'。"① 恩格斯不无嘲讽地指出，如果说杜林的论证方法"不过是过去有人爱用的玄想的或者也称为先验主义的方法的另一种表现方式"②，那他所说的组成社会的最简单的要素，即他所说的"两个人"，实际上也绝非什么新创造，"他们是整个18世纪所共有的。他们在1754年卢梭关于不平等的论著中已经出现"，而且"在从亚当·斯密到李嘉图的政治经济学家那里扮演着主要角色"③。由于杜林所说的"两个人"在整个18世纪主要充当单纯用作说明的例子，因而，他讲的这两个人之间的平等，不过是18世纪启蒙思想家倡导的平等观念的扭曲再现。

在表明杜林构造的永恒正义观不仅浅薄而且拙劣之后，恩格斯接着说道："但是我们对平等观念本身的论述并没有因此而结束，这一观念特别是通过卢梭起了一种理论的作用，在大革命中和大革命之后起了一种实际的政治作用，而今天在差不多所有的国家的社会主义运动中仍然起着巨大的鼓动作用。这一观念的科学内容的确立，也将确定它对无产阶级鼓动的价值。"④ 正是考虑到平等观念对于社会主义运动所起的作用和对于无产阶级所具有的价值，恩格斯又用了很大的篇幅对平等观念本身做了多方面的说明。

平等观念的含义是什么？对此，恩格斯讲了这样一段话："一切人，作为人来说，都有某些共同点，在这些共同点所及的范围内，他们是平等的，这样的观念自然是非常古老的。但是现代的平等要求与此完全不同；这种平等要求更应当是从人的这种共同特性中，从人就他们是人而言的这种平等中引伸出这样的要求：一切人，或至少是一个国家的一切公民，或一个社会的一切成员，都应当有平等的政治地位和社会地位。"⑤ 仔细分析一下这段话可以发现，恩格斯于其中表达了三个意思：第一，平等观念是平等要求的基础和依据，因为平等要求是从平等观念引申出来的。第二，平等观念有两种，一种是古老的平等观念，即一切人"都有某些共同

---

① 马克思恩格斯选集：第3卷. 北京：人民出版社，1995：438.
② 同①436-437.
③ 同①439.
④ 同①444.
⑤ 同①444.

点",就这些共同点所及的范围而言,他们是平等的;另一种是现代平等观念,即一切人"就他们是人而言"是平等的。第三,他要论述的是现代平等观念,即从中可引申出"一切人,或至少是一个国家的一切公民,或一个社会的一切成员,都应当有平等的政治地位和社会地位"的观念。

现代平等观念不是从来就有的,而是历史地产生的。恩格斯指出,在最古老的自然形成的公社中,平等观念只是非常有限地存在于拥有全权的公社成员之间,妇女、奴隶和外地人自然不在平等观念的考虑之内。在古希腊和古罗马时代,平等观念只存在于处于统治地位的某些社会集团的成员之间,"如果认为希腊人和野蛮人、自由民和奴隶、公民和被保护民、罗马的公民和罗马的臣民(该词是在广义上使用的),都可以要求平等的政治地位,那么这在古代人看来必定是发了疯"[1]。在罗马帝国时期,虽然除了自由民和奴隶的区别还存在以外,其他的区别都逐渐消失了,并实现了对自由人而言的私人的平等,但是,只要还存在自由民和奴隶的区别,那就仍然谈不上源自一般人的平等观念。"基督教只承认一切人的**一种**平等,即原罪的平等"[2],此外,它在初创时期还强调过上帝的选民的平等。随着基督教的胜利,教徒和非教徒、正教徒和异教徒的对立成为主要问题,这种基督教平等观念的萌芽便逐渐消失了。此后,"日耳曼人在西欧的横行,逐渐建立了空前复杂的社会的和政治的等级制度,从而在几个世纪内消除了一切平等观念"[3]。只是15世纪末之后,现代平等观念才随着资产阶级以及与其相伴的无产阶级的出现而出现,并逐渐成为某种自然而然的、不言而喻的东西。可见,从古老的平等观念发展到现代平等观念,"必然要经过而且确实已经经过了几千年"[4]。

现代平等观念的内容只限于权利。现代平等观念所讲的一切人就他们是人而言是平等的,意指的不是一切人"在所有方面"都是平等的,而只是意指他们在"权利"上是平等的。对此,恩格斯在《〈反杜林论〉的准备材料》中特别写了这样一句话:"平等的**内容**须待阐明。——限于权利等等。"[5] 在《反杜林论》中,恩格斯在批判杜林的"两个人的意志,就其本身而言,是彼此**完全平等**的"的谬论时,对这个问题做了生动而明确

---

[1] 马克思恩格斯选集:第3卷.北京:人民出版社,1995:444-445.
[2] 同[1]445.
[3] 同[1]445.
[4] 同[1]444.
[5] 马克思恩格斯全集:第20卷.北京:人民出版社,1971:670.

的说明:"首先,两个人甚至就其本身而言,在性别上可能就是不平等的,这一简单的事实立刻使我们想到:社会的最简单的要素——如果我们暂且接受这样的童稚之见——不是两个男人,而是一个男人和一个女人,他们建立了**家庭**,即以生产为目的的社会结合的最简单的和最初的形式。但是这丝毫不符合杜林先生的心意。因为,一方面,必须使这两个社会奠基者尽可能地平等。另一方面,甚至杜林先生也不能从原始家庭构造出男女之间在道德上和法上的平等地位。这样,二者必居其一:或者杜林的社会分子(整个社会应当通过他们的繁殖而建立起来)一开始就注定要灭亡,因为两个男人是永远不能生出小孩来的;或者是我们必须设想他们是两个家长。在这种情况下,十分简单的基本模式就转成自己的反面:它不能证明人的平等,而最多只是证明家长的平等,而且因为妇女是不被理睬的,所以还证明妇女的从属地位。"① 这就清楚地表明,平等观念意指的不是一切人在所有方面(例如这里讲的男女之间在性别上)的平等,而只是他们在权利上(例如这里讲的家长之间)的平等。正是因为将平等观念的内容限于权利,所以,恩格斯把从现代平等观念引申出的现代平等要求限定在一切人都应当拥有的"平等的政治地位和社会地位"。

平等观念就其性质而言,是一种规范性价值判断。平等观念属于道德和法的范畴,它虽然也是人们对所处的社会关系和政治关系的相应反映,但却不是事实判断意义上的反映,而是规范性价值判断意义上的反映,因为它是以"肯定的或否定的,得到赞同的或遭到反对的"② 形式出现的。说的具体一点就是,平等观念,即一切人就他们是人而言是平等的,讲的不是一种在现实社会中已经存在的情况,而是一种在现实社会中尚未存在但被社会的一部分人(资产阶级和与其相伴的无产阶级)视为应当实现的情况。从恩格斯讲的"一切人""都应当有平等的政治地位和社会地位"的现代平等要求可以看出,这种要求讲的是一切人都"应当有"平等的政治地位和社会地位,而"应当有"一方面意味着一切人的平等的政治地位和社会地位在现实社会中还不存在,另一方面意味着它们是应当予以实现的。现代平等要求是现代平等观念的体现,如果说现代平等要求是一种"应当"实现的要求,那作为其基础和依据的现代平等观念自然就是一种"应当"实现的观念。此外,在《〈反杜林论〉准备材料》中,恩格斯还讲

---

① 马克思恩格斯选集:第 3 卷. 北京:人民出版社,1995:438.
② 同①437.

了这样一句话："平等的命题是说不应该存在任何特权"①。他这里讲的平等的命题，也就是他在《反杜林论》中讲的平等观念。从这句话不难推论，既然平等的命题是说"不应该"存在什么，那它不过是一种从否定意义上讲的规范性价值判断。简言之，由于平等观念本身就蕴含着"应当"或"不应该"的意思，因而它不是对社会关系和政治关系"是怎样的"事实判断，而是对它们"应当怎样的"规范性价值判断。②

平等观念是正义的表现。对于平等观念是规范性价值判断，恩格斯在《〈反杜林论〉准备材料》中还从正义的角度做了说明。以下他的三处说明：

（1）"平等是正义的表现，是完善的政治制度或社会制度的原则，这一观念完全是历史地产生的。"③

（2）"为了得出'平等＝正义'这个命题，几乎用了以往的全部历史，而这只有在有了资产阶级和无产阶级的时候才能做到。"④

（3）"如果想把平等＝正义当成是最高的原则和最终的真理，那是荒唐的。"⑤

恩格斯在这三处地方讲的平等，也就是他在《反杜林论》中讲的现代平等观念。那他这里讲的"正义"意指什么？对于这个问题，我们在《〈反杜林论〉准备材料》中却难以找到答案，因为恩格斯虽然几次使用正义概念，但却没对它的含义做任何说明。不过，我们可以在恩格斯的其他论著中找到与此相关的论述。他在写于 1887 年 6 月的《英国北方社会主义联盟纲领的修正》中指出："现今的制度使寄生虫安逸和奢侈，让工人劳动和贫困，并且使所有的人退化；这种制度按其实质来说是不公正的，是应该被消灭的。"⑥ 他在这段话中讲的"不公正的"，也即"不正义的"⑦，他在这段话中讲的"应该被消灭的"是对"不公正的"含义的进

---

① 马克思恩格斯全集：第 20 卷. 北京：人民出版社，1971：669.
② 我这里之所以在"价值判断"前加上"规范性"，是因为我国学界对价值判断有两种理解，一种是规范意义上的，另一种是评价意义上的。参见我的论文：再谈"历史唯物主义与马克思的正义观念". 马克思主义与现实，2017（6）：44.
③ 同①668.
④ 同①669.
⑤ 同①670.
⑥ 马克思恩格斯全集：第 21 卷. 北京：人民出版社，1965：570.
⑦ 恩格斯用的英文原文是"unjust"，而"unjust"既可译为"不公正的"，也可译为"不正义的"。

一步说明，由此我们可以推论，既然"不正义的"意味着"应该被消灭的"或"不应该存在的"，那"正义的"就意味着是"应该"实现的。由此说来，恩格斯在《〈反杜林论〉准备材料》中讲的"正义"，其含义是"应该"或"应当"；"平等＝正义"的含义则是平等的观念也即正义的观念。如果我们再联系前边讲的现代平等要求是一种"应当"的要求，现代平等观念是一种"应当实现"的观念，那就可以认为，恩格斯这里讲"平等是正义的表现""平等＝正义"，不过是从另一个角度表明平等观念是规范性价值判断。

（二）

在对平等观念本身做了说明之后，恩格斯还进而对作为现代平等观念体现的资产阶级平等要求和无产阶级平等要求之间的联系和区别做了深入的论述。

现代平等观念的出现并被大多数人视为不言而喻的，是由于18世纪的思想的传播和仍然合乎时宜。平等观念作为一种社会意识，其出现说到底是由一定的历史条件，即当时的社会经济生活条件所决定的，说得再具体一点，是由15世纪末海上航路的伟大发现、城市的兴起、工场手工业代替了手工业，以及或多或少有所发展的资产阶级和无产阶级因素的出现所决定的。资产阶级必然会提出作为其存在条件的政治平等的要求，作为资产阶级影子的无产阶级也必然会从政治平等中引申出社会平等的结论，但作为引申出这些平等要求的平等观念本身，即一切人就他们是人而言是平等的，却不是直接来自这两个阶级对社会经济条件的事实判断，而是来自他们对社会经济条件的价值判断。这明显体现在它是由作为新兴资产阶级代表的18世纪的思想家提出来的，并首先由卢梭做了明确的表述，尽管"还是作为全人类要求来阐述的"[①]。不仅平等观念的出现不是直接来自对社会经济条件的事实判断而是来自对其的价值判断，而且平等观念被大多数人接受并被视为在原则上是不言而喻的也是这样。用恩格斯本人的话来讲就是："平等的观念，无论以资产阶级的形式出现，还是以无产阶级的形式出现，本身都是一种历史的产物，这一观念的形成，需要一定的

---

① 马克思恩格斯全集：第20卷. 北京：人民出版社，1971：669.

历史条件，而这种条件本身又以长期的以往的历史为前提。所以，这样的平等观念说它是什么都行，就是不能说是永恒的真理。如果它现在对广大公众来说——在这种或那种意义上——是不言而喻的，如果它像马克思所说的，'已成为国民的牢固的成见'，那么这不是由于它具有公理式的真理性，而是由于18世纪的思想得到普遍传播和仍然合乎时宜。"①

现代平等要求是资产阶级首先提出来的。恩格斯指出："在封建的中世纪的内部孕育了这样一个阶级，这个阶级在它进一步的发展中，注定成为现代平等要求的代表者，这就是市民等级。"② 市民等级原本只是存在于封建社会中的一个等级，它发展成一个阶级（即资产阶级）并成为现代平等要求的代表，是因为它代表了先进生产力的发展要求；它使封建社会的手工业发展为工场手工业，从而大大地提高了工业和产品交换的水平。然而，"社会的政治结构决不是紧跟着社会经济生活条件的这种剧烈的变革立即发生相应的改变。当社会日益成为资产阶级社会的时候，国家制度仍然是封建的"③，这就把"摆脱封建桎梏和通过消除封建不平等来确立权利平等的要求提上日程"④。作为现代平等要求的代表的资产阶级，它首先要求的是商品所有者，即商业资本家和产业资本家的平等权利，因为"大规模的贸易，特别是国际贸易，尤其是世界贸易，要求有自由的、在行动上不受限制的商品所有者，他们作为商品所有者是有平等权利的，他们根据对他们所有人来说都平等的（至少在当地是平等的）权利进行交换"⑤；其次要求的是自由工人的平等权利，因为"从手工业向工场手工业转变的前提是，有一定数量的自由工人（所谓自由，一方面是他们摆脱了行会的束缚，另一方面是他们失去了自己使用自己劳动力所必需的资料），他们可以和厂主订立契约出租他们的劳动力，因而作为缔约的一方是和厂主权利平等的"⑥；最后要求的是广大农民的平等权利，因为只要为工业资本家和商业资本家的利益提出权利平等的要求，"就必须为广大农民要求同样的平等权利"⑦。由于此时的人们"不再生活在像罗马帝国那样的世界帝国中，而是生活在那些相互平等地交往并且处在差不多相同

---

① 马克思恩格斯选集：第3卷. 北京：人民出版社，1995：448-449.
② 同①445.
③ 同①446.
④ 同①447.
⑤ 同①446.
⑥ 同①446.
⑦ 同①447.

的资产阶级发展阶段的独立国家所组成的体系中，所以这种要求就很自然地获得了普遍的、超出个别国家范围的性质，而自由和平等也很自然地被宣布为**人权**"①。

无产阶级的平等要求是对资产阶级的平等要求的超越。恩格斯指出："从资产阶级由封建时代的市民等级破茧而出的时候起，从中世纪的等级转变为现代的阶级的时候起，资产阶级就由它的影子即无产阶级不可避免地一直伴随着。同样地，资产阶级的平等要求也由无产阶级的平等要求伴随着。"② 资产阶级的平等要求对消除封建不平等虽然起了巨大的作用，但从现代平等观念，即一切人就他们是人而言是平等的来看，资产阶级的平等要求又是不彻底的。这是因为它还只停留在政治权利的平等上，而未涉及社会和经济上的平等，而没有后者的进一步实现，前者的实现就是空话。所以，"无产阶级抓住了资产阶级的话柄：平等应当不仅是表面的，不仅在国家的领域中实行，它还应当是实际的，还应当在社会的、经济的领域中实行。"③ 这尤其体现在，在1789年爆发的法国大革命中，当资产阶级开始把公民的平等提到重要地位时，无产阶级就针锋相对地提出社会的、经济的平等的要求，并把后者作为法国无产阶级特有的战斗口号。当然，这不是否认资产阶级的政治平等要求的进步意义，更不是说这种平等要求只是对无产阶级的欺骗，而是说就现代平等观念而言，仅仅实现政治平等还不够，还要进而实现社会的和经济的平等。正是从这种意义上讲，恩格斯坦然承认，无产阶级的平等要求是"以资产阶级的平等论本身为依据"④ 的。

无产阶级的平等要求也是从现代平等观念引申出来的。资产阶级的平等要求源自现代平等观念，无产阶级的平等要求源自何处？对此，恩格斯有一大段明确的论述："无产阶级所提出的平等要求有双重意义。或者它是对明显的社会不平等，对富人和穷人之间、主人和奴隶之间、骄奢淫逸和饥饿者之间的对立的自发反应——特别是在初期，例如在农民战争中，情况就是这样；它作为这种自发反应，只是革命本能的表现，它在这里，而且仅仅在这里找到自己被提出的理由。或者它是从对资产阶级平等要求的反应中产生的，它从这种平等要求中吸取了或多或少正当的，可以进一

---

① 马克思恩格斯选集：第3卷.北京：人民出版社，1995：447.
② 同①.
③ 同①448.
④ 同①448.

步发展的要求，成了用资本家本身的主张发动工人起来反对资本家的鼓动手段；在这种情况下，它是和资产阶级平等本身共存亡的。"① 前边表明，无产阶级的平等要求比资产阶级的平等要求更进一步，即平等不但要在国家领域实行，而且还要在社会和经济领域实行。恩格斯在这里则进而表明，无产阶级的平等要求"或者它是对明显的社会不平等"的"自发反应"，"或者它是从对资产阶级平等要求的反应中产生的"，那无产阶级为什么会做出这样的反应？从恩格斯在《反杜林论》和《〈反杜林论〉准备材料》中的相关论述来看，原因只在于他们也持有现代平等观念，即一切人就他们是人而言是平等的。正是因为持有这种观念，无产阶级才能针对那些明显的社会不平等而提出平等的要求，也正是因为持有这种观念，无产阶级才能从资产阶级平等要求中发现并吸取那些正当的成分，并在此基础上提出进一步的要求。

在表明无产阶级平等要求是基于上述两种反应之后，恩格斯又紧接着强调指出："在上述两种情况下，无产阶级平等要求的实际内容都是**消灭阶级**的要求。任何超出这个范围的平等要求，都必然要流于荒谬。"② 众所周知，在马克思和恩格斯的论述中，无产阶级和资产阶级是现代社会的两大阶级，由于在资本主义生产关系处于不同地位，前者与后者在社会地位和经济地位上存在严重的不平等。由于无产阶级的平等要求是在实现政治地位平等以后进一步实现社会和经济地位的平等，而消灭阶级实际上也就是消灭无产阶级和资产阶级在社会和经济上的不平等，因而要求消灭阶级和要求实现社会和经济上的平等是一致的，这就是恩格斯为什么要强调"无产阶级平等要求的实际内容都是**消灭阶级**的要求"的初衷所在。那恩格斯这里讲的"任何超出这个范围的平等要求"意指什么？对此，恩格斯在《反杜林论》中没有给出明确的说明。不过，他在1875年3月18—28日，即在写作《反杜林论》的前一年写给奥古斯特·倍倍尔的一封信中，针对《哥达纲领草案》的错误曾讲了这样一段话："用'消除一切社会的和政治的不平等'来代替'消灭一切阶级差别'，这也是很成问题的。在国和国、省和省、甚至地方和地方之间总会有生活条件方面的**某种**不平等存在，这种不平等可以减少到最低限度，但是永远不可能完全消除。阿尔

---

① 马克思恩格斯选集：第3卷. 北京：人民出版社，1995：448.
② 同①.

卑斯山的居民和平原上的居民的生活条件总是不同的。"① 由此可以认为，恩格斯讲的"任何超出这个范围的平等要求"，意指的是超出实现社会的和经济的平等的要求，例如他这里讲的要求阿尔卑斯山的居民和平原上的居民实现生活条件的平等，这样的要求显然"都必然要流于荒谬"。

平等观念对于无产阶级投身社会主义运动具有巨大的鼓动作用，但这种作用不能被无限夸大。前边表明，恩格斯之所以要用很大篇幅论述平等观念本身，是因为他考虑到平等观念对社会主义运动的鼓动作用和对无产阶级的鼓动价值。无产阶级投身于社会主义运动不仅仅基于对历史发展规律的科学认识，而且还基于对正义事业的追求。由于平等观念是正义的表现，故此，恩格斯对它的作用给予了高度的评价，强调它"今天在差不多所有的国家的社会主义运动中仍起着巨大的鼓动作用"。然而，对平等观念的这种作用却不能无限夸大，因为，"如果我们对现代劳动产品分配方式（它造成赤贫和豪富、饥饿和穷奢极欲的尖锐对立）的日益逼近的变革所抱的信心，只是基于一种意识，即认为这种分配方式是非正义的，而正义总有一天一定要胜利，那就糟了，我们就得长久等待下去"②。此外，消灭阶级的平等观念之所以能起鼓动无产阶级投身社会主义运动的作用，其根本的原因还在于，"现代资本主义生产方式所造成的生产力和由它创立的财富分配制度，已经和这种生产方式本身发生激烈的矛盾，而且矛盾达到了这种程度，以致于如果要避免整个现代社会毁灭，就必须使生产方式和分配方式发生一个会消除一切阶级差别的变革。现代社会主义必获胜利的信心，正是基于这个以或多或少清晰的形象和不可抗拒的必然性印入被剥削的无产者的头脑中的、可以感触到的物质事实"③。

---

① 马克思恩格斯全集：第34卷. 北京：人民出版社，1972：124.
② 马克思恩格斯选集：第3卷. 北京：人民出版社，1995：500.
③ 同②500-501.

参考文献

一、中文文献
（一）著作
1. 马克思恩格斯全集：第 1 卷. 北京：人民出版社，1956.
2. 马克思恩格斯全集：第 6 卷. 北京：人民出版社，1961.
3. 马克思恩格斯全集：第 13 卷. 北京：人民出版社，1962.
4. 马克思恩格斯全集：第 16 卷. 北京：人民出版社，1964.
5. 马克思恩格斯全集：第 18 卷. 北京：人民出版社，1964.
6. 马克思恩格斯全集：第 19 卷. 北京：人民出版社，1963.
7. 马克思恩格斯全集：第 20 卷. 北京：人民出版社，1971.
8. 马克思恩格斯全集：第 21 卷. 北京：人民出版社，1965.
9. 马克思恩格斯全集：第 25 卷. 北京：人民出版社，1974.
10. 马克思恩格斯全集：第 26 卷 II. 北京：人民出版社，1973.
11. 马克思恩格斯全集：第 31 卷. 北京：人民出版社，1972.
12. 马克思恩格斯全集：第 34 卷. 北京：人民出版社，1972.
13. 马克思恩格斯全集：第 46 卷上. 北京：人民出版社，1979.
14. 马克思恩格斯全集：第 46 卷下. 北京：人民出版社，1980.
15. 马克思恩格斯全集：第 48 卷. 北京：人民出版社，1985.
16. 资本论：第一卷. 北京：人民出版社，1975.
17. 马克思恩格斯全集：第 46 卷. 北京：人民出版社，2003.
18. 马克思恩格斯选集：第 1、2、3、4 卷. 北京：人民出版社，1995.
19. 马克思恩格斯文集：第 1、3、6、7、9 卷. 北京：人民出版社，2009.
20. 中国共产党历次党章汇编（1921—2002）. 北京：中国方正出版社，2006.

21. 毛泽东文集：第 6 卷. 北京：人民出版社，1999.
22. 霍布斯. 利维坦. 北京：商务印书馆，1985.
23. 洛克. 政府论：上篇. 北京：商务印书馆，1982.
24. 休谟. 道德原则研究. 北京：商务印书馆，2001.
25. 黑格尔. 法哲学原理. 北京：商务印书馆，1961.
26. 博登海默. 法理学——法律哲学与法律方法. 北京：中国政法大学出版社，2004.
27. 罗尔斯. 正义论. 何怀宏，何包钢，廖申白，译. 北京：中国社会科学出版社，1988.
28. 戴维·米勒. 社会正义原则. 应奇，译. 南京：江苏人民出版社，2008.
29. G. A. 科恩. 为什么不要社会主义？段忠桥，译. 北京：人民出版社，2011.
30. 段忠桥. 理性的反思与正义的追求. 哈尔滨：黑龙江大学出版社，2007.
31. 段忠桥. 重释历史唯物主义. 南京：江苏人民出版社，2009.
32. 段忠桥. 为社会主义平等主义辩护——G. A. 科恩的政治哲学追求. 北京：中国社会科学出版社，2014.
33. 姚洋. 转轨中国：审视社会公正和平等. 北京：中国人民大学出版社，2004.
34. 吴忠民. 社会公正论. 济南：山东人民出版社，2004.
35. 吴忠民. 走向公正的中国社会. 济南：山东人民出版社，2008.
36. 林进平. 马克思的"正义"解读. 北京：社会科学文献出版社，2009.
37. 李惠斌，李义天. 马克思与正义理论. 北京：中国人民大学出版社，2010.
38. 孙伟平. 事实与价值. 北京：中国社会科学出版社，2000.
39. 谢宇，张晓波，李建新，等. 中国民生发展报告 2014. 北京：北京大学出版社，2014.
40. 徐滇庆，李昕. 看懂中国贫富差距. 北京：机械工业出版社，2011.
41. 中国革命历史歌曲集. 石家庄：花山文艺出版社，1998.

(二) 论文

1. 段忠桥. 对马克思社会形态概念的再考察. 教学与研究，1995 (2).

2. 段忠桥. 对生产力、生产方式和生产关系概念的再考察. 马克思主义研究，1995（3）.

3. 段忠桥. 历史唯物主义："哲学"还是"真正的实证科学"——答俞吾金教授. 学术月刊，2010（2）.

4. 段忠桥. 正义是社会制度的首要价值吗？哲学动态，2015（9）.

5. 周为民，卢中原. 效率优先，兼顾公平——通向繁荣的权衡. 经济研究，1986（2）.

6. 俞吾金. 历史唯物主义是哲学而不是实证科学——兼答段忠桥教授. 学术月刊，2009（10）.

7. 姚大志. 分配正义：从弱势群体的观点看. 哲学研究，2011（3）.

8. 李佃来. 马克思主义政治哲学研究的两个前提性问题//马克思主义哲学研究（2010）. 武汉：湖北人民出版社，2010.

9. 陈学明，姜国敏. 论政治经济学在马克思主义中的地位. 江海学刊，2016（2）.

10. 孔陆泉. 必须坚持历史唯物主义的分配正义观——向段忠桥先生请教. 人文杂志，2016（8）.

11. 林进平. 从宗教批判的视角看马克思对正义的批判——兼与段忠桥先生商榷. 中国人民大学学报，2017（3）.

12. 马拥军. 历史唯物主义的"实证"性质与马克思的正义观念. 哲学研究，2017（6）.

二、外文文献

1. Karl Marx Frederick Engels Collected Works：Volume 37. London：Lawrence & Wishart，1998.

2. Karl Marx Friedrich Engels：Band 25. Berlin：Dietz Verlag，1959.

3 Zhongqiao Duan. Marx's Theory of the Social Formation. Avebury Ashgate，1995.

4. Alex Callinicos. Marxist Theory. Oxford University Press，1989.

5. Allen W. Wood. The Marxian Critique of Justice. Philosophy and Public Affairs，Vol. 1，No. 3（Spring，1972）.

6. Allen W. Wood. Marx on Right and Justice：A Reply to Husami. Philosophy and Public Affairs，Vol. 8，No. 3（Spring，1979）.

7. G. A. Cohen. Rescuing Justice and Equality. Cambridge，Mass：Harvard University Press，2008.

8. A. MacIntyre. Whose Justice? Which Rationality? London: Duckworth, 1988.

9. John Rawls. Lectures on the History of Political Philosophy. Harvard University Press, 2008.

10. G. A. Cohen. Self-Ownership, Freedom and Equality. Cambridge University Press, 1995.

11. Robert C. Tucker. Philosophy and Myth in Karl Marx. Cambridge, Eng., 1961.

12. Robert C. Tucker. The Marxian Revolutionary Idea. New York, 1969.

索 引

I. 关键词

历史唯物主义　8，24，27，29，60，61，69，72，82，105　111，115　117，119，120，133，136，137，139，140，143，163　167，169，170，180　185，189　203，207　210，213，217，241

生产方式　2，5，7，11，14　16，19，21，26，29，31，43　50，56，57，59　70，74　77，79，80，94　96，99，100，104，106，107，111，112，115　118，123，124，126，127，133，136，137，141　154，157，182，186，187，189，211　213，216，217，219，220，223　225，232，234，235，246

生产关系　1，9，16，26，31，35　39，41，42，44　46，48，57，59　63，65，73，75，76，95，96，107　109，125，148，186，187，190，210，218　225，233，245

分配关系　1　4，7，9　11，13　16，60，65，73，111，137，156　158，167，185，233

所有制关系　7，15，28，74，234

社会形态　68，210

社会结构　105，106，108，117，181，182

社会发展　63，105，106，108，117，151，160，181，183，190，214

政治哲学　71，85，105，121　123，125，127，193，194，202，203，206　208，210，233

平等　21，90，91

权利　2，3，5，20　23，74，86，87，97，101　103，112，114，119，152，158　160，168，171　173，179，190，201，207　209，211　213，215，218，236，239，240，243，244

法权　3，4，6，11，14，27，76，111，116，137，142，167，185，

212，213，235

法学 3，4，11，12，64，154，155，214，215

正义概念 62，63，68，72，73，77，94，96，111，112，137 139，211 214，216，218，219，225，232，241

贫富差距 8，17，71，72，75，83 85，88，89，91，92，122，124，125，131，134，135，138，139，161，162，235，236

道德公平 8，9，11，14，15，64，65

社会公平 8，9，11，14 16，64，65，81，83，159，160

价值判断 1，9，14，15，18，25，29，48，50，65，69，73，75 77，93，95 97，99，111，116，127，136 138，141 152，154，156，167，170，180 182，185，186，190 192，216，217，233 235，240 242

事实判断 48 50，65，69，75，77，93，95 97，116，136 138，141 151，170，180，181，189 192，216，217，234，235，240 242

规范意义 241

天然正义 32 36，38，41，48，58，75，76，95，96，148，220 222，225

剥削 7，16，21，50，62 65，68，69，77 88，93，95，97 104，111，113，115，117 119，126，128，129，132，134 137，147，149 154，156，157，159，164 166，168，170，185 187，190，213，219，235，236，246

非选择的偶然因素 88，89，91，92，104，115，164，168，185

分配正义观念 1，85，87，88，115，164，168，186

马克思的正义观 85，89 91，93，105，111，115，117，119，136，137，139，140，158，163 171，180，181，185，186，189 192，241

实证主义 181，183，184

实证科学 69，105 110，184，189 192

实证性的科学理论 105，110，115，117，164，180，181，183，184

按劳分配的两个弊病 91，165，185

私营经济 82，83，128，133 135，156，158

政治经济学批判 105，107，108，121，125，134，181，184，194 196，208

宗教 29，106 108，110，163，171 179，182，197，205

索　引

人民的鸦片　163，171，177　179

剩余价值　51，53，55　57，78，79，97　99，101，113，118，126，128　130，132，133，151，152，154，156　158，168，211，213，219，225　232

等价交换　2，5，13，51，54　56，58，154，227

无产阶级的平等要求　5，6，22，28，29，244，245

资产阶级的平等要求　5，22，28，244，245

改良主义　7

效率优先，兼顾公平　8，157

科学社会主义　15，18，82

货币资本　35，37，41，51　57，221，222

借贷资本　42，53，54，222

流通过程　52，53，56

生产当事人　9，16，31，35　46，48，51，52，56　58，63，65，75，95，96，115，186，187，218，220，221

历史正当性　16，50，62　65，68，69，77，97，151，152，235

奴隶制　4，7，10，11，16，25，26，29，31，47，49，62　67，74　77，79，95，99，112，116，119，126，142，144，214，216，220，232，234，235

盗窃　78，79，98，113，126，147，149，150，152，168，190，208，231，232

基尼系数　83

城乡二元体制　84，92

富二代　89，157

差异原则　90

机会平等　21，90，91

英国社会主义者　13，118

德国手工业者的社会主义

两极分化　82，121　125，127　135

初次分配　159

再分配　159

黑格尔法哲学　172，173，175　178，209

新世界观　193，195，196，198　203

实践　5，12，28，61，71，72，80，86，100，101，105，106，118，180，188，189，191，192，197　200，202，204，208，212，213，219

市民社会　106，182，193，194，198，199，201　210

人类社会　18，63，77，97，151，189　191，193，194，198　204，206　208，210，235

自然法　214，215

简单交换　227，228

资本和劳动的交换　227，228

剩余价值　51，53，55　57，78，79，97　99，101，113，118，126，128　130，132，133，151，152，154，156　158，168，211，213，219，225　232

基督教　29，239

现代平等要求　22，240，242，243

Ⅱ．人名

姚洋　71

吴忠民　17　19，21，24，30

林进平　17，24，25，27，28，30，72，163　179

李其庆　50，96，148

陈学明　121　123，125，127　134

孔陆泉　136

马拥军　180　192

李佃来　193　195，198　204，206　210

休谟　170，173，189　191

卢梭　207，208，238，242

康德　189　191，208

黑格尔　173　176，180，189，192，201，202，207　209

费尔巴哈　68，175，176，181，183，193　197，200，203，204，207

李嘉图　12，13，56，79，80，99，100，117，118，238

吉尔巴特　16，31，33　46，48，51，52，55　58，63，64，75，76，95，96，110，115，137，148，167，220　225

蒲鲁东　3，6，14，27，59，76，110，116，119，137，142，167，171，195，235

拉萨尔　10，11，19，26，48，76，111，116，137，141，142，167，174，216，235

杜林　19，22，23，61，152，174，195，237　242，245

米尔伯格　4，6，10，15，26，67，76，95，116，142，151，214，235

考夫曼，伊·伊　108，109，184

罗尔斯　8，17，85，89　91，127，140，157，170

科恩，G.A.　72，73，78，79，89　91，94，98，112，113，138　141，162，168，231

杰拉斯，诺曼　79，93，99，171

伍德，艾伦　97，211　220，224　232

米勒，戴维　72，73，94，112，138，139，141

麦金泰尔　73，94，112，139

图书在版编目（CIP）数据

马克思的分配正义观念/段忠桥著. —北京：中国人民大学出版社，2018.6
ISBN 978-7-300-25952-9

Ⅰ.①马… Ⅱ.①段… Ⅲ.①马克思主义政治经济学-分配理论-研究 Ⅳ.①F0-0 ②F014.4

中国版本图书馆 CIP 数据核字（2018）第 139707 号

国家社科基金后期资助项目
马克思的分配正义观念
段忠桥 著
Makesi de Fenpeizhengyi Guannian

出版发行	中国人民大学出版社		
社　　址	北京中关村大街 31 号	邮政编码	100080
电　　话	010-62511242（总编室）	010-62511770（质管部）	
	010-82501766（邮购部）	010-62514148（门市部）	
	010-62515195（发行公司）	010-62515275（盗版举报）	
网　　址	http://www.crup.com.cn		
	http://www.ttrnet.com（人大教研网）		
经　　销	新华书店		
印　　刷	涿州市星河印刷有限公司		
规　　格	165 mm×238 mm　16 开本	版　次	2018 年 6 月第 1 版
印　　张	17.25　插页 2	印　次	2018 年 6 月第 1 次印刷
字　　数	286 000	定　价	49.80 元

版权所有　侵权必究　印装差错　负责调换